Burkhard G. Busch

Der »Idiotentest«

Burkhard G. Busch

Der »Idiotentest«

Die medizinisch-psychologische Untersuchung (MPU) nach § 3 StVZO

Risiken · Chancen · Testverfahren · Tricks der Psychologen

Wirtschaftsverlag Langen Müller Herbig

Die Empfehlungen in diesem Buch sind vom Autor nach allem Ermessen sorgfältig geprüft und recherchiert. Dennoch übernehmen der Autor und der Verlag oder deren Beauftragte keinerlei Haftung für etwaige Personen-, Sach- oder Vermögensschäden.

Wir Menschen sind viel mehr Ursache,
als wir glauben – und viel weniger Opfer,
als wir denken.

Rupert Lay

1. Auflage August 1997
2. Auflage Januar 1998
3., überarbeitete Auflage Juni 1998

Schutzumschlag: Atelier Bachmann, Reischach
Satz: Fotosatz Völkl, Puchheim
Druck und Binden: Jos. C. Huber KG, Dießen
Printed in Germany
ISBN 3-7844-7378-4

Inhalt

Einstimmung

Zunächst einmal möchte ich Ihnen die Schwierigkeit eines Vorhabens nahebringen, das mit unserem Thema, wenn überhaupt, nur mittelbar etwas zu tun hat. Immer wieder wird in diesem Buch von Menschen gesprochen, von Männern und Frauen. Für mich, den Autor, tauchte folgendes Problem auf:

Wie kann ich, ohne mich stets zu verzetteln oder zu wiederholen, mit meiner Sprache deutlich machen, daß es mir immer und grundsätzlich gleichermaßen um Männner und Frauen geht, wenn da zum Beispiel von »Testpersonen« die Rede ist oder von dem »Kandidaten«, den ich dann im Nebensatz »ihn« nenne.

Die deutsche Sprache ist sicher eine der reichsten und vielfältigsten, die unsere Welt zu bieten hat. Aber es ist annähernd unmöglich, aus dem Korsett der maskulinen Formulierungen auszubrechen.

Also, liebe Leserin, lieber Leser, sehen Sie es mir nach, wenn ich nicht immer und durchgehend von Kandidatinnen und Kandidaten spreche oder von Fahrerinnen und Fahrern oder von Psychologen und Psychologinnen. Gemeint sind gleichermaßen immer Männer wie Frauen. Und wenn ich hier oder da den Eindruck erwecke, wieder mal zu patriarchalisch, zu männerbezogen zu reden, dann ist das bestenfalls meine persönliche Unfähigkeit, niemals Meinung oder böser Wille.

Im Gegenteil; ich halte Frauen in der Tat in vielen Lebensbereichen für die leistungsfähigeren Menschen. Besonders gilt das im Straßenverkehr. Es werden kaum Frauen zur MPU geladen, fast neunzig Prozent der MPU-Kandidaten sind männlich.

Und nun zum Thema …

Zugegeben, es gibt ganz unterschiedliche Motive, in ein Buch zu schauen und darin zu blättern oder zu lesen. Zum Beispiel zur reinen Unterhaltung, zur Zerstreuung oder um zu lernen.

Wenn Sie nun gerade in diesem Buch blättern und lesen, hat das im wesentlichen ein ganz bestimmtes Motiv:

Sie, die Leserin, der Leser, interessieren sich offenbar intensiv für das Thema »medizinisch-psychologische Untersuchung«, abgekürzt MPU. Sie möchten etwas über dieses komplexe Testverfahren lernen, möchten mehr darüber erfahren.

Sie waren so klug, dieses Buch zu kaufen, was eine gute Entscheidung für Sie war. Mit diesem Buch möchte ich Ihnen drei wesentliche Lernziele anbieten, die Sie, die Leserin, der Leser, erreichen können.

1. Lernziel

Nach dem Erarbeiten dieses Buches wissen Sie genau, was eine MPU ist, wie die MPU abläuft und welche konkreten Ziele mit der Aufforderung zur medizinisch-psychologischen Untersuchung vom Gesetzgeber verfolgt werden.

2. Lernziel

Sie gewinnen eine recht gute Orientierung, wie Sie den spezifischen Fall, der zur MPU-Aufforderung führte, einzuschätzen haben. Oder punktgenau ausgedrückt:

Wenn Sie selbst oder ein Freund von einer MPU betroffen sind, wissen Sie, wie Sie welche Risiken einzuschätzen haben. Sie wissen, welche Chancen sich Ihnen bieten, wie Sie eine realistische MPU-Prognose stellen und last not least, ob Sie die MPU bestehen können – oder besser erst einmal einen anderen Weg versuchen sollen.

3. Lernziel

Sie erfahren, wie man in einer MPU den Gutachter überzeugt, wie Sie Ihre Eignung zum Führen von Kraftfahrzeugen im öffentlichen Straßenverkehr nachweisen können.

Das bedeutet nicht, daß man nach der Lektüre dieses Buches *einfach* so durch die MPU kommt, aber die Wahrscheinlichkeit ist deutlich höher – wobei das Wort »einfach« zu streichen ist.

Das, was Sie in diesem Buch lesen und erfahren, wird nicht immer schön und angenehm für Sie sein, eher manchmal etwas ernüchternd oder auch hart, zumal wenn Sie ein MPU-Kandidat oder eine -Kandidatin sind.

Die medizinisch-psychologische Untersuchung ist nun einmal, wie sie ist.

Entweder besteht ein Kandidat die Testverfahren oder nicht. Da lohnt es sich allemal, sämtliche Verniedlichungen und Verharmlosungen aus der Diskussion zu lassen. Hier und sofort die erste harte Wahrheit:

Ein MPU-Kandidat ist nicht Opfer staatlicher Willkür, sondern vielmehr Ursache staatlichen Eingreifens.

Das ist ein ganz wesentlicher Unterschied, den »es«, das »Opfer«, früher oder später einfach akzeptieren muß. Ansonsten fährt der MPU-Kandidat weiter Bus und Bahn und verkauft dieses Buch mit dem Vermerk:

»Gelesen und nicht verstanden«

oder:

»Gelesen und nicht gehandelt« an einen, der es brauchen könnte.

Der Name »MPU« bedeutet »medizinisch-psychologische Untersuchung«. Im Bundesland Bayern ist der Name verkehrt in »psychologisch-medizinische Untersuchung«, PMU. Da sind die Bayern wieder einmal sehr weitsichtig gewesen. Denn tatsächlich ist die MPU eher eine PMU. Die Gewichtungen der Tests, der Gespräche und der Untersuchungen liegen ganz eindeutig im psychologischen Bereich, nicht im medizinischen oder gar juristischen. Juristisch ist der MPU kaum beizukommen. Kein Rechtsanwalt kann seinen Mandanten vor der

MPU bewahren, wenigstens nicht mit konventionellen juristischen Vorgehensweisen.

Volkstümlich bezeichnet man diese Untersuchung, diesen Test, auch als »Idiotentest«. Eine völlig irreführende Bezeichnung, von der derben Ausdrucksweise einmal ganz abgesehen. Denn weder werden bei diesem Test »Idioten« getestet, noch ist es ein Test zur Feststellung der Intelligenz. Wenn nun jemand diesen Test nicht besteht, bedeutet das beileibe nicht, daß er ein Idiot ist.

Allerdings: Bei einigen von mir betreuten MPU-Kandidaten hatte ich schon den Eindruck, daß es sich um Verkehrsteilnehmer handelte, deren Verhalten ich mit Fug und Recht als idiotisch bezeichen möchte. Wenn auch diese Bezeichnung tatsächlich, im medizinisch-psychologischen Sinne, völlig falsch wäre.

Mit der medizinisch-psychologischen Untersuchung verfolgt der Gesetzgeber (der Staat) ein ganz anderes Ziel, als »Idioten« zu testen.

Es soll die charakterliche und persönliche Eignung zur Führung von Kraftfahrzeugen im öffentlichen Straßenverkehr festgestellt werden. Dabei sollen Haltungen, Einstellungen, Wert- und Normvorstellungen des Probanden (so nennt man in der Medizin und in der Psychologie eine zu testende Person, siehe auch Glossar) überprüft werden.

Meist ist es so, daß die zuständige Verwaltungsbehörde, das Straßenverkehrsamt oder das Ordnungsamt, häufig auch ein Gericht oder ein Staatsanwalt, wissen möchte, ob ein Verkehrsteilnehmer überhaupt in der Lage ist, ein Fahrzeug im öffentlichen Straßenverkehr verantwortungsvoll zu führen.

Die MPU richtet sich im wesentlichen nicht auf vergangenes Verhalten, sondern soll vielmehr die Frage klären, wie der Verkehrsteilnehmer sich *zukünftig* verhalten wird. Ob er in Zukunft etwa auf Alkoholkonsum verzichtet oder ob er vielleicht weiterhin sein Fahrzeug als eine Art Bedrohungsinstrument benutzen wird, indem er andere Fahrer wegblinkt oder anderswie nötigt, Regeln nicht so genau nimmt oder gar ganz ignoriert.

Dies sind jedoch nur zwei Gründe, vom »Staat« zu einer MPU geladen zu werden. Die Bandbreite weiterer Ursachen reicht von einfacher und schwerer Nötigung im Straßenverkehr über Raserei und Trunkenheitsfahrten, Wiederholungstätertum, Aggressionsverhalten im Straßenverkehr, körperliche Gebrechen oder Behinderungen, Sehschwäche, Hörschwäche etc. bis hin zu akuten Alkoholproblemen.

In der Regel ist es so, daß sich nur diejenigen für das Thema MPU interessieren, die mittelbar oder unmittelbar davon betroffen (oder sollte ich sagen: bedroht?) sind.

Und das sind gar nicht wenige. Im Jahre 1994 wurden in der Bundesrepublik Deutschland, also in den alten und den neuen Bundesländern, rund zweihundertvierzigtausend MPUs von Psychologen und Ärzten der Landes-TÜVs, der DEKRA und der anderen amtlich anerkannten Untersuchungsstellen durchgeführt.

Mit dieser Art Massenabfertigung hat vor ein paar Jahren noch niemand ernsthaft gerechnet.

Dazu der Vorsitzende des Gemeinsamen Beirates für Verkehrsmedizin bei der Bundesregierung, Professor Dr. Herbert Lewrenz:

»Ursprünglich wollte man nämlich mal ganz wenige Problemfälle von qualifizierten Fachleuten untersuchen lassen. Aber diese Entwicklung, die dahin gegangen ist, daß das Ganze jetzt zu einer Massenabfertigung wurde, ist eben eine glatte Fehlentwicklung.«

Quelle: Interview des Polit-Magazin »REPORT« der ARD im Oktober 1996 zum Thema MPU

Niemand ist also glücklich darüber, daß die medizinisch-psychologischen Untersuchungsstellen in der Bundesrepublik Deutschland eine solche Hochkonjunktur verzeichnen. Die jeweiligen Träger der amtlich anerkannten Untersuchungsstellen einmal ausgenommen – die werden nicht gerade unglücklich über diese Entwicklung sein, verständlicherweise. Da spielen Marketingüberlegungen sicher auch eine Rolle.

Im Jahr 1995 ist die Zahl der durchgeführten MPUs etwas gesunken, so wird vermutet. Konkrete Zahlen liegen dazu noch nicht vor.

Aktuelle Daten vom Dezember 1996 belegen, daß der Trend zu aggressivem Verhalten im Straßenverkehr und die Zahl der sogenannten »Trunkenheitsfahrten« gegenüber dem Vorjahr um rund siebzehn Prozent gestiegen sind. Die Zahl der 1996 zwangsverordneten MPUs wird vermutlich um die einhundertachtzigtausend liegen; die konkreten Zahlen sind noch nicht veröffentlicht.

Nur wenige dieser MPUs wurden von privatrechtlichen Untersuchungsstellen (freien psychologischen Gutachtern) durchgeführt.

Der Gesetzgeber hat die Zulassungsbedingungen für die Einrichtung von Gutachterstellen sehr eng gefaßt und stellt sehr hohe Anforderungen an die organisatorische Ausstattung und wissenschaftliche Kompetenz der Gutachterstellen, die eine staatliche Zulassung erhalten.

In der Regel ist der jeweilige Technische Überwachungs-Verein (TÜV) des Bundeslandes oder des regionalen Gebietes für die Durchführung der medizinisch-psychologischen Untersuchung zuständig. Auch die DEKRA (Deutsche Kraftfahrzeug-Überwachung) unterhält einige psychologische Untersuchungsstellen in der Bundesrepublik Deutschland, ganz besonders in den neuen Bundesländern, wo sie inzwischen eine geradezu monopolähnliche Stellung hat, wenn es um die technische Kraftfahrzeugüberwachung und den Arbeitsbereich der medizinisch-psychologischen Untersuchung geht.

Neben den beiden großen Organisationen, dem TÜV und der DEKRA, unterhalten einige wenige andere Träger amtlich anerkannte psychologische Untersuchungsstellen. Diesen Trägern ist es gelungen, die schwierigen Zulassungsbedingungen für die amtliche Anerkennung zu erfüllen. So betreibt zum

Beispiel das Land Hessen die TU-Untersuchungsstelle, und der ADAC ist an der amtlich anerkannten Untersuchungsstellen-Organisation AVUS beteiligt. Wenige ganz private Unternehmen mischen auch mit in diesem Psychomarkt. Zum Beispiel die Firma PIMA und das Team Dr. Mahnke & Partner.

In der Summe allerdings haben die beiden Großen, der TÜV und die DEKRA, den MPU-Markt ziemlich fest im Griff Der MPU-Markt ist auch finanziell sehr interessant.

Rechnen Sie mal ... Etwa 180 000 × ca. DM 760,– Gebühren. Da kommen rund einhundertsechsunddreißig Millionen Mark Umsatz pro Jahr zusammen, die von den amtlichen Untersuchungsstellen vereinnahmt werden. Eine MPU wiegt sozusagen ungefähr zehn TÜV-untersuchte Autos auf.

Angeordnet wird die MPU in den allermeisten Fällen vom zuständigen Straßenverkehrsamt der Stadt oder der Gemeinde. Das Straßenverkehrsamt (oder eine andere beauftragte öffentliche Dienststelle, ein Gericht etwa) hat also die Möglichkeit, Zweifel an der Eignung eines Verkehrsteilnehmers zum Führen von Kraftfahrzeugen im öffentlichen Straßenverkehr zu äußern.

Das Straßenverkehrsamt kann also recht selbständig aufgrund bestimmter Vorkommnisse entscheiden, daß ein Verkehrsteilnehmer zur medizinisch-psychologischen Untersuchung aufgefordert wird. Dieser hat nach der MPU ein Gutachten der zuständigen Behörde im Original vorzulegen. Aus dem positiven oder negativen Ergebnis der MPU leitet die Behörde ihre weiteren Verwaltungsakte gegen den Verkehrsteilnehmer ab.

Das heißt ganz simpel ausgedrückt: Der Führerschein wird für einen begrenzten Zeitraum eingezogen, der bereits eingezogene Führerschein wird an den Betroffenen herausgegeben, oder der Führerschein ist endgültig weg.

Der betroffene Verkehrsteilnehmer hat durch die Aufforderung der Verwaltungsbehörde zur MPU drei wesentliche Probleme:

1. Problem: Der Führerschein ist weg

In aller Regel ist der Führerschein – in den neuen Bundesländern ist der Begriff »Fahrerlaubnis« weiter verbreitet – bereits eingezogen, oder der Einzug des Führerscheins durch die Ordnungsbehörde steht kurz bevor.

Das heißt, es ist dem Betroffenen behördlich verboten, mit einem Kraftfahrzeug am öffentlichen Straßenverkehr teilzunehmen. Das ist zunächst einmal eine ganz erhebliche Bewegungseinschränkung. Fährt er trotzdem und wird erwischt, gibt es empfindliche Strafen, hohe Geld- oder gar Haftstrafen bei gewissen Tateinheiten.

2. Problem: Die »soziale Anrüchigkeit« des »Idiotentests«

Die zuständige Ordnungsbehörde oder der Amtsrichter verlangt vom Verkehrsteilnehmer, daß er sich einer medizinisch-psychologischen Untersuchung unterzieht, um die Zweifel, die zum Beispiel das Straßenverkehrsamt an seiner Verkehrstauglichkeit hat, durch ein positives Gutachten auszuräumen.

Das bedeutet für den Betroffenen, daß er offenbar nicht, wie alle anderen, »in Ordnung« ist, sondern daß etwas mit ihm »nicht stimmt«. So jedenfalls sehen es diejenigen, die noch »in Ordnung« sind und am Straßenverkehr teilnehmen dürfen.

Die medizinisch-psychologische Untersuchung trifft in der Bundesrepublik Deutschland (aber nicht nur hier, sondern in fast allen anderen Industriestaaten, die ein solches oder ein ähnliches Testverfahren verwenden) auf eine starke sogenannte »soziale Unerwünschtheit« (die genaue Erklärung dieses Begriffs finden Sie im Glossar).

Das bedeutet, daß der Großteil der Menschen in unserem Land eine deutlich negative Haltung zu denjenigen hat, die zu solch einem »Idiotentest« herangezogen werden. Das ist auch der Grund, weshalb die MPU im Volksmund »Idiotentest« genannt wird.

Der Betroffene schweigt eher darüber, als daß er über die Aufforderung zur MPU mit jemandem sprechen würde. Vielfach erfahren nicht einmal die eigene Familie oder nahe Freunde davon. Es wird allgemein als erheblicher Makel erlebt, zu einem solchen »Idiotentest« gebeten zu werden. Das Gefühl, »nicht in Ordnung« zu sein, ist für den Betroffenen eine ganz deutliche psychische Belastung.

3. Problem: Die Durchfallquoten

Die Durchfallquote bei MPUs mit einer BAK von über 1,9 Promille liegt um die 90 Prozent. Das heißt, in nur etwa zehn von hundert Fällen wird dem betroffenen Verkehrsteilnehmer ein positives Gutachten erstellt, und er erhält seinen Führerschein zurück – oder erwirbt das Recht, die Fahrerlaubnis gänzlich neu zu erwerben.

Diese Durchfallquote ist ganz erheblich. Jedenfalls sind die Meßlatten für das erfolgreiche Bestehen der MPU offenbar sehr hoch gelegt.

In Ostdeutschland liegt die Durchfallquote der MPU-Teilnehmer im ersten Anlauf noch etwas höher. Dies resultiert daraus, daß die Testverfahren aus Westdeutschland weitgehend baugleich in Ostdeutschland übernommen wurden, obwohl in den neuen Bundesländern einige Wertvorstellungen zum Thema Verkehr etwas anders ausgeprägt sind als in den alten Ländern.

Zum Beispiel: Fast achtzig Prozent aller Führerscheininhaber der neuen Bundesländer haben ihre Fahrerlaubnis in den sechs Jahren seit der Wiedervereinigung erworben. Sie verfügen dadurch natürlich über weniger Erfahrung in den vielen beengenden oder kritischen Verkehrssituationen. Auch war die Verkehrsdichte zu DDR-Zeiten ganz erheblich niedriger als heute.

Die mittlere Durchfallquote bei punktebedingten MPUs liegt bundesweit bei zweiundachtzig Prozent. Das heißt, nur achtzehn von hundert Betroffenen schaffen es, ihren Führerschein zurückzuerlangen – oder das Recht zu erhalten, die Fahrerlaubnis neu zu erwerben.

Erstaunlicherweise liegt die Durchfallquote bei der Zweit-MPU ähnlich hoch wie bei der ersten. Unter einer »Zweit-MPU« verstehen wir den zweiten Anlauf, die MPU zu schaffen. Beim dritten Anlauf wird das Verhältnis zwischen Erfolg und Mißerfolg wieder etwas günstiger für die Kandidaten.

Ein MPU-Kandidat kann rein theoretisch so oft antreten, bis er erfolgreich ist und endlich ein positives Gutachten in Händen hält.

Die Praxis sieht allerdings ganz anders aus.

Da der weitaus größte Teil grober Vergehen gegen die StVZO auch auf dem Tisch eines Staatsanwaltes landet und nicht allein von einer Straßenverkehrsbehörde bearbeitet wird, erlangen die Staatsanwälte und Richter auch Kenntnis von den negativen MPU-Gutachten.

Würde die MPU-Sache ausschließlich von einer Straßenverkehrsbehörde bearbeitet werden, dann bräuchte der MPU-Kandidat ein etwaiges Negativ-Gutachten gar nicht erst vorzulegen. Er könnte es verschweigen. Die Behörde würde nichts davon erfahren.

Der Betroffene würde es halt so lange bei unterschiedlichen Gutachterstellen probieren, bis es klappt. Weil wir Menschen sehr lernfähig sind, würde der Kandidat früher oder später die MPU bestehen. Das würde ihn zwar eine ganze Menge Geld kosten, er wäre letztendlich aber erfolgreich.

Wenn aber ein Staatsanwalt in der MPU-Sache »drinhängt«, ist das leider nicht möglich.

Der Staatsanwalt ist meist sehr viel besser informiert als die Straßenverkehrsbehörde. Er kennt die Anzahl der Fehlversuche des jeweiligen MPU-Kandidaten. Der Staatsanwalt wird es nicht zulassen, daß der Betroffene nach dem Motto »Ein blindes Huhn findet auch mal ein Korn« so lange MPUs durchläuft, bis er durch sein unfreiwilliges »MPU-Training« ein positives Gutachten erlangt.

Der Staatsanwalt (letztendlich der Richter) kassiert den Führerschein ein, weil er davon ausgeht, daß die Vorlage eines

Positiv-Gutachtens nicht dem Zufall überlassen bleiben darf.

Zurück zu den hohen Durchfallquoten.

Hohe Durchfallquoten bedeuten, daß die soziale Lernfähigkeit der Betroffenen offenbar begrenzt ist. Wer einmal durchfällt, fällt in der Regel auch zweimal und dreimal durch.

Daraus wiederum können wir schließen, daß erlernbares Wissen, Fachwissen sozusagen, für das Bestehen der MPU eher unwichtig ist und offenbar andere Zusammenhänge sehr viel wichtiger sind.

Das ist in der Tat so.

Wertvorstellungen, Normbewertungen, Verhalten, Verhaltensmuster und Einstellungen der Betroffenen müssen zum Positiven (im Sinne der Normgebung des Gesetzgebers) verändert sein, um die MPU bestehen zu können.

Das ist für den Betroffenen sehr, sehr schwierig zu bewältigen und hat wenig mit Methodenlernen zu tun, eher mit Verhaltensänderung. (Im Glossar finden Sie die genauen Begriffsdefinitionen für Wertvorstellungen, Verhaltensänderung, Normen usw.)

Die aktive Veränderung seiner Wertvorstellungen und Haltungen wird einem MPU-Kandidaten in aller Regel nur mit fremder (therapeutischer) Hilfe gelingen. Darauf hat eine ganze Branche ihr Beratungsgeschäft aufgebaut. Es gibt in der Bundesrepublik, in der Schweiz und in Österreich eine Reihe von Beratern, die dem Betroffenen versprechen, ihn erfolgreich durch die MPU zu bringen. Einige Anbieter geben sogar eine Geld-zurück-Garantie für den Fall, daß der Kandidat trotz eingehender Beratung durchfallen sollte.

Wie diese Berater arbeiten, was deren Arbeit kostet und ob es sinnvoll ist, diese Hilfe anzunehmen, werden Sie in dem Kapitel »Was taugen Helfer in der Not?« lesen können.

Kann der Verkehrsteilnehmer die Zweifel an seiner Tauglichkeit und Zuverlässigkeit im Straßenverkehr nicht durch ein positives Gutachten ausräumen, wird er weiterhin auf den Führerschein verzichten müssen. Dies bedeutet möglicherweise eine ganze Menge Sorgen – bis hin zu einer erheblichen, auch beruflichen Eingeschränktheit oder gar dem Verlust des Arbeitsplatzes. Lebensumstände und Lebensräume können sich durch den Verlust der Fahrerlaubnis dramatisch verändern. Letztendlich führt ein Führerscheinverlust bei vielen Menschen auch zu ganz massiven wirtschaftlichen Konsequenzen.

Sie sehen, welche erheblichen Sorgen man sich durch den Verlust der Fahrerlaubnis bereiten kann.

Und hier setzt dieses Buch an.

Dieser MPU-Ratgeber soll aktiv helfen, die Sorge des Betroffenen zu verringern. Dieses Buch wird dem Betroffenen ganz praktisch helfen, seinen Führerschein zurückzuerlangen. Ich stellte zu Beginn der Einleitung die Frage, welches Motiv Sie zu diesem Buch greifen läßt. (Schauen Sie in das Glossar, dort ist der komplexe Begriff »Motiv« erklärt.)

Hier haben Sie Ihr konkretes Motiv:

Sie sind mittelbar oder unmittelbar betroffen, kennen jemanden, der Betroffener oder Beteiligter ist oder bald sein wird. Sie wollen mehr über die MPU wissen, lernen, was man tun kann, um ein positives Gutachten zu erlangen.

Wenn dem so ist, dann haben Sie das richtige Buch aufgeschlagen.

Ich möchte Ihnen mit diesem Ratgeber helfen, die Situation besser einzuschätzen. Ich möchte alle (oder doch die meisten) offenen Fragen zur medizinisch-psychologischen Untersuchung klären. Und ich gebe Ihnen ganz konkrete Empfehlungen, wie Sie mit dem Problem der MPU umgehen sollten. Dieses Buch soll Ihnen helfen, strategisch klug und gut vorbereitet in eine MPU zu gehen.

Wenn Sie sich an das halten, was ich Ihnen in diesem Ratgeber empfehle, werden Sie die MPU erfolgreich hinter sich bringen und das geforderte positive Gutachten erlangen.

Allerdings: »Durchlesen« und »Durchblättern« dieses Ratgebers reicht nicht aus. Sie müssen dieses Buch regelrecht »durcharbeiten«.

Dies ist sicher mit einigem Aufwand und mit Mühe verbunden. Es bedeutet, daß Sie doch etliche Stunden intensiver Vorbereitung benötigen, um ein positives medizinisch-psychologisches Gutachten vom TÜV, der DEKRA, der AVUS oder einer anderen anerkannten Untersuchungsstelle zu erlangen.

Ich wünsche Ihnen viel Erfolg bei Ihrer beabsichtigten »Verhaltensänderung« und bin sicher:

Wenn Sie präzise das befolgen, was ich Ihnen empfehle, werden Sie erfolgreich durch die MPU kommen, und zwar ohne zu mogeln.

Ich möchte an dieser Stelle meinen Kollegen für ihre Recherche-Arbeit bei der Entstehung dieses Buches herzlich danken. Ganz besonders Alfred Hölzner aus St. Augustin, den Rechtsanwälten Jan Schmidt und Dr. Beate Hänsch aus Erfurt, die in vielen juristischen Fragen für mich wichtige Gesprächspartner waren.

Und bei allem »Erarbeiten« – denken Sie stets an das Wort von Rupert Lay:

»Wir Menschen sind viel mehr Ursache, als wir glauben – und viel weniger Opfer, als wir denken.«

Burkhard G. Busch
Juni 1997

Was man grundsätzlich über die MPU wissen muß

Zwei Tatsachen sind ungeheuer wichtig:

1. Die MPU ist deutlich mehr als eine Formsache.
2. Der MPU Kandidat ist Ursache für die MPU-Aufforderung. Er ist nicht etwa Opfer behördlicher Willkür.

Erst wenn der MPU-Kandidat diese zwei Punkte wirklich verstanden und für sich akzeptiert hat, besteht für ihn die realistische Chance, erfolgreich durch die Testverfahren zu kommen. Wenn er diese wichtigen Punkte nicht versteht und nicht akzeptiert, wird er an der MPU sehr wahrscheinlich scheitern. Er fährt dann weiter Bus und Bahn.

Also, gehen wir nun systematisch vor, damit Sie, der Leser, die Leserin, den höchstmöglichen Verständnisnutzen von diesem Buch haben.

Zur Erinnerung: Das Straßenverkehrsamt oder das Ordnungsamt, häufig auch ein Gericht oder ein Staatsanwalt, möchte wissen, ob ein Verkehrsteilnehmer überhaupt in der Lage ist, ein Fahrzeug im öffentlichen Straßenverkehr verantwortungsvoll zu führen.

Die MPU richtet sich also im wesentlichen nicht auf vergangenes Verhalten, sondern soll vielmehr die Frage klären, wie der Verkehrsteilnehmer sich *zukünftig* verhalten wird; ob er zum Beispiel in Zukunft auf Alkoholkonsum verzichtet oder ob er vielleicht weiterhin sein Fahrzeug als eine Art Bedrohungsinstrument benutzen wird, indem er andere Fahrer wegblinkt oder anderswie nötigt, Regeln nicht so genau nimmt oder gar ignoriert.

Die Aufforderung, sich einer MPU zu unterziehen, ist für den Betroffenen nicht nur lästig, aufwendig und relativ teuer, sondern birgt auch die Gefahr, daß er einige Zeit nicht am öffentlichen Straßenverkehr teilnehmen kann – weil er vermutlich die MPU nicht bestehen wird.

Sie erinnern sich?

Die Durchfallquoten bei der medizinisch-psychologischen Untersuchung sind ganz erheblich: zweiundachtzig Prozent bei punktebedingten MPUs, 91,4 Prozent bei alkoholbedingten.

Warum geht der Gesetzgeber so hart gegen die Verkehrsteilnehmer vor?

Die BAST, die Bundesanstalt für Straßenwesen, in Bergisch-Gladbach bei Köln stellte mir freundlicherweise die aktuellen Unfallkennziffern der Bundesrepublik Deutschland zur Verfügung; da wird einiges deutlicher:

Jahr	Unfälle in Deutschland	davon alte Bundesländer	davon neue Bundesländer	Alkohol im Spiel	zu schnell gefahren
1991	2311466	1953709	357757	38172	104363
1992	2384579	1924338	480241	37846	101948
1993	2345396	1835482	509914	37977	104339
1994	2270818	1753072	535746	37116	101293

Quelle: Bundesamt für Datenverarbeitung und Statistik, Bundesanstalt für Straßenwesen

Sie sehen, mit welcher Konstanz sich die Zahlen bewegen. Die Daten ändern sich von Jahr zu Jahr kaum.

Jede Minute ereignen sich in Deutschland, Ost und West, 4,38 Unfälle. Das sind am Tag etwa sechstausenddreihundert.

Wenn wir uns die Zahlen der alkoholbedingten Unfälle, getrennt nach alten und neuen Bundesländern, anschauen, fällt auf, daß sie ziemlich konstant bleiben.

Im Jahr 1995, so der Bundesverband der Technischen Überwachungsvereine Deutschlands, wurden mehr als einhundertsiebzigtausend Führerscheine allein wegen Alkohol am Steuer

Pro 1000 beteiligte und verunfallte Fahrer standen unter Alkoholeinfluß:		
Jahr	alte Bundesländer	neue Bundesländer
1991	50	81
1992	46	84
1993	46	89
1994	45	80

Quelle: Bundesamt für Datenverarbeitung und Statistik, Bundesanstalt für Straßenwesen

eingezogen. Ein paar Tage vor Drucklegung dieses Buches erhielt ich vom TÜV Hannover die vorläufigen Zahlen für 1996. Insgesamt wurden 1996 fünfhundertzweiundzwanzigtausend Führerscheine eingezogen, etwa sechsunddreißig Prozent davon wegen Alkohols am Steuer. Das bedeutet eine beachtliche Steigerung zu 1995 um rund achtzehn Prozent auf etwa zweihundertzwölftausend. Bemerkenswert hierbei ist, daß weniger als zehn Prozent Frauen davon betroffen waren.

Offenbar ist das Fahren unter Alkoholeinfluß eine reine Männersache.

Und wie sieht die Statistik für Raser und Zu-schnell-Fahrer in Deutschland aus?

Pro 1000 beteiligte und verunfallte Fahrer fuhren zu schnell:		
Jahr	alte Bundesländer	neue Bundesländer
1991	142	186
1992	134	177
1993	140	188
1994	133	172

Quelle: Bundesamt für Datenverarbeitung und Statistik, Bundesanstalt für Straßenwesen

Bezüglich der Unfallhäufigkeit infolge von Raserei und zu schnellem Fahren hat die BAST vor ein paar Tagen ein interessantes Phänomen entdeckt. Bei der systematischen Auswertung von rund zweihunderttausend Unfallverläufen kam heraus, daß Hubraumklassen unterhalb von eintausendsiebenhundert Kubikzentimetern, gesteuert meist von jungen Fahrern, sehr häufig am Unfallgeschehen beteiligt sind, Hubraumklassen oberhalb von zweitausendsiebenhundert Kubikzentimetern hingegen selten. Die große Menge der Unfälle wird also von Fahrern der unteren Klasse und der unteren Mittelklasse verursacht. Zwei Psychologen der Universität Bremen erkannten diesen Trend bereits in einer Untersuchung aus dem Jahr 1994. Demzufolge, man sollte es als Laie kaum für möglich halten, müssen zum Beispiel Porsche-Fahrer kaum zur MPU.

Die Fahrer dieser Autos mit immerhin beachtenswerten PS-Leistungen fahren offenbar sehr diszipliniert.

Es stellt sich nun die Frage:

Fahren diese Autofahrer deshalb Porsche, weil diese Marke das Fahrverhalten diszipliniert, oder liegt es an den disziplinierten Fahrern grundsätzlich oder am etwas höheren Durchschnittsalter dieser Fahrer?

Demgegenüber, so die Wissenschaftler der Universität Bremen, sind andere »Automarken am Unfallgeschehen stärker beteiligt«. Was für eine Ausdrucksweise.

Eine Automarke kann nicht beteiligt sein – lediglich der Fahrer ist Beteiligter.

Die Spitzenreiter im Autobahnkrieg sollen die Fahrer der Golf GT, GLS und GTI, besonders der älteren Baujahre, sein. Die 3er-BMW liegen der Untersuchung nach ebenfalls auf den vorderen Plätzen der Unfallbeteiligung, auch hier vor allem die älteren Baujahre. Andere hochmotorisierte Kleinwagen, wie der inzwischen nicht mehr produzierte Opel Kadett GTE, motivieren offenbar ebenfalls zum Rasen – oder rasende Fahrer sind zum Kauf dieser Marken motiviert.

Die jeweils älteren Baujahre, die am Gebrauchtwagenmarkt preiswert zu haben sind, stehen bei den meist jugendlichen Fahrern hoch im Kurs. Diese stellen auch ein großes Potential der Crash-Fahrer. Das bestätigt die BAST.

Verkehrspsychologen und Sozialwissenschaftler vermuten, daß zwischen der Automarke und der Persönlichkeitsstruktur des Fahrers ein Zusammenhang besteht. Wissenschaftlich signifikant bewiesen ist diese Korrelation allerdings noch nicht.

Die großen deutschen Autobauer werden sich hüten, eine solche Studie zu unterstützen. Da würden oberflächlich bereits vorhandene gesellschaftliche Vorurteilsstrukturen so abgesichert, daß sich vermutlich das Kaufverhalten ändern würde.

Ganz dramatisch, geradezu beängstigend sieht die statistische Landschaft zum Thema Unfälle in Deutschland im Vergleich zu den anderen europäischen Ländern aus.

Bei Verkehrsunfällen im Jahr 1995 verunglückte Kinder in Europa je 100 000 Einwohner

Ukraine	28
Rumänien	30
Weißrußland	38
Estland	65
Bulgarien	66
Russische Föderation	77
Litauen	80
Dänemark	92
Türkei	92
Griechenland	94
Schweden	95
Polen	101
Spanien	111
Irland	117
Italien	117
Norwegen	134
Ungarn	141
Frankreich	151
Tschechische Republik	187
Kroatien	192
Schweiz	214
Portugal	320
Österreich	340
England	356
Belgien	366
Deutschland	386

Quelle: Bundesamt für Datenverarbeitung und Statistik, Bundesanstalt für Straßenwesen

Wenn wir dieser Statistik folgen, sehen wir, daß die bundesdeutschen Autofahrer offenbar die erfolgreichsten Kinderverletzer Europas sind – und zwar mit großem Abstand zu vielen anderen Staaten.

Es handelt sich bei diesen Kennziffern nicht um absolute Zahlen, sondern um vergleichbare, relative Werte. Zu sagen, in Dänemark etwa, einem vergleichsweise kleinen Land, leben ja viel weniger Menschen, ist keine Erklärung. Auch das Argument, die Verkehrsdichte in Frankreich oder Italien sei erheblich geringer, trifft nicht zu. Die Korrelationen (die Erklärung des Begriffs finden Sie im Glossar) in anderen bundesdeutschen Verkehrsstatistiken sind sehr ähnlich – ziemlich negativ.

In fast allen Bereichen dieser negativen Verkehrsstatistiken sind wir Deutschen Europaspitze, in den meisten sogar Weltspitze. Nämlich dann, wenn es um Alkoholdelikte, Wiederholungstäter, Verletzungen, Raserei und generell Unfälle geht.

Warum erzähle ich Ihnen das, könnten Sie fragen. Was hat das mit der medizinisch-psychologischen Untersuchung und diesem Buch zu tun?

Ich will Ihnen deutlich machen, daß der Gesetzgeber in seiner Verantwortung für das Gemeinwohl der Bundesbürger es aus gutem Grund für notwendig hält, von diesen dramatischen Zahlen herunterzukommen. Oder die Zahlen zumindest nicht steigen zu lassen.

Ein Mittel ist, diejenigen Verkehrsteilnehmer im wahrsten Sinne des Wortes »aus dem Verkehr« zu ziehen, die sich wiederholt nicht an die Regeln halten oder Alkohol als Gefahr im Straßenverkehr unterschätzen.

Jeder vernünftige Mensch wird mir recht geben, wenn ich sage, da handelt der Gesetzgeber richtig und verantwortungsvoll.

Um diesem Motiv, Schutz der Menschen und Verantwortung für das Gemeinwohl und das Wohl des einzelnen, Rechnung zu tragen, formulierte der Gesetzgeber die Kernfagen, die der Gutachter – der TÜV-Psychologe oder jeder andere Verkehrspsychologe einer amtlich zugelassenen Untersuchungsstelle – bei jeder MPU plausibel beantworten muß.

- *Bei einer MPU, die wegen Alkoholmißbrauchs angeordnet worden ist, lautet die Kernfrage:*
  »Steht zu erwarten, daß der Untersuchte/die Untersuchte auch zukünftig ein Kraftfahrzeug unter Alkohol- oder Drogeneinfluß führen wird (statistisch erhöhte Wahrscheinlichkeit, ein einmal erworbenes Verhalten beizubehalten), und/oder liegen als Folge eines unkontrollierten Drogen- oder Alkoholkonsums Beeinträchtigungen (psychische und/oder physische) vor, die das sichere und verantwortungsbewußte Führen von Kraftfahrzeugen im öffentlichen Straßenverkehr in Frage stellen?«

- *Bei einer MPU, die wegen einer unangenehm hohen Punktezahl im Flensburger Bundesverkehrszentralregister, wegen Nötigung, Geschwindigkeitsüberschreitungen oder anderer Delikte angeordnet wurde, lautet die Kernfrage:*
  »Steht zu erwarten, daß der Untersuchte/die Untersuchte auch zukünftig ein Kraftfahrzeug unter Mißachtung verkehrsrechtlicher Bestimmungen führen wird (statistisch erhöhte Wahrscheinlichkeit, ein einmal erworbenes Verhalten beizubehalten), und/oder liegen als Folge von Wahrnehmungsverzerrungen oder psycho-soziologischen Defiziten, erhöhten Aggressionspotentialen oder anderen Gründen (psychische und/oder physische) weitere Erkenntnisse und/oder Beeinträchtigungen vor, die das sichere und verantwortungsbewußte Führen von Kraftfahrzeugen im öffentlichen Straßenverkehr in Frage stellen?«

- *Grundsätzlich wird bei allen MPUs die folgende Fragestellung von den Psychologen überprüft:*
  »Lassen die weiteren aktenkundigen Verstöße gegen die Straßenverkehrsordnung den Schluß zu, daß eine erhöhte Rückfallwahrscheinlichkeit in der Zukunft besteht?«

Zugegeben, das hört sich sprachlich einigermaßen verbürokratisiert an – stimmt. Diese Formulierungen stammen aus der amtlichen Durchführungsverordnung »Krankheit und Kraftverkehr« zum Thema MPU.

Das also sind die Kernfragen, welche die Psychologen zu beantworten haben. Der MPU-Proband hat bei diesen komplexen Fragestellungen wirklich jede Chance, daß das Gutachten negativ ausfällt.

Ein falsches Wort am falschen Platz, eine nachlässige Bemerkung gegenüber dem Psychologen oder dem untersuchenden Arzt – und die Sache ist gelaufen, siehe oben, bei den Durchfallquoten.

Wie kommt das?

Eines der wesentlichsten Regelwerke der Verhaltenspsychologie sagt, daß Menschen sich in gleichen Lebenssituationen auch gleich verhalten.

Das heißt konkret, wer einmal zuviel trinkt und Auto fährt, tut das in der Regel auch ein zweites Mal, wenn er in eine gleiche oder ähnliche Situation kommt.

Der Anlaß zu trinken könnte ein Firmenfest sein, ein gemütlicher Abend mit Freunden, ein Kegelabend usw.

Das Verkehrsrecht geht grundsätzlich davon aus, daß der Betroffene wieder trinken wird – und dann auch wieder fahren wird.

Wer einmal auf der Autobahn den Vordermann blinkend drangsaliert, der nötigt den Vordermann in einer gleichen oder ähnlichen Situation in der Regel auch ein zweites Mal.

Diese verhängnisvolle Erkenntnis ist Ursache für die miserablen Chancen, eine MPU zu bestehen. Der Psychologe geht grundsätzlich davon aus, daß wir Menschen dazu neigen, uns in gleichen Situationen gleich zu verhalten. Das beweisen auch die Verkehrsdaten des statistischen Bundesamtes. Die Wiederholungstäter liegen auf guten Plätzen im Rating der statistischen Rennliste.

Die Gutachter sprechen in diesem Zusammenhang von

einer sogenannten »statistisch erhöhten Wahrscheinlichkeit«, das einmal erworbene Verhalten für die Zukunft beizubehalten. Das Verkehrsrecht spricht in diesem Zusammenhang von einer sogenannten »Regelvermutung«.

Ein einfaches Beispiel dazu:

Stellen Sie sich einmal vor, ich gäbe Ihnen eine Liste mit einhundert Namen, mit der Information, daß es sich dabei um Autofahrer handle, die alle im Besitz eines Führerscheins seien.

Als nächste Zusatzinformation sagte ich Ihnen, daß dreißig dieser einhundert Autofahrer den Führerschein bereits einmal wegen Alkoholmißbrauchs hätten abgeben müssen. Wenn ich Sie nun fragte, bei welcher Gruppe die Wahrscheinlichkeit, erneut unter Alkohol zu fahren, höher läge, würden Sie vermutlich rein gefühlsmäßig auf die bereits auffällig gewordenen Fahrer tippen – ich auch. Da haben wir unsere »Regelvermutung«.

Es gilt im Straßenverkehrsrecht der Grundsatz, daß ein Kraftfahrer, der sich einmal als nicht geeignet zum Führen von Kraftfahrzeugen erwiesen hat, zum Beispiel durch eine bewiesene Verkehrsstraftat, auch in Zukunft zum Führen von Kraftfahrzeugen nicht geeignet sein wird. Der Gesetzgeber traut ihm zunächst grundsätzlich nicht zu, daß er sich fortan anders verhält als in der Vergangenheit. Die Verhaltensabsicht des Verkehrssünders muß folglich überprüft werden.

Nun gut, so ganz stimmt das nun auch nicht, werden Sie sagen. Man verhält sich ja schließlich nicht immer gleich. Menschen können aus Schaden lernen, sie können klüger werden, sich verändern.

Ein wirklich verhängnisvoller Irrtum, dem Sie da unterliegen. Sie und ich, wir alle verhalten uns viel »gleicher«, als wir es für möglich halten.

Und das erklärt sich so: Wir Menschen folgen in allen Lebensbereichen und Lebensäußerungen unseren persönlichen, unterbewußt verankerten Wertvorstellungen und Verhaltensmustern, ob wir das wollen oder nicht. »Wertvorstellungen« und »Verhaltensmuster« heißt präzise:

Wir haben im Laufe unserer persönlichen Entwicklung gewisse »Werte« erlernt. Diese Werte resultieren aus der Erziehung, aus dem sozialen Umfeld, in dem wir aufgewachsen sind, und aus Erlebnissen, die für uns bedeutend waren. Wir haben gelernt, wie wir uns in gewissen Situationen zu verhalten haben, um in unserem persönlichen Sinne »erfolgreich« zu sein, das heißt, unsere anvisierten Ziele zu erreichen.

Diese Werte oder Wertvorstellungen werden im wesentlichen in unserer Kindheit in uns installiert und halten sich meist ziemlich hartnäckig für den Rest des Lebens.

Ich gebe Ihnen wiederum ein einfaches, ganz typisches Beispiel zum Thema »Werte-Installation«:

Ein kleiner Junge, etwa drei bis vier Jahre alt, sieht und erlebt, daß sein Vater die Mutter dauernd anbrüllt, kritisiert und manchmal der Mutter auch mit körperlicher Gewalt droht und sogar die Mutter und ihn – den kleinen Jungen – schlägt. Der kleine Junge erlebt, daß die Mutter, durch den Druck, den der Vater ausübt, das tut, was der Vater möchte. Das erlebt er auch bei sich selbst, denn er tut ja auch, was der Vater von ihm fordert.

Der kleine Junge übernimmt als »Wert«: Wenn man Frauen anbrüllt und ihnen droht, dann tun sie das, was ich will; wenn man mich anbrüllt und schlägt, dann muß ich tun, was man mir aufträgt.

Der kleine Junge wird nun etwas älter, sieht oft die Serien »A-Team«, »Night Rider« oder »Power Ranger« im Fernsehen (oder andere Serien dieser Gattung). Die »Guten« in diesen Serien bedienen sich grundsätzlich der gleichen Verhaltensweisen wie der Vater des kleinen Jungen, um erfolgreich zu sein und Ziele zu erreichen: Sie verprügeln und erschießen die »Bösen«.

Das ist die Art, Konflikte zu lösen, die Art, die zum Erfolg führt – das lernt der kleine Junge.

Im Kindergarten probiert er das Erlernte aus und verhaut einen anderen Jungen. Der andere Junge ist eingeschüchtert und tut nun das, was der prügelnde kleine Kerl will. Das ist endlich der Beweis für unser Beispielkind: Vater handelt richtig. Wenn man nur ausreichend aggressiv ist, dann tun andere Menschen das, was ich/man will.

Dieser Wert (Moralwert wäre präziser ausgedrückt) ist letztendlich gefestigt, er ist »installiert«. Er wird wahrscheinlich (zu etwa zweiundneunzig Prozent) für den Rest des Lebens als »wertvoll« erlebt. Wohlgemerkt nicht im Bewußtsein des Kindes, sondern nur in seinem Unterbewußtsein. Das Wort »nur« paßt hier allerdings gar nicht hin. Denn circa achtzig Prozent all dessen, was wir Menschen tun oder nicht tun, wird vom Unterbewußtsein gesteuert.

Nur eine therapeutische Intervention kann den Menschen aus seiner Wertewelt herausholen. Er ist Opfer seiner Erziehung und seiner Umwelt.

»Therapeutische Intervention« bedeutet hier nicht, daß ein Psycholge daran teilhaben muß. Älter werden, Lebenserfahrung sammeln, mit einem Partner leben, sich ernsthaft auf andere Menschen einlassen – das alles verändert unsere Wertvorstellungen. Auch das ist »therapeutische Intervention«, wenn auch ohne einen eigentlichen Therapeuten.

Gibt man einem jungen Mann mit dem geschilderten aggressiven Werterepertoire nun ein Kraftfahrzeug und läßt ihn am öffentlichen Verkehr teilnehmen, verhält er sich in gleichen Situationen gleich.

Das heißt, wenn er vorwärtskommen will, wenn er andere beeinflussen möchte, benutzt er prinzipiell die gleichen aggressiven Methoden und Verhaltensweisen, die ihm bisher Erfolg brachten. Allerdings haben sich seine Instrumente, seine Hilfsmittel verändert. Er benutzt jetzt die Lichthupe, drängelt, drangsaliert und rast. Er hat gelernt, daß er mit aggressivem Verhalten erfolgreich ist, andere beeinflussen kann.

Im Mai 1995 erschoß ein aufgebrachter Verkehrsteilnehmer einen anderen deshalb, weil dieser andere an einer grünen Ampel nicht gleich losspurtete. Das ist glücklicherweise ein Einzelfall. Aber er läßt auf den teils bedenklichen Wertezustand unserer mobilen Gesellschaft schließen.

Allein das Strafgesetzbuch oder das Verkehrsstrafrecht gibt gewisse Grenzen auf, die der junge Mann aus unserem Beispiel noch beachtet – aber vielleicht nicht mehr lange. Seine aggressionsgeprägten Wertvorstellungen werden letztendlich stärker sein.

Nun kommt zu dem »Wert« auch noch ein Verhaltensmuster hinzu. Verhaltensmuster bedeutet, daß der junge Mann sich in einer »Schablone« erlebt. Er folgt dem allgemeinen Muster anderer junger Männer, der Werbung und dem Zeitgeist: Sei jung, dynamisch, aggressiv, schneller, erfolgreicher usw.

Das verstärkt sein erlerntes Verhalten und sichert seinen Wert weiter ab. Sein Unterbewußtsein erhält dauerhaft die Bestätigung: »Du liegst richtig, verhalte dich weiter so.« Er verhält sich also in gleichen Situationen weiterhin gleich.

Bis der Gesetzgeber nach einigen Verkehrsverstößen und einer angemessenen Punktesammlung eingreift und ihn zur MPU lädt, weil der Staat es nicht duldet, daß ein »Verhaltensauffälliger« (im Sinne der allgemeinen, staatlich verordneten Normgebung ist unser Beipiel-Kraftfahrer eindeutig verhaltensauffällig, wenn nicht sogar schon verhaltensgestört) sich und andere gefährdet.

Sie erinnern sich: Die Durchfallquote bei der MPU beträgt im langfristigen Durchschnitt zweiundachtzig Prozent. Das bedeutet, wir haben auf Deutschlands Straßen eine bemerkenswerte Menge an verhaltensauffälligen Menschen, mehr Männer als Frauen (nur rund zehn Prozent aller MPU-Kandidaten sind Frauen), Menschen also, die sich und andere im Straßenverkehr gefährden, die Aggression und Alkohol als ein völlig normales Mittel ansehen, um persönlich erfolgreich zu sein oder eher: zu scheinen.

Schlimme Erkenntnis, was?

Und genau so sehen die Verkehrspsychologen dieses Phänomen. Sie analysieren ziemlich präzise (sollten sie jedenfalls) die Wertvorstellungen der ihnen anvertrauten Probanden, und dann fällt die Klappe.

Rund zweihundertvierzigtausend MPUs werden im langfristigen Durchschnitt pro Jahr durchgeführt, Jahr für Jahr. Dies bedeutet, daß jedes Jahr etwa zweihunderttausend Verkehrsteilnehmer in der Bundesrepublik Deutschland als »verhaltensauffällig« entlarvt und »aus dem Verkehr« gezogen werden. Ohne all diejenigen Raser und Trunkenheitsfahrer, die der Staat und seine Vollzugsbeamten erst gar nicht erwischen.

Erinnern Sie sich an die Verkehrsstatistik ein paar Seiten vorher? Dort konnten Sie die »Erwischten« ablesen – allerdings auch nur die, die einen Unfall bauten. Die nicht »Erwischten« bilden eine recht hohe Dunkelziffer.

Ein Alkoholfahrer, sagt die Arbeitsgemeinschaft der Verkehrsrichter, wird statistisch erst bei der fünfhundertfünften Alkoholfahrt erwischt. Das heißt, er ist bereits fünfhundertviermal alkoholisiert Auto gefahren.

Von diesen statistischen Daten gehen auch die Verkehrs-Psychologen aus. Nicht etwa, weil dieser Berufsstand eine gewisse Böswilligkeit gegenüber Verkehrsteilnehmern entwickelt hätte. Vielmehr *müssen* die Gutachter von diesen Zusammenhängen ausgehen, aufbauend auf den statistischen Daten der BAST und des Bundesamtes für Datenverarbeitung und Statistik. Das ist das Erfordernis der Gesetzgebung und der einschlägigen Verordnungen.

Menschen verhalten sich in gleichen Situationen gleich.

Sie sehen, insoweit hat diese Erkenntnis eine dramatische Tragweite für die Beurteilung eines MPU-Kandidaten. Das Phänomen läßt sich auf geradezu einfachste Binsenweisheiten reduzieren:

Wer einmal lügt, dem glaubt man nicht, sagt bereits ein altes Sprichwort; einmal Junkie, immer Junkie, behaupten die Drogentherapeuten; wer einmal Kinder prügelt, prügelt auch zweimal, sagen die Pädagogen; wer einmal fremdgeht und seinen Partner betrügt, tut das auch zweimal, sagen die Psychologen; und so weiter und so fort.

Jedenfalls glaubt der Gutachter dem MPU-Kandidaten zunächst einmal kein Wort. Es bedarf einer Überprüfung der Echtheit der Haltungen und Einstellungen des Probanden, der Authentizität seiner Persönlichkeit. Da kann der Kandidat beteuern, was er will – die statistisch ermittelten Werte und die allgemeine Gutachtererfahrung sprechen eindeutig gegen denjenigen, der von sich sagt: »Ich ändere mich, das tue ich nie wieder.«

Der Gutachter geht grundsätzlich davon aus, daß der MPU-Kandidat sich in der Zukunft zunächst einmal genauso verhält, wie er es auch in der Vergangenheit getan hat.

Zugegeben, da läßt sich natürlich etwas machen. Nirgendwo steht geschrieben, daß wir Menschen unser Verhalten nicht verändern könnten, unsere Werte nicht neu ordnen (das bedeutet, alte Wertvorstellungen durch neue ersetzen) und die Dinge nicht mit anderen Augen aus einem neuen Blickwinkel sehen könnten.

Hier genau setzt die Analyse des Verkehrspsychologen ein. Er möchte nämlich wissen, ob der MPU-Kandidat seine Einsichten, seine Werte und sein Verhalten verändert hat oder in absehbarer Zeit verändern kann. Der Kandidat würde sich zukünftig in einer gleichen Situation *anders* verhalten als in der Vergangenheit.

Last not least: Ein positives Gutachten wird der MPU-Kandidat tatsächlich nur dann erlangen können, wenn sich sein Verhalten, seine Einstellung und seine Wertvorstellungen mit den Erwartungen des prüfenden Psychologen völlig oder zumindest weitestgehend decken.

Das heißt: Verhaltensänderung – sonst ist die Chance, ein positives MPU-Gutachten zu erhalten, gleich Null.

Jedes auswendig Erlernte, alles Aufgesetze, das der Kandidat dem Psychologen des TÜV, der DEKRA oder einer anderen amtlich anerkannten Untersuchungsstelle einfach so erzählt, wird sofort und zwangsläufig zum Mißerfolg führen.

Im Umkehrschluß hieße das:

Da wir es bei den großen MPU-Organisationen TÜV und DEKRA wohl mit verantwortungsbewußten Organisationen und hoch leistungsfähigen Psychologen zu tun haben, muß ich nur wirklich meine Werte und meine Einstellung zu ändern – dann komme ich durch die MPU.

Aber leider ist das nicht so einfach zu bewerkstelligen. Selbst bei echter (das nennt man »intrinsischer«) Verhaltensänderung kommt man nicht zwangsläufig erfolgreich durch die MPU.

Die Psychologen und Psychologinnen der Landesuntersuchungsstellen der Technischen Überwachungsvereine (TÜV), der DEKRA und der amtlich anerkannten Untersuchungsstellen arbeiten nach sehr festen Regelwerken, die dazu zwingen, auf bestimmte Art und Weise an die Probanden heranzugehen.

Diese Psychologen sind nicht besser oder schlechter ausgebildet als niedergelassene (freie); sie unterliegen jedoch einigen verwaltungsmäßigen und organisatorischen Besonderheiten der jeweiligen Einrichtung.

Zunächst einmal sind die Psychologen dort angestellt und nicht freiberuflich tätig. Dies bedeutet, sie haften grundsätzlich nicht für das, was sie in ihrem Job »gutachten«.

In dem Gutachten-Auftrag, den der betroffene Proband an den TÜV oder die DEKRA gibt (der Form nach ein rein privatrechtlicher Werkvertrag), ist ausdrücklich erwähnt, daß der Gutachter ein »möglichst« objektives Gutachten anzufertigen hat. Da steht nichts davon geschrieben, daß es sich um ein »meßbar« objektives Gutachten handeln müsse.

Die Verantwortung für die Güte und die Objektivität des erstellten Gutachtens liegt nicht beim Psychologen, sondern ausschließlich bei dessen Arbeitgeber.

Selbst wenn ein TÜV-Psychologe mit seiner Einschätzung des Probanden »voll daneben läge«, wäre es juristisch schlichtweg unmöglich, ihn für dieses Fehlgutachten haftbar zu machen. Bestenfalls käme man juristisch an seinen Arbeitgeber heran. Das gleiche gilt natürlich auch für die angestellten Gutachter der DEKRA und der anderen amtlich zugelassenen Untersuchungsstellen.

Jeder niedergelassene Allgemeinmediziner haftet für seine Fehler, wenn ihm welche nachgewiesen werden können. Kein Arzt eines Krankenhauses kann sich hinter dem Krankenhausträger, dem Kreis, der Stadt oder der kirchlichen Trägerschaft verstecken – die Gutachter des TÜV und der DEKRA können das.

Diese beiden monopolähnlichen Mammutorganisationen sind in der Lage, mit Hilfe ihrer hochleistungsfähigen Rechtsabteilungen jede Klage gegen den Gutachtenersteller auf Jahre zu verzögern. Während der gesamten Laufzeit des gerichtlichen Verfahrens beim Zivilgericht oder einem Verwaltungsgericht bekommt der Kläger (der MPU-Kandidat) seinen Führerschein nicht zurück. Und das nutzt dem Betroffenen natürlich nichts.

In der jüngeren Vergangenheit ist es wenige Male vorgekommen, daß Klagen gegen die Gutachtenerstellung des TÜV erfolgreich waren (zum Beispiel vor dem Verwaltungsgericht Berlin und dem Amtsgericht Köln). Das jedoch waren Einzelfälle, die nicht etwa dazu geführt hätten, daß die allgemeine Qualität der Gutachten überprüfbarer geworden wäre.

Der TÜV und die DEKRA werden sich hüten, ihre Gutachterarbeit öffentlich überprüfbar zu machen. Es gibt keinerlei Daten, wie viele der von diesen Organisationen erstellten Gutachten objektiv zutreffend sind.

Ganz gefährlich ist die Situation bei den Gutachterstellen in den neuen Bundesländern. Die psychologischen Dienste des TÜV und der DEKRA arbeiten dort häufig auch mit freien Mitarbeitern, die keine Grundeinweisung in die verkehrspsychologische Gutachtenerstellung erhalten haben. Da wäre es nicht nur wünschenswert, die Psychologen in therapeutischen Vorgehensweisen zu schulen – es wäre zwingend erforderlich.

Es kommt durchaus vor, daß der neu eingestellte oder beauftragte DEKRA-Gutachter sich den Ordner der DEKRA-Mustergutachten aus dem Archiv nimmt und aus den dort abgelegten Gutachten seine eigenen schneidert.

Oder es wird mit pauschalierten Textbausteinen gearbeitet, die mit der spezifischen Begutachtungssituation nichts, aber auch wirklich gar nichts zu tun haben.

Das gibt auch Peter Drechsler zu, leitender Mitarbeiter des TÜV Hannover/Sachsen-Anhalt:

»Textbausteine werden bei uns in den Gutachten verwandt, allerdings sind die Angaben zur Vorgeschichte immer individueller Text und in der Zusammenfassung auch.«

Quelle: Interview mit Herrn Drechsler, »REPORT«, ARD, Oktober 1996

Da scheint es niemanden ernsthaft zu interessieren, daß so ein MPU-Gutachten häufig über Sein und Nichtsein eines Probanden entscheidet. Textbausteine, nicht etwa sorgfältig erarbeitete Formulierungen und verantwortlich explorierte Erlebnisinhalte, bilden das Gutachten.

Ich selbst habe es erlebt, daß zum Beispiel der psychologische Dienst der DEKRA mit Psychologen arbeitet, die weder eine verkehrspsychologische Zusatzausbildung haben noch irgendeine relevante Berufserfahrung vorweisen können.

Meine Berufskollegen und ich vermuten zu Recht, daß es sich hier nicht um Einzelfälle handelt.

Dazu Peter Drechsler:

»Sicherlich hat nicht jeder Kursleiter bisher eine aufwendige therapeutische Ausbildung erhalten.«

Quelle: Interview im Magazin »REPORT«, ARD, Oktober 1996

Da untertreibt Herr Drechsler.

Nachweislich weniger als zehn Prozent der Psychologen von TÜV und DEKRA verfügen über verkehrspsychologisch-therapeutische Ausbildungen, schreiben aber Tag für Tag verkehrspsychologische Gutachten. Neunzig Prozent der Gutachter haben von Verkehrspsychologie lediglich Erfahrungsahnung. »Working by trial and error« nennt man das.

Was sind Sie von Beruf? Lehrer, Maurer oder Taxifahrer? Was würden die Ihnen anvertrauten Menschen wohl sagen, wenn sie wüßten, daß der Lehrer nicht lehren kann, der Maurer nicht mauern und der Taxifahrer keinen Personenbeförderungsschein hat. Unvorstellbar, oder?

Daraus ist zu folgern, daß der MPU-Proband sich auf ein ziemlich riskantes Spiel einlassen muß und einer gewissen (wenn auch unbeabsichtigten) Willkür ausgeliefert ist.

Das bedeutet nicht, daß die Psychologen der beiden großen Organisationen grundsätzlich leichtfertig oder weniger professionell begutachten. Aber es ist schwierig, ihnen das im Falle eines Falles nachzuweisen.

Diese vorgenannten Gesichtspunkte sind zwar sehr ärgerlich, spielen aber kaum eine wesentliche Rolle, wenn es darum geht, ein positives MPU-Gutachten zu erlangen – denn es wird noch komplizierter.

Gerät der Proband an einen »Amateur«-Psychologen, dann hat er so oder so keine Chance.

Bevor ein Psychologe, der in seiner Gutachtertätigkeit noch nicht so sicher ist, ein Positiv-Gutachten schreibt, hält er sich an die internen Regieanweisungen seiner Organisation und schreibt eine Ablehnung.

Es gilt in den Kreisen der TÜV- und DEKRA-Psychologen als völlig normal und erwünscht, Negativ-Gutachten zu attestieren. Das bestreiten die Verantwortlichen des TÜV und der DEKRA natürlich energisch. Meine persönlichen Erfahrungen und viele Gespräche mit Psychologen dieser Organisationen ergaben allerdings immer wieder, daß es dennoch so ist. Zu diesem eindeutigen Schluß kam auch das Journalistenteam der Sendung »REPORT«, das im Oktober 1996 einige Interviews zum Thema mit betroffenen Psychologen führte.

Die Psychologen kennen natürlich die allgemein hohen Durchfallquoten bei MPUs. Also ist die Wahrscheinlichkeit, durch eine Negativ-Begutachtung als Amateur entlarvt zu werden, sehr gering.

Die Wahrscheinlichkeit, durch ein Positiv-Gutachten oder gar eine Häufung davon in ernsthafte Konflikte mit dem Leiter der jeweiligen psychologischen Untersuchungsstelle zu geraten, ist deutlich größer.

Man muß sich dazu vor Augen halten, daß ein Positiv-Gutachten einmalig etwa siebenhundertfünfzig Mark in die Kasse der Untersuchungsstelle fördert. Ein Negativ-Gutachten erfordert hingegen *mindestens ein* weiteres Gutachten und bringt der psychologischen Untersuchungsstelle erneut siebenhundertfünfzig Mark ein, zuzüglich der angebotenen sogenannten »Vorgespräche« zum Pauschalpreis von einhundertsiebzig Mark pro Gespräch.

Den Psychologen der beiden großen Organisationen TÜV und DEKRA wird von deren Leitenden unverhohlen empfohlen, die Quote der sogenannten »Nachschulungen« zu erhöhen. Die Nachschulung wird vom Psychologen geraten (man könnte auch sagen: angeordnet), und der Betroffene hat sie dann zu absolvieren. Kosten dafür: circa neunhundert Mark.

Da spielt das Marketing eine gewisse Rolle, was natürlich niemand zugeben würde.

Fazit: Das psychologische Gutachterwesen des TÜV und der DEKRA und der anderen amtlichen Untersuchungsstellen bewegt sich manchmal hart an der Grenze zur Unseriosität. Der Meinung waren im Oktober 1996 auch die »REPORT«-Journalisten.

Die Diskussion über die Seriosität oder Unseriosität der beiden großen Gutachterorganisationen ist sicher angebracht und wichtig. Es wäre wünschenswert, das gesamte Gutachtersystem zu reformieren, darin sind sich alle einig.

Ihnen, die Sie die Erwartung an dieses Buch haben, daß es Sie *erfolgreich* durch die MPU bringt, nutzen diese Diskussionen zur Zeit leider, leider nichts. Und zwar aus drei Gründen heraus:

1. Grund
Ein erfahrener, verantwortungsvoller Gutachter, der sein Handwerk versteht, ein Profi, wird sich von einem Probanden kaum täuschen lassen. Da kann der Proband erzählen, was er will.

2. Grund
Ein wenig erfahrener Gutachter, ein Amateur, ist immer noch so gut, daß er zumindest vermutet, daß der Kandidat zu glatt oder zu punktgenau in seinem Verhalten ist – also läßt er ihn durchfallen, um kein Risiko einzugehen.

3. Grund
Wenn der Gutachter ein Anfänger, oder böse ausgedrückt: ein Nichtskönner, ist, wird er noch eher dazu neigen, eine Ablehnung zu schreiben. Das fällt bei der ohnehin hohen Durchfallquote nicht auf.

Die Wahrscheinlichkeit, daß der Proband bei seiner angeordneten MPU auf einen »Amateur«-Gutachter trifft, ist in der Bundesrepublik Deutschland verhältnismäßig hoch. Höher als in den USA, in Österreich oder der Schweiz, wo die Gutachter vergleichsweise sehr strengen Überprüfungen staatlicher Institutionen standhalten müssen.

Es besteht also die dauernde Gefahr, daß der Kandidat selbst bei allerbester Vorbereitung nicht »durchkommt«.

Da sehen Sie erneut die Wichtigkeit dieses Buches, das Sie vernünftigerweise gerade durcharbeiten.

Der MPU-Kandidat muß sich derart gut vorbereiten (vielleicht sogar mit Hilfe eines freien Psychologen, der nicht der Gruppe der TÜV/DEKRA-Gutachter zugehört), daß er durch seine Argumentation und sein Verhalten selbst einen »Amateur«-Gutachter dazu bringt, ein Positiv-Gutachten zu verfassen.

Leider ist es die Eigenart eines solchen Buches wie diesem hier, eine bestimmte Gruppe von talentierten, kommunikativen Menschen in die Lage zu versetzen, sich durch dialektisch gutes Argumentieren durch die MPU zu mogeln. Dadurch wird eine Eignung zum Führen von Kraftfahrzeugen vorgetäuscht, die der Kandidat gar nicht oder noch nicht erlangt hat. Oder der Mogler täuscht einen verantwortlichen Umgang mit dem Thema Alkohol vor, von dem er noch weit entfernt ist.

Dazu sind zwei Erkenntnisse sehr wichtig und interessant:

Der Mogler hat sein eigentliches Verhalten nicht verändert. Das heißt, er wird sich binnen kürzester Zeit wieder gleich verhalten – und geht dann früher oder später zur Zweit-MPU. Spätestens dabei wird er entlarvt, weil der Psychologe noch tiefer forscht.

Der Mogler geht ein dramatisches Risiko ein – nicht nur für sich, auch für alle anderen Verkehrsteilnehmer, die bei einem etwaigen Alkoholunfall in Mitleidenschaft gezogen werden.

Zum Thema »Durchmogeln« kann ich Sie letztendlich beruhigen.

Nur ganz selten sitzen in der Gutachterpraxis Menschen (ganz schlaue Mogler), die dem Psychologen präzise das erzählen, was dieser ihrer Meinung nach hören möchte. Sie »lügen« ihm neue »Werte« vor.

Der Prozentsatz derer, die sich durch das Testverfahren mogeln und dann auch noch den Arzt und/oder den Psychologen »schaffen«, liegt unterhalb von 0,2 Prozent der Gesamtsumme aller Kandidaten.

Fazit: Fangen Sie mit dem Mogeln gar nicht erst an. Sie schaffen sich mittelfristig nur unheimliche Probleme damit.

Lediglich die tatsächliche, gegenüber dem Verkehrspsychologen glaubhaft formulierte Einstellungsänderung (das heißt in der Sprache der Psychologen »Werteveränderung«) führt zu einem positiven Gutachten – sonst nichts. Und das ist schon schwierig genug.

Sie sind vielleicht selbst angehender MPU-Kandidat?

Es hat Sie vielleicht betroffen und etwas erschrocken gemacht, was ich in diesem Kapitel zum Thema MPU schrieb? Dann sind Sie auf dem richtigen Weg. Die MPU ist, wie gesagt, verdammt mehr als eine Formsache.

Nutzen Sie die Angebote dieses Buches. Erarbeiten Sie sorgfältig alle Kapitel. Lesen Sie es zweimal. Lernen Sie die Testmethodik auswendig. Trainieren Sie das Gespräch mit dem Psychologen. Bis Sie meinen, daß Sie die spezifischen Empfehlungen und Methoden wirklich verstanden haben. Wenn dann bei Ihnen ein Stück weit Haltungen und Einstellungen dahin tendieren, daß Sie sich nicht mehr als MPU-Opfer sehen, sondern eher als derjenige, der aktiv etwas bewegen möchte, dann liegen Sie richtig. Dann kann alles nur gutgehen.

Bei der Entwicklung der Inhalte und bei der Recherche zu diesem Buch wurde mir von TÜV- und DEKRA-Psychologen vorgeworfen, ich würde deren weitgehend als Geheimnis gehütete Testsysteme unterlaufen. Dadurch, daß ich den Lesern dieses Buches alle Vorgehensweisen »verriete«, würde ich dazu beitragen, die MPU zu einer Farce verkommen zu lassen. Das sind wirklich böse Worte.

Ich bin da ganz anderer Meinung. So wie jeder normale Straftäter das Recht hat, resozialisiert in die Welt entlassen zu werden, so hat meiner Meinung nach jeder Verkehrsstraftäter das gleiche Recht.

Durch Lernen zu wachsen, sein Verhalten zu überdenken, Werte neu zu ordnen, ist allemal gerechtfertigt. Und Hilfe dabei anzubieten erst recht.

Zusammenfassung dieses Kapitels

- Die MPU ist mehr als eine Formsache.
- Der MPU-Kandidat ist Ursache, nicht Opfer der MPU.
- Die Unfallkennziffern in der Bundesrepublik Deutschland sind in allen Bereichen sehr hoch. Das ist einer der Gründe

für den Gesetzgeber, mit der Handhabung der MPU eher restriktiv umzugehen.

- Verkehrsteilnehmer in der Bundesrepublik Deutschland haben einen deutlichen Trainingsbedarf, wenn es um Rücksichtnahme im Verkehr, um Vermeidung von Trunkenheitsfahrten und von Aggression im Straßenverkehr geht.
- Menschen verhalten sich in gleichen Situationen gleich.
- Der Gesetzgeber geht von der statistisch erhöhten Wahrscheinlichkeit aus, daß der MPU-Kandidat ein einmal erworbenes Verhalten auch zukünftig beibehalten wird.
- Die MPU ist nicht mit Inhaltslernen zu bewältigen. Nur echte Verhaltensänderung wird erfolgreich sein.
- TÜV- und DEKRA-Gutachter unterscheiden sich von anderen Gutachtern.
- Psychologische Hilfe anzubieten ist vernünftig und gerechtfertigt.

Rechtliches zum Thema MPU

Die Rechtsgrundlage für die MPU ist in § 3 StVZO (Straßenverkehrs-Zulassungs-Ordnung) gegeben. Dort heißt es:

I Teilnahme am Verkehr im allgemeinen.

§ 3. Einschränkung und Entziehung der Zulassung.

(1) Erweist sich jemand als ungeeignet zum Führen von Fahrzeugen oder Tieren, so muß die Verwaltungsbehörde ihm das Führen untersagen oder die erforderlichen Auflagen machen; der Betroffene hat das Verbot zu beachten oder den Auflagen nachzukommen. Ungeeignet zum Führen von Fahrzeugen oder Tieren ist besonders, wer unter erheblicher Wirkung geistiger Getränke oder anderer berauschender Mittel am Verkehr teilgenommen oder sonst gegen verkehrsrechtliche Vorschriften oder Strafgesetze erheblich verstoßen hat.

(2) Besteht Anlaß zur Annahme, daß der Führer eines Fahrzeuges oder Tieres zum Führen von Fahrzeugen oder Tieren ungeeignet ist, so kann die Verwaltungsbehörde zur Vorbereitung einer Entscheidung nach Absatz 1 je nach den Umständen die Beibringung

1. eines amts- oder fachärztlichen Gutachtens oder
2. des Gutachtens einer amtlich anerkannten medizinisch-psychologischen Untersuchungsstelle oder
3. des Gutachtens eines amtlich anerkannten Sachverständigen oder Prüfers für den Kraftfahrzeugverkehr

über die geistige oder körperliche Eignung anordnen und wenn nötig mehrere solcher Anordnungen treffen. Gegenstand der Untersuchung ist die Begutachtung der körperlichen und geistigen Eignung im allgemeinen, wenn nicht die Verwaltungsbehörde ein Gutachten über eine bestimmte Eigenschaft (z. B. Seh- oder Hörvermögen, Prothesenträger) anfordert.

(3) Die Anerkennung der in Absatz 2 Nr. 2 genannten Untersuchungsstelle wird von der zuständigen obersten Landesbehörde oder einer von ihr beauftragten Behörde ausgesprochen und kann an Auflagen gebunden werden.

Eine ganze Reihe juristischer Begriffe und spezifischer juristischer Formulierungen sind für uns Laien ohne Lexikon und juristische Nachschlagewerke kaum verständlich.

Allerdings ist es günstig, wenn man als MPU-Betroffener grundsätzlich über einige rechtliche Begriffe informiert ist.

Denn es kann durchaus sein, daß der eine oder andere Begriff in den Gesprächen mit dem Psychologen der Untersuchungsstelle auftaucht. Da ist es natürlich von Vorteil, wenn man als Betroffener einigermaßen mitreden kann.

Der Psychologe geht von der folgenden Vorstellung aus: Der MPU-Kandidat hat sich in seinem bisherigen Leben wenig Gedanken über die juristischen Konsequenzen von Führerscheinentzug, Sperre, MPU, Nachschulung und so weiter gemacht. Kaum jemand interessiert sich für diese Themen, wenn er nicht direkt damit konfrontiert ist.

Bei einem Betroffenen geht der Psychologe davon aus, daß sich der MPU-Kandidat mit dem Themenbereich beschäftigt hat. Die Kenntnis der wesentlichen juristischen Zusammenhänge läßt darauf schließen, daß sich der Kandidat aktiv mit seiner Situation auseinandergesetzt hat.

Deshalb ist es sehr wichtig, wenn Sie sich die juristischen Begrifflichkeiten, die in diesem Buch auftauchen, gut einprägen und vielleicht auch einmal im Glossar nachschlagen.

Interessant ist, wie die aktuelle Rechtsprechung mit dem Themenbereich medizinisch-psychologische Untersuchung umgeht. Da hat sich in den letzten zwei Jahren im wesentlichen zweierlei bewegt:

Erstens ist der Trend zu erkennen, die MPU grundsätzlich recht streng zu handhaben. Das bedeutet, daß die Straßenverkehrsbehörden und Gerichte selbst bei einem positiven Gutachten mitunter nicht dazu neigen, dem Kandidaten entgegenzukommen.

Zweitens ist der Trend zu verzeichnen, daß die Betroffenen eher dazu neigen, sich mit Hilfe ihrer Rechtsanwälte »durchzuklagen«. Der Erfolg einer solchen Vorgehensweise ist schwer prognostizierbar. Dennoch steigen die Klagefälle an. Das läßt darauf schließen, daß wir Menschen uns zunehmend auf unser Recht berufen und uns durchsetzen wollen – gegen den Staat.

Die Rechtsanwälte Jan Schmidt und Dr. Beate Hänsch aus Erfurt haben zusammengestellt, wie die Haltung und Einstellung zum Thema MPU von den bundesdeutschen Gerichten zur Zeit beurteilt wird. Es handelt sich um aktuelle Urteile unterschiedlicher Gerichte und Instanzen.

- *Wenn sich jemand weigert, sich einer MPU zu unterziehen ...*
  ... sagt das Bundesverwaltungsgericht, daß diese Weigerung nicht in der Art ausgelegt werden darf, daß der Kandidat als ungeeignet zum Führen von Kraftfahrzeugen anzusehen ist, weil die Behörde oder das Gericht davon ausgeht, daß der Betroffene vorhandene Mängel zu verbergen sucht.

- *Wenn sich jemand weigert, sich einer MPU zu unterziehen, und ihm wegen dieser Weigerung der Führerschein entzogen worden ist ...*
  ... kann diese Fahrerlaubnisentziehungsverfügung rechtswidrig sein, wenn sie unverhältnismäßig ist.
  Unverhältnismäßigkeit ist beispielsweise dann gegeben, wenn einem seit seiner Kindheit einäugigen, bisher verkehrsunauffälligen Kraftfahrer mit dreißigjähriger Fahrpraxis neben einer augenärztlichen Überprüfung ein medizinisch-psychologisches Gutachten abverlangt wird.

- *Wenn vom Betroffenen ein ungünstiges Gutachten vorgelegt wird ...*
  ... so enthebt dieses die Verwaltungsbehörde und das Gericht nicht von der Pflicht, sich unter Berücksichtigung aller Umstände des Einzelfalles ein eigenes Urteil darüber zu bilden, welcher Beweiswert dem Untersuchungsergebnis im konkreten Fall zukommt.

- *Wenn jemand in einem funktionspsychologischen Leistungstest der MPU versagt ...*
  ... beweist das für sich allein noch nicht die körperlich-geistige Fahruntauglichkeit, wobei der Beweis eine Berücksichtigung und Bewertung sonstiger für oder gegen die Fahrtauglichkeit sprechender Umstände des Einzelfalles erübrigt oder ausschließt.

• *Wenn jemand zum erstenmal mit einer Blutalkoholkonzentration zwischen 1,6 und zwei Promille aufgefallen ist …*
… berechtigt dies zur Anordnung einer medizinisch-psychologischen Untersuchung, wenn zusätzlich sonstige Umstände des Einzelfalles den Verdacht auf eine überdurchschnittliche Alkoholgewöhnung nahelegen.

• *Die Fahrpraxis …*
… das heißt das praktische Fahrverhalten (die Dauer der Fahrpraxis und das durch eine Fahrprobe zu prüfende Fahrverhalten), ist bei der Überprüfung der körperlich-geistigen Eignung zum Führen von Kraftfahrzeugen zu berücksichtigen, um zu einer ausgewogenen Prognose über zukünftiges Fahrverhalten zu gelangen.

• *Wenn jemand einen TÜV-Nachschulungskurs erfolgreich absolviert hat …*
… das heißt, wenn sich der alkoholauffällige Kraftfahrer an einem Nachschulungskurs des TÜV für mehrfach alkoholauffällige Kraftfahrer aktiv und erfolgreich beteiligt hat und eine danach durchgeführte medizinisch-psychologische Untersuchung zu dem Ergebnis führt, daß der Betroffene zu konkreten Einstellungs- und Verhaltensveränderungen gekommen ist, die es ihm ermöglichen, einer möglichen Rückfallgefahr wesentlich wirksamer vorzubeugen, als dies in der Vergangenheit der Fall war, und noch weitere Umstände hinzutreten, die erkennen lassen, daß der Angeklagte sich aktiv bemüht, aus seinem Fehlverhalten zu lernen, so läßt sich unter Berücksichtigung der Dauer der vorläufigen Entziehung der Fahrerlaubnis vertreten, die Sperre für die Erteilung einer Fahrerlaubnis auf das Mindestmaß von drei Monaten zu beschränken.

• *Wenn jemandem nach einer anderen Straftat (nicht Verkehrsstraftat) der Führerschein entzogen werden soll …*
… weil die Behörde Zweifel an der Eignung des Betroffenen zum Führen eines Kraftfahrzeuges hat und deshalb eine me-

dizinisch-psychologische Untersuchung veranlassen möchte, so muß die Behörde darlegen, inwieweit sich aus der Straftat Anhaltspunkte dafür ergeben, daß der Betroffene sich auch im Straßenverkehr nicht ordnungsgemäß verhalten wird. Ein bloßes Abstellen etwa auf das Punktekonto reicht nicht aus.

- *Wenn jemand von sich aus ohne Aufforderung in eine verkehrspsychologische Therapie geht …*
  … ist es stets die Pflicht der Verwaltungsbehörde, unter umfassender Würdigung der Gesamtpersönlichkeit des Betroffenen und unter Ermittlung aller in Betracht kommenden Faktoren sowie unter Beachtung des Grundsatzes der Verhältnismäßigkeit in eigener Verantwortung die erforderlichen rechtlichen Folgerungen zu ziehen. Hierbei sind auch vorgelegte private psychologische Gegengutachten und Nachweise über psychologische Nachschulungen oder Therapien zu berücksichtigen.
  Der betroffene Kraftfahrer kann folglich andere qualifizierte private Psychologen oder Therapeuten zur Widerlegung eines »Anfangsverdachtes« hinsichtlich einer Ungeeignetheit zum Führen von Kraftfahrzeugen heranziehen.

- *Bei Haschisch-Konsum …*
  … ist die Anforderung eines medizinisch-psychologischen Gutachtens zur Klärung der Kraftfahreignung nur dann zulässig und verhältnismäßig, wenn langjähriger Drogenkonsum nachgewiesen ist. Ein Blut-, Haar- oder Urintest allein ist kein verhältnismäßiges Mittel.

Die Verwaltungsbehörden akzeptieren zunehmend private Gutachter (niedergelassene Psychologen) …
… also Nachschulungen oder Therapien bei qualifizierten freien Psychologen. In aller Regel ist ein Privatpsychologe dann qualifiziert, wenn er über die amtliche therapeutische Zulassung der zuständigen AOK verfügt.

Es besteht inzwischen durchaus die Möglichkeit durch private Nachschulung bei niedergelassenen Psychologen die Fahrerlaubnis ohne MPU wiederzuerlangen. Einige Gerichte haben einen solchen Sachverhalt bereits positiv entschieden.

Trunkenheit und Trunkenheitsdelikte

Der Paragraph 3.1 der StVZO ist hier der wichtigste Absatz. Das Gesetz spricht von »geistigen Getränken« und »berauschenden Mitteln« und meint im Kern damit Alkoholkonsum im Straßenverkehr.

Das Thema Alkoholkonsum/Alkoholmißbrauch im Straßenverkehr nimmt bei der MPU einen relativ großen Raum ein. Der Gesetzgeber hat klar geregelt, welches Verhalten bei welchem Alkoholkonsum grundsätzlich wie zu bewerten ist:

Blutalkohol-konzentration	Rechtliche Konsequenzen
0,0–0,3 Promille	Grundsätzlich keine strafrechtlichen Konsequenzen, wenn der Fahrer nicht durch Ausfallerscheinungen auffällt.
0,3–0,8 Promille	Grundsätzlich keine strafrechtlichen Konsequenzen; kann Straftat sein, wenn Ausfallerscheinungen auffallen; Straftat, wenn etwas passiert.
0,8–1,1 Promille	Grundsätzlich Ordnungswidrigkeit; Straftat, wenn der Fahrer durch Ausfallerscheinungen auffällt; Straftat, wenn etwas passiert.
über 1,1 Promille	Grundsätzlich Straftat, auch wenn nichts passiert; Straftat auch dann, wenn der Fahrer sich subjektiv nicht behindert fühlt.

Der Gesetzgeber spricht bei Alkoholkonsum im Straßenverkehr von sogenannter »Trunkenheit« und von »Trunkenheitsdelikten«.

In § 316 des Strafgesetzbuches ist auch die Rede von »Trunkenheit im Straßenverkehr«.

Interessant ist, daß sich dieser § 316 nicht nur auf das Führen von Kraftfahrzeugen, also Autos, bezieht. Auch wenn Sie zum Beispiel mit einem Mofa oder mit einem Fahrrad alkoholisiert durch die Straßen fahren, fallen Sie unter dieses Gesetz.

Das bedeutet, ein angetrunkener Radfahrer verliert, wenn er erwischt wird, tatsächlich seinen Führerschein. Das gleiche gilt auch, wenn Sie irgendein anderes Fahrzeug, aber auch einen Eselskarren, eine Kutsche oder eine Kuhherde, unter Alkoholeinfluß oder unter dem Einfluß berauschender Mittel führen.

Der Begriff »Tat-Blutalkoholkonzentration« beschreibt die Blutalkoholkonzentration (BAK) zur Zeit der Tat oder der Ordnungswidrigkeit. Das ist nicht so einfach. Stellen Sie sich folgende Situation vor:

Tatzeit, durch die Polizei ermittelt: dreiundzwanzig Uhr; Blutprobe erst vier Stunden später, weil der Täter nicht sofort gestellt worden ist. Ermittelte BAK bei der Blutprobe um Viertel nach drei: 1,4 Promille.

Der Richter läßt nun durch einen Gutachter ermitteln, wie hoch die BAK zur Tatzeit gewesen sein muß: vermutlich sehr viel höher, weil der Täter immerhin vier Stunden Zeit hatte, den Blutalkohol abzubauen.

Es zählt also hierbei nicht die bei Festnahme ermittelte BAK, sondern die Tat-BAK.

Hier ein Beispiel, wie kompliziert die juristischen Begriffe miteinander verzahnt sein können:

Jemand fährt von einer Geburtstagsfeier angetrunken nach Hause. Er überfährt eine rote Ampel, streift ein parkendes Fahrzeug und fährt ohne anzuhalten schnell weiter, weil er Angst hat, erwischt zu werden.

Dabei passiert er eine stationäre Geschwindigkeitsmeßstelle (Starenkasten) und wird von dem Automaten geblitzt.

Bei dieser Sachlage kommen ein paar juristische Begrifflichkeiten zusammen, die sich in der Anklage des Staatsanwaltes etwa so anhören könnten:

»Fahrlässige Verkehrsgefährdung in Tatmehrheit mit unerlaubtem Entfernen vom Unfallort, weiterhin in Tateinheit mit vorsätzlicher Trunkenheit im Straßenverkehr in Tatmehrheit mit Geschwindigkeitsüberschreitung und dem Mißachten einer Lichtzeichenanlage.«

»Tatmehrheit« bedeutet, daß es sich hier um zeitlich aufeinanderfolgende oder gleichzeitig stattfindende, mehrere Taten handelt, nämlich betrunken fahren, einen Unfall verursachen und dann den Unfallort verlassen.

Das Verlassen des Unfallortes ist unabhängig von der Alkoholtat zu sehen. Dem Täter wird unterstellt, daß es sich um einen freien Entschluß handelt, der ursächlich nichts mit dem eigentlichen Unfall zu tun hat.

»In Tateinheit« bedeutet, daß die eine Tat, das Streifen des parkenden Fahrzeuges, direkt mit der anderen Tat, betrunken Auto fahren, verbunden ist.

Exkurs: Alkoholmißbrauch

Soziale Normen (Wertvorstellungen) bestimmen in unserer Gesellschaft, wer von der Gemeinschaft abgelehnt und als Außenseiter betrachtet wird oder wer sozial anerkannt ist. Natürlich haben unterschiedliche Gesellschaften auch unterschiedliche gesellschaftliche Normengefüge, an denen wir Menschen uns orientieren.

Unter dem Begriff »Sozialisation« verstehen wir das Hineinwachsen in ein ethisches System der Normen und Prinzipien, die ein Zusammenleben von Menschen auf einem vergleichsweise engen Raum erst ermöglichen.

Dieses »Hineinwachsen« findet bereits in der frühen Kindheit und Jugend statt.

Wir Menschen erlernen von unseren nahen und weiteren Bezugspersonen ganz bestimmte Normgrößen, die wir in unserer späteren Lebensgestaltung als wichtig erachten.

Soziale Normen tragen dazu bei, daß diejenigen, die sich diesen Normen nicht anpassen und unterwerfen können oder wollen, von der Gemeinschaft, der Gesellschaft, als Außenseiter abgestempelt werden. Das kann sehr schnell zu einer gewissen Isolierung der Unangepaßten führen, zu Angst und zu Selbstzweifeln, häufig auch zu einer sozialen Isolierung.

Das Ansteigen der Einweisungen von Angehörigen der sozialen Mittel- und Oberschicht in Nervenkrankenhäuser (Landeskrankenhäuser oder anders ausgedrückt: Irrenanstalten), das wir bei jeder wirtschaftlichen Rezession in allen Industriestaaten beobachten können, auch in der Bundesrepublik Deutschland, ist ein sicheres Zeichen.

Ein sicheres Zeichen dafür, welch hohen Preis wir Menschen dafür zahlen, daß Geld, wirtschaftlicher Erfolg, Jugendlichkeit und Dynamik in dieser Gesellschaft einen so hohen Normcharakter erlangt haben.

Das Ansteigen dieser (Zwangs-)Einweisungen bedeutet offenbar, daß der soziale Streß, schwierige äußere Lebensumstände, Verlust von wirtschaftlicher Stärke usw. dazu führen, daß Menschen nicht mehr die Kraft haben, dieser zunehmend merkwürdigen Normenwelt zu folgen.

Die Massenmedien, allen voran das Fernsehen, sind vielleicht die schlimmsten Übeltäter, was die Verbreitung paranoider (paranoid/Paranoia = Größenwahn in den verschiedensten Formen) Normen in dieser Gesellschaft betrifft.

In der Werbung wird den Frauen eingeredet, wenn sie natürlich aussehen wollen, dann müssen sie unbedingt künstliche Stoffe auf ihre Haut auftragen. Es ist einfach verrückt, Künstlichkeit als Indikator für Natürlichkeit zu mißbrauchen, also die Natürlichkeit durch Künstlichkeit beweisen zu wollen.

In der Werbung wird empfohlen, möglichst häufig möglichst viele Alkoholvarianten zu konsumieren, vom Korn über Bier bis zu allen Arten von Weinen und Sekt. Nur wer Alkohol trinkt, wird wirklich Lust und Freude in Geselligkeit erleben, so wird uns stets und ständig weisgemacht.

Wenn sich jemand an diese Glücksbotschaft hält, kommt er sehr schnell in den Suchtbereich des Alkoholkonsums.

Kennen Sie diese typischen Thekengespräche, in denen es sich darum dreht, wie viele Bier der Werner gestern getrunken hat? Und der ging kerzengerade raus, man hat ihm gar nichts angemerkt. Mein Gott, der verträgt aber was.

Da klingt eine ganz merkwürdige, direkt gefahrvolle Form von sozialer Anerkennung heraus, die der Gesetzgeber nicht teilt, zumal wenn der trinkfeste Werner dann auch noch Auto fährt.

Von dem Punkt, Geselligkeit mit größeren Mengen Alkohol zu verbinden, dafür positive Anerkennung von anderen zu erlangen, zu dem nächsten Punkt, Alkoholkonsum nicht mehr im Griff zu haben, ist es nur ein ganz kleiner Schritt.

Das mag sich harmlos anhören – ist es aber nicht. Nicht mehr kontrollierbarer Alkoholkonsum führt zu einer allgemeinen Selbstregulierungsunfähigkeit. Das kann und wird für die betroffene Person verheerende Folgen haben.

Schon seit dem Altertum kennt man berauschende Getränke und weiß um ihre Wirkungen. Es ist wahrscheinlich, daß der Alkohol in irgendeiner Form der erste »Tranquilizer« war, den die Menschheit kannte.

Die Statistik der Bundesrepublik Deutschland weist seit einigen Jahren dramatische Zahlen aus, wenn es um Alkoholmißbrauch geht. Wir haben in diesem unserem Lande fast 5,8 Millionen Trinker.

Trinker heißt, daß es sich hier um Menschen handelt, die ihre Selbstregulierungsfähigkeit bereits verloren haben – sie wollen nicht unbedingt trinken, sie *müssen* trinken.

Bei dieser Gruppe ist der Alkoholkonsum so hoch, daß es zu ernsthaften Beeinträchtigungen im wirtschaftlichen, sozialen und familiären Bereich kommen kann.

Die Problematik, die mit allen Bestrebungen, den Alkoholismus unter Kontrolle zu bringen, verbunden ist, zeigt sich in der Einstellung unserer Gesellschaft zum Trinken.

Mäßiges Trinken wird gefördert, auch vom Gesetzgeber, der ja nicht schlecht daran verdient. Wird durch das dauerhafte mäßige Trinken ein Mitglied dieser Gesellschaft alkoholabhängig, kann es allerdings nicht mit dem Mitgefühl derer rechnen, die die Sucht gefördert haben. Der Alkoholabhängige wird dann als »willensschwach« beschimpft, wegen seiner »Verantwortungslosigkeit« kritisiert und abgetan als ein Mensch, dem nicht mehr zu helfen ist, weil er das ja gar nicht will.

Wir »Nichttrinker« sind dann sehr schnell bereit, mit dem erhobenen Finger auf den armen Säufer zuzugehen, ihm klarzumachen, daß er sein Elend letztlich selbst verschuldet habe.

Der Gedanke, daß unsere gesamte Normengebung erheblich dazu beiträgt, Menschen in den Alkoholismus zu treiben, kommt uns kaum in den Sinn.

Einsamkeit, Anonymität, defekte Beziehungssysteme, Überbetonung von Dynamik und Jugendlichkeit, Herabsetzung älterer Arbeitnehmer, Arbeitslosigkeit und emotionale Verarmung – das alles läßt Menschen in die Droge flüchten.

Der Alkohol macht es dem Trinker vorübergehend leichter, mit dem Leben und den manchmal wirklich großen Sorgen klarzukommen. Alkohol stellt zunächst eine Ausweichmöglichkeit dar. Die Verlockung, davon Gebrauch zu machen, wächst in dem Maße, wie sich ungelöste Probleme häufen und neue, nun durch das Trinken selbst bedingte hinzukommen.

Dieses Verhaltensmuster stellt natürlich auf die Dauer gesehen eine Fehlanpassung dar. Es ist keine Lösung – eher ein Vertagen der Problempakete. Trotzdem hält der Trinker an seiner Gewohnheit fest, weil sein Verhalten durch die jeweils kurzfristigen Erleichterungen, die der Alkohol ihm bietet, ständig verstärkt wird. An einem bestimmten Punkt dieser Entwicklung wird das Bild durch das Einsetzen der psychischen Alkoholabhängigkeit noch komplizierter.

Typisch für den Alkoholabhängigen ist die Haltung und Einstellung, er sei kein Alkoholiker.

Selbst wenn seine Umwelt behauptet, er sei Trinker, selbst wenn die ersten einfachen oder auch dramatischeren Alkoholdelikte im Straßenverkehr zu empfindlichen Geldstrafen geführt haben, selbst dann meint der Alkoholabhängige, er sei Opfer der Situation. Standhaft wird er behaupten, er könne jederzeit ohne alle Probleme mit dem Trinken aufhören.

Er fühlt sich als Opfer, nicht als Ursache.

Alkoholabhängigkeiten teilen die Mediziner und Psychologen in die folgenden Gruppen ein (die Mengenangaben variieren leicht je nach Körpergewicht und Geschlecht des Trinkers):

1. Die Alpha-Gruppe

Der Trinker konsumiert täglich, oder genauer gesagt regelmäßig, etwa einhundert bis einhundertzwanzig Gramm Alkohol.

Um dieses Pensum zu erlangen, reichen drei Gläser Weinbrand, wie man sie normalerweise zu Hause einschenkt, oder sechs Gläser in der Gaststätte; das gilt auch für »Kurze«, Whisky, Grappa und alle anderen »harten« Getränke. Bei Bier mit einem Volumen-Alkoholgehalt von etwa 5,5 Prozent ist die Grenze nach drei »Halben« erreicht, ja bereits schon leicht überschritten.

Der Trinker befindet sich bereits, ohne daß ihm dies bewußt ist, in einer *psychischen* Abhängigkeit.

Er hat nicht im geringsten den Eindruck, dem Alkoholismus verfallen zu sein. Das wiederum ist der erste Schritt in die Beta-Gruppe. Der Trinker steigert die Dosis …

2. Die Beta-Gruppe

Der Trinker spürt erste, leichte motorische Komplikationen, erlebt manchmal Kontrollverluste (das kennen wir als »Filmriß«).

In manchen Fällen besteht bereits eine *körperliche* Abhängigkeit. Das heißt, der Trinker muß, um sich gelöst und wohl zu fühlen, einen gewissen Minimalpegel an Alkohol im Blut haben.

In diese Beta-Gruppe gehört der größte Teil der bundesdeutschen Alkoholiker. Sie konsumieren zwischen einhundertzwanzig und dreihundertfünfzig Gramm Alkohol pro Tag.

Bei einem Alkoholgehalt von 11,5 Prozent des Volumens reicht der regelmäßige Konsum von drei bis knapp vier Flaschen Wein à 0,7 Liter aus, um in den Kreis dieser Gruppe zu gehören.

Nun, einige von meinen Lesern werden sagen, da würde ich glatt umfallen. Gut, wenn Sie umfallen. Dann funktioniert Ihr körperlicher Schutzmechanismus noch einwandfrei. Bei den meisten Beta-Trinkern ist dieser Schutzmechanismus bereits ausgeschaltet. Der Körper hat kapituliert. Das hinterläßt den verhängnisvollen Eindruck, nicht betrunken zu sein. Sie fühlen sich trinkfest und pudelwohl – und steigern die Dosis.

3. Die Gamma-Gruppe

Der Trinker entwickelt eine *statische* Alkoholtoleranz. Das heißt, er wird nicht mehr »blau«, jedenfalls nicht mehr so schnell. Er erlebt sich kaum im Rausch, fühlt sich glasklar und hält sich für ganz normal und sehr leistungsfähig. »Statische Alkoholtoleranz« bedeutet in diesem Zusammenhang, er ist auf bestimmte Getränke »eingetrunken«. Konsumiert der Trinker andere Getränke, kann er sehr schnell in einen subjektiven Trunkenheitszustand eintauchen. Zum Beispiel verträgt ein geübter Beta-Wein-Trinker bemerkenswerte Weinmengen ohne alle Ausfallerscheinungen – aber keinen Schnaps oder Cognac.

Dieses subjektiv verharmlosende Empfinden führt zur Dosissteigerung. Der Trinker muß mehr und mehr seines Getränkes konsumieren, um wenigstens einen leichten Rauschzustand zu erleben. Die Tatsache, daß er »einiges« verträgt, signalisiert ihm, daß er in körperlich völlig intaktem Zustand ist. Er meint, über eine wirklich gute Konstitution zu verfügen, und belächelt diejenigen, die nach einem kleinen Schluck Alkohol schon angetrunken sind. Der nächste Schritt führt zur *dynamischen* Alkoholtoleranz. Der Beta-Trinker lernt nach einiger Zeit, daß er bei »Fremdgetränken«, die er nicht trainiert hat, kurzzeitig erstaunlich »gute« Rauschzustände erlebt.

Dieses »Fremdtrinken«, also das Konsumieren von bisher nicht trainierten Alkoholsorten, führt sehr schnell zu einer allgemeinen Alkoholtoleranz. Nach kaum einem halben Jahr kann der Gamma-Trinker trinken, was immer er will – es »nutzt« nichts mehr. Es kommt kaum mehr ein »vernünftiger« Rausch zustande.

Das Bewußtsein, Alkoholiker zu sein, ist dann völlig ausgeblendet.

Wenn wir davon ausgehen, daß bei einem Gamma-Alkoholiker die Menge von drei bis vier Flaschen Wein pro Tag zum normalen Konsumverhalten gehört, dann heißt das nicht zwangsläufig, daß alle Gamma-Alkoholiker zukünftig noch mehr konsumieren müßten. Der Dosis-Steigerungs-Effekt setzt bei vielen Gammas nach einiger Zeit aus.

Der Gamma-Alkoholiker kann durchaus sogar zeitweilig weniger trinken und dennoch stärker abhängig sein.

Hier spielt die sogenannte »Trinkerkarriere« eine große Rolle. Das bedeutet, daß der Trinker eine längere Zeit des exzessiven Alkoholmißbrauchs benötigt, um in die Gamma-Gruppe zu gelangen.

Der Schritt von der Beta-Gruppe in die Gamma-Gruppe ist nicht nur ein Schritt auf der Akoholiker-Karriereleiter.

Es ist auch der Schritt vom Gelegenheitstrinker in die *Krankheit* des abhängigen Alkoholismus. So sieht das auch der Bundesverband der AOK Deutschland. Ab dem Gamma-Stadium wird Alkoholismus als Krankheit anerkannt, und die Therapiekosten werden von den Kassen, auch den Ersatz- und den privaten Krankenkassen, übernommen.

4. Die Delta-Gruppe

Der Delta-Alkoholiker hat einen dauerhaft erhöhten Alkoholspiegel im Blut. Es gelingt ihm nicht mehr, zwei oder drei Tage nicht zu trinken. Er fühlt sich beim Trinken sehr wohl, hat kaum Ausfallerscheinungen. Er erlebt keinen Rausch mehr, wenn er getrunken hat.

Typisch für ihn ist, daß er nur unter Alkohol Höchstleistungen vollbringen kann. Es gibt Autofahrer, die permanent »unter Strom« stehen und völlig unauffällig erscheinen. Delta-Trinker fahren dann zögerlich und unsicher, wenn ihr Pegel unter eine Mindestmarke sinkt.

In den höheren Führungsebenen finden wir zahlreiche »Deltas«. Trinken ist dort zum dynamischen Kulturgut mutiert. Je aggressiver der Job, je dynamischer das Image der Firma – um so mehr Alkohol wird in den Führungsetagen konsumiert. Der vorwärtsstrebende Manager der Autovermietung, der Bank oder der Werbeagentur, der Vertriebsleiter, der Arzt im Krankenhaus und der Controller: alle vollbringen sie an Achtzehn-Stunden-Tagen fast übermenschliche Höchstleistungen unter Alkohol. Allerdings gehen sie geradezu mörderisch (im wahrsten Sinne des Wortes) mit ihrem Körper um, besonders mit der Leber.

Befragt man diese Leute nach ihren Trinkgewohnheiten, fällt auf, daß alle weitgehend übereinstimmend äußern, sie seien vom Dunstkreis des Alkoholismus meilenweit entfernt. Ihr Unterbewußtsein signalisiert ihnen zwar: Ich bin wahrscheinlich ein Trinker. Aber diese Erkenntnis wird mit intelligenten Methoden kompensiert und verdrängt.

5. Die Eta-Gruppe

Der Trinker erhöht erneut die Dosis, erlebt dabei aber nur leichten oder leichtesten Rausch – häufig auch gar keinen mehr. Einen »erlebenswerten« Rauschzustand erreicht er nur noch bei periodisch exzessivem Alkoholgenuß (sich mal wieder richtig einen ansaufen). Daraus entstand im Volksmund irgendwann der Ausdruck »Quartalssäufer«. In dieser »Quartalssaufphase« konsumiert der Eta-Trinker Alkoholmengen, an denen ein ungeübter Trinker sterben würde. BAKs von dreieinhalb bis vier Promille, normalerweise tödliche Dosen, werden ohne weitere Komplikationen verarbeitet – bis der Körper nicht mehr mitspielt.

Die Lebenssituation dieser Gruppe verändert sich allmählich. Soziale Bindungen werden vernachlässigt. Man ist am liebsten mit Menschen zusammen, die auch gerne übermäßig viel trinken. Man versteht sich, obwohl Alkohol niemals ein Thema für die »Etas« ist.

Die Eta-Trinker werden sich früher oder später in das soziale Elend oder zu Tode saufen – oder in eine Therapie gehen und vielleicht ein sogenannter »trockener Alkoholiker« werden.

Das bedeutet ein unsäglich hartes Stück Arbeit an sich selbst. Die Therapie und die völlige Abstinenz erfordern psychische und physische Höchstleistungen. Ich habe deshalb sehr viel Respekt vor Alkoholikern, die trocken sind – und trocken bleiben.

Trocken werden, eine Therapie erfolgreich durchstehen – das schafft leider nur der kleinste Teil der »Etas«. Etwa neunzig Prozent der Therapiefälle werden binnen kürzester Zeit wieder exzessiv trinken.

Das physische Ende kommt fast zwangsläufig durch ein Leberversagen oder häufige Kreislaufzusammenbrüche, Infarkte oder andere mittelbare Folgeschäden des Trinkens.

Die Delta- und die Eta-Typen haben gemeinsam, daß sie vermuten, Alkoholiker zu sein, und deshalb viel Anstrengung darauf verwenden, das nicht nach außen dringen zu lassen.

Sie tragen meist Smella (eine sehr starke, flüssige Pfefferminzmischung in einer Art Reagenzröhrchen) oder sehr starke Pfefferminzbonbons mit sich herum, trinken in fremder Gesellschaft plakativ wenig oder Mineralwasser. Sie gehen eher zwischendurch mal zum Auto, um dort einen gehörigen Schluck aus dem Flachmann zu nehmen.

Und in der Schublade des Schreibtischs im Büro liegt auch eine Flasche.

Diese beiden Alkoholikertypen haben einen ständig erhöhten Alkoholpegel im Blut – vierundzwanzig Stunden am Tag.

Wie ordnet der Gesetzgeber diese Trinkergruppen ein? Was hat das mit unserem Thema zu tun?

Wer als Autofahrer mit mehr als 1,6 Promille Alkoholgehalt ertappt wird, *kann* ohne weiteres bereits zur MPU geladen werden. Der Gesetzgeber geht davon aus, daß ein Nichttrinker, ein Nichtalkoholiker, bei 1,6 Promille im Blut so starke Kontrollverluste hätte, daß er vermutlich gar nicht mehr bis zum Auto käme, geschweige denn noch fahren könnte. Also muß es sich folgerichtig um einen »Profi-Trinker«, einen Alkoholiker, handeln.

Wer mit einem Blutalkoholgehalt von zwei Promille ertappt wird, *muß* zwangsweise ein positives MPU-Gutachten vorlegen, ansonsten wird er für längere Zeit auf seinen Führerschein verzichten müssen, da er als dauerhaft abhängiger Trinker gilt.

Der Bundesgerichtshof entschied, daß Autofahrer bei einem Blutalkoholgehalt von 1,1 Promille bereits absolut fahruntüchtig sind – ungeachtet dessen, ob sie nun Gewohnheitstrinker sind oder nicht. Dabei spielt es auch keine Rolle, ob der Autofahrer alkoholbedingte Fehler machte oder nicht auffällig wurde, also etwa keine Schlangenlinien fuhr – der Führerschein wird zunächst einmal eingezogen. Das bedeutet weiter, daß er als »fahruntüchtig« von einem Gericht verurteilt wird, vorbestraft ist.

Dr. med. Wolfgang Spann, der Vorsitzende des Ärztekollegiums des ADAC, schrieb dazu:

»Mit etwa 1 Promille ist ein Autofahrer absolut fahruntüchtig, dann hat er bereits den Tunnelblick, seine Reaktionszeit ist gefährlich verlängert, und vor allem fährt er mit vollem Risiko, weil Alkohol ihn unkritisch macht. Jeder muß damit rechnen, daß ihm bei 1,1 Promille der Führerschein entzogen wird, auch wenn er ganz normal fährt. Dazu müssen Autofahrer beachten, daß manchmal schon das 2. Glas Bier oder Wein das Glas zuviel sein kann. Denn auf ein und denselben Menschen kann Alkohol jeden Tag anders wirken.«

Quelle: ADAC Zeitung, 8/96

Sie sehen, der Gesetzgeber geht sehr hart vor.

Immerhin werden im Jahr auf bundesdeutschen Straßen rund fünftausend Menschen schwer verletzt, schlimmstenfalls getötet, weil sie selbst oder andere unter Alkoholeinfluß fuhren.

Wird ein alkoholabhängiger Verkehrsteilnehmer zur MPU geladen, ist es für ihn sehr schwierig, den Psychologen davon zu überzeugen, daß er sein Verhalten ändern wird. Er möchte es sicherlich – aber es steht ernsthaft in Frage, ob er es wirklich schafft.

In jedem Lehrbuch ist nachzulesen, daß ein Ausstieg aus dem Alkoholkonsum ohne fremde Hilfe kaum möglich ist, selbst für den Alpha-Typ schon kaum mehr.

Hand in Hand mit dem erhöhten Alkoholkonsum steigen natürlich die Leberwerte, was bei der medizinischen Untersuchung sofort auffällt.

Die Analyse der Leberwerte ist ein sehr guter Indikator für das grundsätzliche Trinkverhalten eines Menschen. Wenn bei der medizinischen Untersuchung herauskommt, daß die Leberwerte der untersuchten Person denen eines Beta-Typs entsprechen, dann kann sie eigentlich nach Hause gehen.

Sie bräuchte die restliche MPU gar nicht mehr mitzumachen. Die Sache ist zunächst einmal gelaufen.

Die einzige, wirklich brauchbare Empfehlung für einen alkoholabhängigen MPU-Kandidaten ist: Lassen Sie Zeit vergehen, und machen Sie eine Therapie – und dann versuchen Sie es noch einmal. Sich durchmogeln ist schlichtweg unmöglich – und nutzt weder dem Mogler noch der Menge aller anderen Verkehrsteilnehmer.

Es überrascht nicht, daß Geldbußen und die Androhung von Haftstrafen für Alkoholdelikte im Straßenverkehr nicht dazu beitragen, exzessives Trinken einzudämmen.

Fast alle Methoden, Trinker zu therapieren, haben sich als wenig effektiv erwiesen. Man hat zwar eine Vielzahl klinischer Methoden zur Behandlung des Alkoholismus entwickelt, doch war leider keine mehr als ein Teilerfolg.

Ausgehend von der Vorstellung, das Trinken sei im wesentlichen ein Symptom einer tiefer liegenden emotionalen Störung, setzte man psychotherapeutische Methoden zur Analyse und zur Neuordnung der Lebenssituationen und der Lebenseinstellung, der Wertvorstellungen und der Haltung ein. Aber selbst in den Fällen, in denen die Abhängigkeit im Alpha-Bereich liegt, also im wesentlichen psychischer und nicht körperlicher Natur ist, läßt sich eine stark ausgeprägte Trinkgewohnheit nicht so leicht ändern und kaum auf Dauer beseitigen.

Zusammenfassung dieses Kapitels

- Die Rechtsgrundlage für die MPU ist der § 3 StVZO.
- Der MPU-Kandidat ist gut beraten, wenn er die wesentlichen juristischen Begriffe lernt und sicher unterscheiden kann.
- Die BAK (Blutalkoholkonzentration) ist Meßlatte für die strafrechtlichen Konsequenzen einer Trunkenheitsfahrt.
- Der Alkoholkonsum in der Bundesrepublik Deutschland ist im Vergleich zu anderen Staaten sehr hoch. In der BRD leben um die 5,8 Millionen Alkoholiker.
- Der Alkoholismus ist eine Krankheit. Die Wissenschaftler haben sehr genau definiert, wie sich Alkoholismus in bestimmten Stadien äußert.
- Die Alkoholtherapie ist psychisch und physisch und von den Kosten her sehr aufwendig. Die Rückfallquote ist sehr hoch.
- Mit einer BAK von einem Promille ist ein Autofahrer nach dem Gesetz völlig fahruntüchtig.
- Trunkenheitsfahrer haben bei der MPU die schlechteren Karten. Die Überprüfung der Leberwerte ist heutzutage sehr präzise. Mogeln geht nicht mehr.

Gibt es eine Alternative zur MPU?

Ja, gibt es – ganz einfach: Gehen Sie nicht hin, schmeißen Sie die Aufforderung zur MPU in den Papierkorb.

Dann schlagen Sie gleich mehrere Fliegen mit einer Klappe: Sie machen sich und dem Gutachter keinen Streß. Sie fahren zukünftig Bus und Bahn und Regionalverkehr, verhalten sich ökologisch orientiert, sparen eine Menge Kosten für das nicht mehr vorhandene Auto und werden rein statistisch kaum zu den Unfallopfern auf Deutschlands Straßen gehören.

Aber lassen wir den Galgenhumor beiseite:

Sie können sich nicht dagegen wehren, wenn die MPU einmal *angeordnet* ist. Insoweit gibt es keine echte Alternative.

Wenn Sie den Führerschein behalten oder wiedererlangen wollen, bleibt Ihnen nichts anderes übrig, als die MPU mitzumachen.

Anders ist es, wenn die Behörde, die Polizei oder ein Gericht den Führerschein eingezogen hat, aber die MPU noch *nicht angeordnet* ist.

Da läßt sich noch etwas machen, wie Sie im nachfolgenden Beispiel sehen werden.

So kann man eine MPU verhindern: Fallbeispiel Alkoholfahrt

Der Niederlassungsleiter einer regionalen Autovermietungsgesellschaft, achtunddreißig Jahre alt, feiert mit vier seiner Mitarbeiter in der Kneipe »Friedrich der Starke« in Erfurt seinen Geburtstag.

Die Feier läuft richtig gut, die Stimmung ist großartig. Es

wird spät, und um null Uhr vierzig verabschieden sich die fünf Männer voneinander.

Einer der Mitarbeiter meint: »Fahren Sie noch mit dem Wagen, Chef? Das würde ich nicht mehr tun. Sie haben mindestens soviel getrunken wie ich …«

Der Chef winkt ab: »Ach was, ich kenne hier jeden Polizisten und alle Schleichwege, machen Sie sich mal keine Sorgen. Und so viel haben wir ja auch nicht getrunken.«

Die Männer verabschieden sich in bester Stimmung.

Der Niederlassungsleiter geht zu seinem Auto, einem silbernen Mercedes der C-Klasse aus der Vermietflotte seiner Firma.

Er spürt in der klaren Luft die Veränderung der körperlichen Befindlichkeit. Ein deutliches Hitzegefühl in der Kopf- und Nackengegend kriecht in ihm hoch. Ihm ist auch etwas übel in der Magengegend, aber das geht ganz schnell vorüber. Dieses Gefühl kennt er, das hat er öfter. Sein Kopf scheint ein wenig zu summen, und ein Druckgefühl an den Schläfen spürt er auch. Der Niederlassungsleiter hat subjektiv von sich den Eindruck, zuviel getrunken zu haben. Jedoch verspürt er keine Ausfallerscheinungen wie Sehschwäche, Tunnelblick oder zitternde Hände. Er hält sich immer noch für voll fahrtauglich.

Außerdem ist es nicht weit bis nach Hause, er muß nur zum Flughafen. Das sind kaum zwölf Kilometer, und die Erfurter Polizisten haben sicher etwas anderes zu tun, als auf den nachtleeren Straßen nach einem völlig unauffälligen Fahrzeug Ausschau zu halten.

Er schließt den Mercedes auf und setzt sich an das Steuer. Im Aschenbecher liegen starke Pfefferminzbonbons, er ist Nichtraucher. Der Mann schiebt sich gleich zwei Stück in den Mund. Er spürt, daß sein Atem sofort leichter und frischer wird. Das beruhigt ihn.

Er startet den Wagen und fährt auf die Staufenbergallee, folgt der Straße mit mäßiger Geschwindigkeit nach Norden, hält an der nächsten roten Ampel an, völlig unauffällig.

Der Niederlassungsleiter fühlt sich nun recht sicher und ganz wohl. Das Hitzegefühl im Nacken hat etwas nachgelassen. Die frische Nachtluft strömt durch das geöffnete Seitenfenster.

Die Ampel zeigt seit einigen Sekunden grünes Licht. Der Niederlassungsleiter hängt seinen Gedanken nach und träumt vor sich hin.

Dann bemerkt er ganz plötzlich, daß die Lichtzeichenanlage Grün zeigt, legt etwas heftig den Wählhebel der Automatik ein, und der Wagen macht einen Satz nach vorne, beschleunigt schnell. In der nächsten Linkskurve kommt der Mercedes leicht ins Quietschen, bricht aber nicht aus.

Der Fahrer sagt sich: Langsam, schön langsam und bloß keinen Unfall bauen.

Er fährt nun bewußt langsam weiter, öffnet mit dem Fensterheber auch das Beifahrerfenster und bedient das Schiebedach. Es stürmt im Auto. Die kühle Nachtluft tut dem Fahrer sichtlich gut. Er fühlt sich wohl, denkt nicht mehr an seinen alkoholisierten Zustand.

Eine Streifenwagenbesatzung steht mit ihrem Opel Vectra dreihundert Meter weiter an einer roten Ampel. Der Mercedes des Niederlassungsleiters rollt langsam an die weiße Haltelinie dieser Ampelanlage heran. Der Manager hat das Polizeifahrzeug entdeckt. Ein Adrenalinstoß knallt durch seinen Körper: dramatischer Streß.

Nur nicht auffallen – nur ganz normal verhalten.

Er steckt schnell noch zwei der Pfefferminzbonbons in den Mund. Er ist so damit beschäftigt, nur nicht aufzufallen, geradeaus zu schauen, am Radioknopf zu drehen, ganz bewußt möglichst unbeteiligt zu wirken, daß er vergißt, daß die Fenster geöffnet sind.

Die beiden Polizisten schauen zunächst unbeteiligt zu dem Mercedesfahrer hinüber – dann interessieren sie sich plötzlich brennend für den Wagen und dessen Fahrer.

Die Polizisten wissen durch ihre Trainings und Schulungen

genau, wie sich alkoholisierte Fahrer verhalten: Alkoholfahrer, die ihren Alkoholkonsum verbergen wollen, öffnen Fenster und eventuell Dach ihres Fahrzeuges, schauen unbeteiligt drein, tun auffällig unauffällig.

Der Polizeiwagen zieht langsam schräg vor den Mercedes, ohne auf das Grün der Ampel zu warten. Die Streifenwagenbesatzung schaltet das Blaulicht ein, damit andere Verkehrsteilnehmer gewarnt sind. Die beiden Polizisten steigen aus ihrem Fahrzeug und gehen zu dem Mercedes hinüber.

»Schönen guten Morgen, mein Name ist Schröder, Polizeihauptwachtmeister (der Name ist natürlich geändert), allgemeine Verkehrskontrolle, bitte einmal den Führerschein und den Fahrzeugschein. Haben Sie im Laufe des Abends Alkohol getrunken?«

Der Mercedesfahrer löst wortlos den Sicherheitsgurt und greift fahrig zum Handschuhfach. Er fingert nervös die Fahrzeugpapiere aus einer Mappe.

Er sagt kein Wort; auch das ist typisch für alkoholisierte Fahrer. Da sie wissen, daß Artikulationsschwierigkeiten den Polizisten sofort auffallen würden, sind erfahrene Alkoholfahrer sehr schweigsam. Deshalb verwickeln Polizisten potentielle Alkoholfahrer gerne in Gespräche.

Der Mercedesfahrer reicht wortlos die Papiere durch das geöffnete Fenster. Der Polizist fragt immer noch freundlich:

»Haben Sie heute abend beziehungsweise heute nacht Alkohol zu sich genommen?«

Der Niederlassungsleiter schüttelt mit dem Kopf und sagt: »Nicht viel, ein oder zwei Bierchen zum Abendessen, sonst nichts. Ich bin der Niederlassungsleiter der ...« (Auch das ist typisch für Alkoholfahrer. Sie definieren sich sehr schnell über Kompetenz und wichtige Rollen, häufig auch berufliche Positionen.)

»Steigen Sie bitte einmal aus ...« fordert der Polizist den Fahrer des Mercedes auf.

Dem Mercedesfahrer schwant Böses. Wie soll er aus dieser

Situation nur herauskommen? Er steigt etwas umständlich aus und merkt, daß er motorische Probleme hat – er schwankt.

Der Rest ist schnell erzählt: Alko-Test positiv. Blutprobe im Städtischen Klinikum: 2,85 Promille.

Die Polizei zieht natürlich den Führerschein ein, läßt den Mercedes abschleppen und bestellt freundlicherweise an der Rezeption des Städtischen Krankenhauses ein Taxi für den Niederlassungsleiter, weil der nur noch lallt.

Das Taxi bringt den Niederlassungsleiter nach Hause. Er zahlt die paar Mark Taxigebühr und geht die Einfahrt zu seinem Reihenhaus entlang. Als er seine Haustür aufschließen möchte, steht seine Frau in der Türe: »Hallo, du kommst aber spät. Na, wenigstens bist du nicht mehr mit dem Wagen gefahren und hast dir ein Taxi genommen …«

Dem Niederlassungsleiter wird übel, und er bringt nur noch ein ziemlich gequältes Lächeln zustande.

Am nächsten Morgen rief der Niederlassungsleiter zunächst in seinem Büro an und sagte seiner Sekretärin, er käme später. Sein zweiter Anruf galt seinem Rechtsanwalt.

Dem erzählte er die Story ohne alle Beschönigungen. Der Rechtsanwalt hörte aufmerksam zu und riet ihm, sofort den freien Psychologen XY anzurufen und einen Termin zu vereinbaren.

Da der Rechtsanwalt den Niederlassungsleiter drei Jahre vorher schon einmal in einer ähnlichen Situation, damals war es eine Alkoholfahrt mit 1,85 Promille, vertreten hatte, empfahl er dem Niederlassungsleiter folgendes: Sofort dokumentieren, daß er die Tragweite der Tat einsieht. Dazu der Termin beim Psychologen.

Der Niederlassungsleiter absolvierte auf eigene Initiative hin in den nächsten sechs Wochen acht Sitzungen bei dem Psychologen, um sein unkontrolliertes Alkoholkonsumverhalten aufzuarbeiten.

Die Staatsanwaltschaft Erfurt erhob einige Wochen nach der Tat Anklage. Aber die Hauptverhandlung war so spät terminiert, daß der Niederlassungsleiter seine Kurzzeit-Therapie beenden konnte.

Der Verteidiger erklärte im Strafverfahren, sein Mandant habe sich aufgrund eigener Einsicht sofort in eine Therapie begeben. Daraufhin ordnete die Richterin am Amtsgericht vor der Hauptverhandlung die Beibringung eines Therapieberichtes an und verfügte, der Angeklagte habe sich einer psychologischen Begutachtung zu unterziehen, um die Frage der künftigen Eignung zur Teilnahme am öffentlichen Straßenverkehr zu klären.

In der Hauptverhandlung lud das Gericht den betreuenden freien Psychologen als Gutachter. Nach Anhörung des Gutachters und Befragung des Beklagten kam das Gericht zu dem Schluß, daß der Beklagte nicht grundsätzlich fortgesetzt ungeeignet zum Führen von Kraftfahrzeugen im öffentlichen Straßenverkehr sei. Der Psychologe hatte überzeugend dargestellt, daß der Beklagte seine Haltung und Einstellung zum Alkohol nachhaltig kritisch verändert habe. Man könne nun von einer intrinsisch (den Begriff finden Sie im Glossar) verläßlichen Haltungsänderung ausgehen.

Dem ist das Gericht nicht zuletzt auch deshalb gefolgt, weil in den persönlichen Verhältnissen des Angeklagten kein Bruch eingetreten war. Er hat einen Job, seine familiären Bindungen sind stabil, die Ehe ist intakt.

Vom weiteren Entzug der Fahrerlaubnis, von der Festsetzung einer Sperrfrist und der Anordnung der Beibringung eines positiven MPU-Gutachtens sah die Richterin ab, verhängte jedoch eine Geldbuße von drei Nettogehältern. Der Führerschein des Beklagten war bei der Tat eingezogen worden – das war vor fast einem Jahr. Unmittelbar nach dem Urteilsspruch wurde er ihm aus der Akte heraus ausgehändigt.

Der Niederlassungsleiter hat das Günstigste getan, was er überhaupt in seiner Situation tun konnte: sofort in die Therapie, noch bevor irgendeine Behörde oder das Gericht aktiv werden konnte.

Zwar hat er annähernd ein Jahr ohne Fahrerlaubnis verbringen müssen – aber das alles hätte auch ganz erheblich unangenehmer werden können. Er hat mindestens ein halbes Jahr Führerscheinentzug gespart – von dem Risiko, durch die MPU zu rasseln, mal ganz abgesehen.

Daraus läßt sich ein regelrechter Merksatz ableiten:

Wenn ein Alkoholdelikt zur Beurteilung durch einen Richter ansteht – dann sofort und ursächlich aus eigenem Antrieb alles tun, um die Tat kritisch zu reflektieren, und zwar mit Hilfe eines zugelassenen Psychologen.

Das führt mit großer Wahrscheinlichkeit dazu, daß das Gericht dem Beklagten verständnisvoller gegenübertritt. Der zuständige Richter folgt da nicht nur der allgemeinen Rechtsauffassung, sondern auch der allgemeinen Lebenserfahrung.

Wenn sich jemand aus eigenem Antrieb mit dem akuten Problembereich auseinandersetzt, hat er immer die besseren Karten.

Diese Möglichkeit, der MPU zu entgehen, ist realistisch und vergleichsweise hoch.

Keine echte Alternative zur MPU gibt es, wenn sie bereits angeordnet und der Führerschein eingezogen ist.

Alternativen, die keine sind

Die Pseudo-Alternativen zur MPU sind relativ teuer und meistens illegal, obwohl sie immer wieder angewendet werden. Ein Beispiel:

Die Aufforderung zur Abgabe der Fahrerlaubnis kommt ins Haus.

Dem Betroffenen wird eine Frist von einer Woche zur Abgabe seines Führerscheins gesetzt.

Nun meldet der Kandidat seinen Führerschein bei der Behörde ganz frech als verloren. Die Verwaltungsbehörde kann vermuten, daß der Führerschein noch vorhanden ist, der Inhaber das Papier lediglich nicht abgeben will – machen kann sie nichts.

Kein Richter eines bundesdeutschen Gerichts wird der Behörde einen Durchsuchungsbeschluß für die Wohnung des Betroffenen ausstellen, um dessen Führerschein suchen zu lassen und das Papier zu beschlagnahmen. Der Erfolg einer solchen Aktion stünde in keinem realistischen Verhältnis zum betriebenen Aufwand und würde vermutlich kaum zu einem positiven Ergebnis führen. So einfältig wäre wohl kaum jemand, daß er den als verloren gemeldeten Führerschein schön auf dem Schreibtisch liegenließe.

Die Verwaltungsbehörde sperrt natürlich sofort die als verloren gemeldete Fahrerlaubnis in allen relevanten Dateien.

Falls der Betroffene in eine Polizeikontrolle kommt, ist die Wahrscheinlichkeit, daß die Polizei den vorgelegten Führerschein ohne besonderen Anlaß über ihr Polis-Datennetz bei der Verwaltung abfragt, gering. Liegt ein besonderer Anlaß vor, zum Beispiel ein leichter Auffahrunfall, dann kommt die Führerscheinsperre natürlich sofort heraus. Dann allerdings wird der »Führerschein-Hinterzieher« mit einer herben Bestrafung rechnen müssen. Das kann unter Umständen sogar eine Haftstrafe einbringen.

Diese Vorgehensweise ist aus einem anderen Grund ungeheuer gefährlich und verantwortungslos: Passiert ein Unfall, haftet der »Führerschein-Lügner« für den gesamten Schaden inklusive der entstandenen Personenschäden. Seine Haftpflichtversicherung muß nicht zahlen. Genauer gesagt, die Versicherung hat das Recht, das verauslagte Geld vom Betrüger zurückzufordern, nachdem sie in Vorleistung gegangen ist. So kann man sich und seine Familie ruinieren.

In der Bundesrepublik Deutschland kommt dieser Fall der Führerschein-Lüge im Jahr etwa elfhundertmal vor (Quelle: Bundeskriminalamt). Die Polizeibehörden vermuten, daß annähernd alle diese betrügerischen Delikte letztendlich auffallen und zur Anzeige kommen. Die Dunkelziffer, so ein Mitarbeiter des LKA Nordrhein-Westfalen, wird auf annähernd null geschätzt.

Einige Schlauberger wählen eine andere Variante: Sie beschaffen sich in Belgien oder den Niederlanden einen gültigen Führerschein.

In Belgien geht das recht schnell und vergleichsweise einfach. Es gibt in Brüssel und Lüttich sogar Rechtsanwaltsbüros, die professionelle Hilfe anbieten. Bei dieser Vorgehensweise muß man sich in Belgien oder Holland für kurze Zeit persönlich anmelden, also seinen ordentlichen Wohnsitz dort nehmen, den Führerschein machen und sich nach der Führerscheinerteilung wieder abmelden. Das Ganze dauert alles in allem kaum drei Wochen und kostet um die zweitausendfünfhundert Mark. Diese Variante wird mit Polen immer beliebter, ist aber wegen der Sprachbarrieren etwas komplizierter.

Grundsätzlich gilt: Der Führerschein eines anderen Landes berechtigt in der Bundesrepublik Deutschland zwar zum Autofahren, aber nur dann, wenn gegen den Inhaber dieses ausländischen Führerscheins in der Bundesrepublik keine Fahrerlaubnissperre ausgesprochen ist. In so einem Fall ist die ausländische Fahrerlaubnis völlig wertlos. Wobei es keine Rolle spielt, ob die Fahrerlaubnissperre in Belgien, den Niederlanden oder in der Bundesrepublik ausgesprochen wurde.

Das gleiche gilt für den internationalen Führerschein. Der internationale Führerschein ist letztlich nichts anderes als eine vielsprachige Übersetzung – er ist kein eigenständiges Führerscheinpapier. Der internationale Führerschein gilt ausschließlich in Verbindung mit einem gültigen Landesführerschein.

Falls der Führerschein-Trickser erwischt wird, nützt es ihm gar nichts, wenn er behauptet, er hätte nicht gewußt, daß das Fahren mit einer ausländischen Lizenz – egal welchen Staates – bei inländischer Führerscheinsperre verboten sei.

Und es geht noch weiter: Nicht einmal in Belgien, den USA oder sonstwo gilt der bundesdeutsche Führerschein noch, wenn in Deutschland eine Fahrsperre ausgesprochen wurde. Durch die datentechnische Verzahnung und Vernetzung sind die Informationen der bundesdeutschen Behörden fast zeitgleich auch in anderen Ländern verfügbar.

Warum erzähle ich Ihnen das? Weil dieser Unfug der illegalen Alternativen an jeder Theke tönend zu hören ist:

»Ach, Junge, das geht ganz einfach, fahr nach Belgien, mach den ›Lappen‹ ohne Prüfung, nur mit 'ner Checkfahrt, fertig, hat der Hans auch gemacht …«

Oder …

»Ruf mal die Nummer an, der beschafft dir eine Original-USA-Lizenz, ganz billig …«

Seien Sie versichert: Das ist alles Unfug, weil es im Ernstfall nichts hilft.

So einfach läßt sich unser staatliches Gemeinwesen glücklicherweise nicht aufs Kreuz legen.

Eine teure, aber wirklich gute Alternative: Schaffen Sie sich einen Fahrer an.

Zusammenfassung dieses Kapitels

- Sprechen Sie mit einem Anwalt. Scheuen Sie die Kosten nicht. Den Führerschein dauerhaft verlieren wird unter dem Strich noch teurer.
- Gehen Sie noch vor der Aufforderung zur MPU zu einem freien Psychologen. Der gibt Rat, wie das Problem so günstig wie möglich zu erledigen ist.
- Es ist keine echte, legale Alternative zur Umgehung der MPU in Sicht, sobald diese angeordnet ist.
- Lassen Sie die Finger von dubiosen Angeboten der Helfer, die Ihnen ausländische Fahrlizenzen verkaufen möchten.
- Es gibt keine legale Möglichkeit, ohne Führerschein in der BRD am öffentlichen Straßenverkehr teilzunehmen.
- Jede illegale Variante birgt sehr hohe Risiken – bis hin zur Haftstrafe.

Mit der Behörde oder gegen die Behörde?

Wie steht es mit Rechtsmitteln? Kommt man mit Gegenangriff weiter?

Möglicherweise – fragen Sie mal Ihren Anwalt.

In aller Regel lohnt sich der Geld- und Nervenaufwand jedoch kaum. Die Erfahrung zeigt, daß die Erfolgsaussichten wirklich sehr gering sind.

Die Anordnung einer medizinisch-psychologischen Begutachtung wäre nur dann nicht zulässig, wenn der zuständige Sachbearbeiter (die Behörde) seinen Ermessensspielraum grob mißbraucht hätte. Und das ist in der Regel nicht der Fall.

Der zuständige Sachbearbeiter kann gar kein Interesse daran haben, seinen Ermessensspielraum grob zu mißbrauchen, er würde sich selbst lediglich Arbeit und Ärger damit verursachen.

Außerdem hat der Sachbearbeiter der zuständigen Behörde keinen persönlichen Bezug zu dem betroffenen Verkehrsteilnehmer – er kennt den Kandidaten nicht.

Da wäre es wirklich sehr schwierig, zu beweisen, daß ein Mitarbeiter der Ordnungsbehörde seinen Ermessensspielraum grob mißbraucht hätte.

Zeigen Sie sich eher kooperativ und entgegenkommend.

Alles, was Sie in einer MPU-Sache erreichen können, erreichen Sie immer *mit dem Straßenverkehrsamt,* nicht gegen die Behörde, das ist die Regel, die Sie befolgen müssen.

Wenn der »blaue Brief« vom Straßenverkehrsamt kommt, heißt es erst einmal Ruhe bewahren.

Nur keine Panik.

Nichts im Leben wird so heiß gegessen, wie es gekocht wird – auch eine Aufforderung zur MPU nicht.

STADT BEISPIELSTADT IN SÜDLAND

Der Stadtdirektor **Straßenverkehrsamt**

Herrn
Manfred Mustermann
Hauptstraße 10
12345 Beispielstadt 5.3.1997

Aktenzeichen: 3423-56-96 - Führerscheinsache Mustermann

Sehr geehrter Herr Mustermann,

Nach den §§ 12, 15b und 15c Straßenverkehrszulassungsordnung kann die Verwaltungsbehörde sowohl bei einem Fahrerlaubnisbewerber als auch bei einem Fahrerlaubnisinhaber je nach den Umständen die Vorlage eines Gutachtens über die Eignung zum Führen von Kraftfahrzeugen anordnen.

Sie werden hiermit aufgefordert, bis zum 31.5.1997 ein Gutachten einer amtlich anerkannten medizinisch-psychologischen Untersuchungsstelle beizubringen.

Ich bitte Sie, innerhalb von 10 Tagen die grundsätzliche Bereitschaft zur Vorlage des Gutachtens und die Zustimmung zur Übersendung der zur Bearbeitung erforderlichen Verwaltungsvorgänge zu erklären. Der Gutachter wird dann das Gutachten in Ihrem Auftrage erstellen und nach Erstellung an mich übersenden. Alle entstehenden Kosten gehen zu Ihren Lasten.

Falls Sie die Ihnen in der Anlage übersandte Erklärung nicht fristgerecht zurücksenden, kann die Behörde davon ausgehen, daß Ihre Nichteignung zum Führen von Kraftfahrzeugen erwiesen ist, und die Fahrerlaubnis entziehen.

Hochachtungsvoll

Also nicht toben, nicht loslaufen und den Sachbearbeiter anmachen. Das nützt alles nichts und würde die Sache nur noch schlimmer machen.

In der Regel erhält der betroffene Verkehrsteilnehmer einen Brief vom zuständigen Straßenverkehrsamt oder der jeweiligen Behörde. Die Schreiben ähneln sich bundesweit, sie beruhen auf denselben gesetzlichen Bestimmungen.

Mit einem Schreiben, wie auf Seite 73 abgebildet, oder einem ähnlichen wird der Verkehrsteilnehmer aufgefordert, sich einer medizinisch-psychologischen Begutachtung zu unterziehen.

Das Straßenverkehrsamt weist den Kandidaten darauf hin, daß er seine Einwilligung zur MPU geben muß und die Kosten der MPU zu tragen hat. Die Einwilligung des Verkehrsteilnehmers zur MPU ist zwingend vorgeschrieben. Verweigert der Betroffene seine Zustimmung, verlängert sich sein Fußgängerdasein.

Exkurs: Freistellung von der Schweigepflicht des Arztes und des Psychologen

Mit der Einwilligung zur MPU erklärt der Kandidat, häufig auf dem gleichen Formblatt, auch sein Einverständnis, daß der untersuchende Arzt und der begutachtende Psychologe von der gesetzlich verankerten Schweigeverpflichtung der Heilberufe entbunden werden.

Das bedeutet, daß die Verwaltungsbehörde oder der ermittelnde Staatsanwalt ohne weiteren Antrag Zugang zu den Untersuchungsergebnissen erlangen. Das kann bedeuten, daß die begutachtende Stelle das MPU-Gutachten im Original sofort an die zuständige Dienststelle versendet. Der Kandidat bekommt zeitgleich eine Kopie.

Da befindet sich der MPU-Kandidat in einer gefährlichen Zwickmühle. Einerseits sollte man sich das Gutachten erst einmal selbst ansehen und dann entscheiden, ob man der Behörde das etwaige Negativ-Gutachten überhaupt vorlegen will. Andererseits macht die Behörde in der Regel das Weiterführen des Verfahrens von der Freistellungserklärung abhängig. Die Behörden werden da sehr schnell sehr zickig.

Wohlgemerkt, nicht alle Behörden verbinden die Einwilligung zur MPU auf ein und demselben Formular mit der Schweigepflicht-Freistellungserklärung. Achten Sie sorgfältig darauf, ob diese beiden Erklärungen auf ein und demselben Papier gefordert werden. Sprechen Sie in diesem Fall unbedingt mit Ihrem Rechtsanwalt. Lassen Sie klären, ob das im Sinne der MPU-Durchführungsverordnungen der zuständigen Verwaltung gestattet ist. Zu diesem Thema herrscht einige Rechtsunsicherheit.

Wichtig ist im Kern: Sorgen Sie unbedingt dafür, daß *Sie* das Gutachten erhalten – und niemals die Behörde direkt. Bei einem Negativ-Gutachten, das direkt an die Behörde geht, ist alles verloren.

Erhalten aber *Sie* das Original-Gutachten, dann können Sie es in den Reißwolf stecken, wenn es Ihnen nicht gefällt. Es ist nämlich Ihr Eigentum. Nirgendwo steht, daß Sie das Gutachten jemandem zeigen müssen.

Dann beantragen Sie bei der Behörde eine Fristverlängerung zur Vorlage des MPU-Gutachtens und machen die MPU drei Wochen später im Nachbarkreis noch einmal.

Theoretisch könnten Sie diese Vorgehensweise so lange beibehalten, wie die Behörde Fristverlängerungen gewährt. Das ist natürlich begrenzt, aber Ihr Rechtsanwalt wird schon mindestens sechs Monate herausschlagen. Wenn Sie selbst Fristverlängerungen beantragen, kommen Sie selten auf ein halbes Jahr.

Die Behörde vermutet ungünstigenfalls, daß Sie negativ begutachtet wurden, kann es aber nicht beweisen, wenn Sie dem Arzt und dem Psychologen die Freistellung von der Schweigepflicht verweigert haben.

Selbst wenn der Verwaltungsmitarbeiter beim Gutachter

anruft und nachfragt, wo denn das Gutachten von XY bleibe, kann der Gutachter lediglich sagen, er habe begutachtet. Er darf kein Wort darüber verlieren, ob positiv oder negativ. Wenn er das ohne ausdrückliche Genehmigung dennoch tut, kann das ungeheuer unangenehm für ihn werden.

Das wissen die Ärzt und Psychologen und werden sich hüten, auch nur ein Wort über den Inhalt des Gutachtens zu verlieren. Außerdem gehört das Schweigen zu deren Berufsethos.

Der besondere Service

Manche Straßenverkehrsämter oder Ordnungsbehörden legen dem MPU-Aufforderungsschreiben ein Faltblatt bei, auf dem vier oder sechs Gutachterstellen in der nahen oder ferneren Umgebung aufgelistet sind.

Falls Ihnen oder einem Freund auch dieser »Service« angeboten wird: Lassen Sie die Finger davon. Verzichten Sie auf diesen besonderen Service der Ordnungsbehörde.

Gehen Sie überallhin, nur nicht in eine der aufgelisteten Gutachterstellen. Die vom Straßenverkehrsamt oder einer anderen Verwaltungsbehörde angebotenen Gutachterstellen werden naturgemäß deshalb angeboten und empfohlen, weil die Behörde gute Kontakte zu ihnen unterhält. Man kennt sich. Das heißt, die empfohlenen Gutachterstellen arbeiten tagtäglich mit der Behörde zusammen. Da kommt es vor, ganz menschlich, daß auch einmal Informationen gehandelt werden, die nicht im Dienstweg vorgesehen sind.

Zum Beispiel ruft der Gutachter an und möchte dies oder jenes wissen. Auf diesem Wege kann alles mögliche herauskommen – meist nichts Gutes.

Gehen Sie grundsätzlich davon aus: Je weniger der Gutachter von einem spezifischen Fall weiß, je weniger er von der Behörde vorgebrieft ist, um so objektiver geht er an den MPU-Kandidaten heran.

Stellen Sie sich mal vor: Der Sachbearbeiter der Ordnungsbehörde und der Gutachter telefonieren, weil der Gutachter zum Beispiel bei der Vorbereitung eines ganz anderen MPU-Falles noch ein paar Fragen hat.

Bei dieser Gelegenheit erwähnt der Sachbearbeiter möglicherweise so etwas wie: »Ach du, der XY war übrigens gestern hier im Amt. Der kommt doch auch zu dir zur Begutachtung, oder? Mein Gott, hat der 'ne Fahne gehabt. Und dann ist er auch noch zu meinem Boß gegangen und hat sich über die schleppende Antragsabwicklung beschwert ...«

So eine Bemerkung hätte vernichtende Wirkung. Da wir Menschen, und Gutachter sind auch nur Menschen, mit einer ungeheuren Menge von positiven und negativen Vorurteilen leben, hätte der Gutachter ein neues Vorurteil internalisiert: »Der Kandidat XY hat also wieder getrunken. Na, der soll mir mal was von dauerhafter Alkoholabstinenz erzählen.«

Wobei es überhaupt keine Rolle spielt, ob dem Vorurteil auch nur ein Funken von Wahrheit zuzuordnen ist.

Vor-Urteil ist Vor-Urteil. Man sollte dieses Wort mit Bindestrich schreiben, das wäre treffender.

Also, niemals das verlockende Angebot annehmen und gleich um die Ecke in die nächstbeste Gutachterstelle laufen. In der Regel hat der Kandidat beim »Hausgutachter« der Behörde schlechte Karten.

Zusammenfassung dieses Kapitels

- Keine Panik, wenn die Aufforderung kommt. Nichts wird so heiß gegessen, wie es gekocht wird.
- Arbeiten Sie *mit* dem Straßenverkehrsamt – nicht dagegen.
- Achten Sie unbedingt darauf, daß *Sie* Ihr Gutachten zuerst in die Hände bekommen, nicht die Behörde.
- Nehmen Sie den »besonderen Service« der Ordnungsbehörde nicht in Anspruch. Suchen Sie sich Ihren Gutachter selbst.

Wie findet man den richtigen Gutachter?

Dafür gibt es leider kein Geheimrezept.

Gutachter ist nicht Gutachter – es gibt ganz erhebliche Unterschiede. Einige sind regelrechte »Schlechtachter«.

Zu wissen, daß man sich seine Gutachterstelle durchaus aussuchen kann, ist schon sehr hilfreich. Viele MPU-Kandidaten scheitern nicht zuletzt daran, daß sie die psychologische Gutachterstelle zu vordergründig akzeptiert oder zu oberflächlich ausgesucht haben.

Der Gesetzgeber definiert in einer Richtlinie, wann und unter welchen Umständen eine medizinisch-psychologische Untersuchungsstelle amtlich anerkannt werden kann. Darin heißt es:

»Medizinisch-psychologische Untersuchungsstellen können – unbeschadet einer Bedürfnisprüfung – amtlich anerkannt werden (§ 3 Abs. 3 StVZO), wenn folgende Voraussetzungen erfüllt sind:
1. Organisationsanforderungen, Qualitätssicherungen.
1.1 Der Träger einer oder mehrerer medizinisch-psychologischer Untersuchungsstellen muß über eine ausreichende finanzielle und organisatorische Leistungsfähigkeit zur Unterhaltung von Untersuchungsstellen und Erfüllung der ihnen obliegenden Aufgaben verfügen. Er muß über mindestens drei hauptberufliche und festangestellte Psychologen mit eingehenden Kenntnissen und Erfahrungen in der Verkehrspsychologie und mehrere Ärzte (davon mindestens einer hauptberuflich) mit eingehenden Kenntnissen und Erfahrungen in der Verkehrsmedizin verfügen. Außerdem muß ihm für Bedarfsfälle ein Diplomingenieur zur Verfügung stehen, der die Voraussetzungen für die Anerkennung als amtlich anerkannter Kraftfahrzeugsachverständiger erfüllt.
1.2 Träger einer amtlich anerkannten medizinisch-psychologischen Untersuchungsstelle kann keine mit der Ausbildung von Kraftfahrern oder Fahrlehrern im Sinne des Fahrlehrergesetzes oder der aufgrund dieses Gesetzes erlassenen Verordnungen oder mit der Wahrnehmung der Interessen dieses Personenkreises befaßte Person oder Einrichtung sein.«

Damit ist der Rahmen für die Zulassung von MPU-Prüfern ganz präzise abgesteckt. Der TÜV und die DEKRA verfügen am ehesten über diese gesetzlichen Erfordernisse. Diese beiden Organisationen haben ein annähernd flächendeckendes Netz von medizinisch-psychologischen Gutachterstellen mit amtlicher Anerkennung in der Bundesrepublik aufgebaut.

In dieser Gutachter-Landschaft sind seit einem guten Jahr Änderungen zu erkennen – keine dramatischen, aber immerhin bewegt sich etwas im Sinne von Vereinfachung und Entbürokratisierung.

Der Trend geht in eine erstaunlich vernünftige Richtung.

Mehr und mehr akzeptieren die Behörden, gefördert durch intelligente und kluge Urteile der Gerichte, freie Psychologen als Helfer in MPU-Sachen.

Wenn dieser Trend sich fortsetzt und von den Gremien und politischen Entscheidungsträgern gestützt würde, dann wäre in einer nicht mehr fernen Zeit der monopolähnliche Marktauftritt der beiden MPU-Großveranstalter TÜV und DEKRA beendet. Das mag dann zwar weder TÜV noch DEKRA freuen, was man leicht verstehen kann, dafür die MPU-Betroffenen. Die MPU-Kandidaten könnten dann sehr viel einfacher als heute einen freien Psychologen mit einer Begutachtung beauftragen.

Der psychologische Gutachter in der Bundesrepublik Deutschland erfüllt zur Zeit einen klar formulierten gesetzlichen Gutachtenauftrag: Er hat zu prüfen, nicht zu therapieren.

Es geht dem Gesetzgeber offenbar weniger darum, Fehlverhalten im Straßenverkehr so zu therapieren, daß Täter nicht erneut straffällig werden, eher darum, die Straftäter zu bestrafen und vom Straßenverkehr zunächst fernzuhalten.

Mein Berufsstand ist der Meinung, daß alle Beteiligten gut beraten wären, wenn wir die Energie, die wir zur Zeit in das Begutachten und erneute Begutachten stecken, in vernünftige psychologische Lernprogramme für Verkehrsstraftäter investieren würden.

Natürlich ließe sich mit Training und psychologischem Lernen nicht das ganze Problem der MPU vom Tisch wischen, aber wir kämen von diesen extrem hohen MPU-Zahlen herunter, zum Beispiel auf das Niveau von Frankreich, England oder den USA.

Dort wird erheblich weniger Alkohol konsumiert und deutlich weniger aggressiv gefahren. Mit der Folge, daß Unfälle mit Verletzten und Toten im Straßenverkehr bemerkenswert deutlich unter unserem Bundesdurchschnitt liegen.

Zurück zum Thema ins Hier und Jetzt, alles andere ist leider noch Zukunftsmusik.

Ihre präzise formulierten Gutachterrichtlinien erhalten die Gutachter vom Bundesministerium für Verkehr. Diese Gutachterrichtlinien sind in einer vierundfünfzig Seiten langen Durchführungsverordnung bis in kleine Details ausformuliert. Die Verordnung trägt den Titel »Krankheit und Kraftverkehr«.

Entsprechend seinem vom Gesetzgeber präzise formulierten Auftrag hat der Psychologe »eng fallbezogen« und »eng anlaßbezogen« zu begutachten.

Der psychologische Gutachter muß sich also aufgrund der gesetzlichen Durchführungsrichtlinien in der Verordnung »Krankheit und Kraftverkehr« ganz eng an den Gutachtenauftrag halten, den die zuständige Behörde formuliert hat. Daraus ergibt sich, daß es sehr sinnvoll ist, darüber nachzudenken, mit welchem Gutachter oder mit welcher Gutachterstelle ich es zu tun haben möchte.

»Eng fallbezogen« hat für den einen Gutachter eine etwas andere Bedeutung als für den nächsten.

Diese Unterschiedlichkeit hat nichts mit irgendeiner Form von Interpretation von Sachverhalten im MPU-Verfahren zu tun. Hier geht es lediglich darum, daß unterschiedliche Psychologen die Dinge auch etwas unterschiedlich bewerten.

Je jünger ein Gutachter ist (gemeint ist hier das Lebensalter des begutachtenden Psychologen), um so näher ist ihm noch seine Studienzeit (er möchte anwenden, was er gelernt hat), um so weniger Lebenserfahrung hat er und um so aggressiver wird er versuchen, wenn auch nicht bewußt, dem Probanden die Grenzen aufzuzeigen.

Das ist kein Phänomen der Psychologen, wir finden es in allen Lebensbereichen wieder. Je jünger die Menschen, um so eher lassen sie sich auf polarisierte Haltungen und Einstellungen ein.

Je mehr Lebens- und Berufserfahrung wir haben, um so eher wissen wir, daß nichts so heiß gegessen wird, wie wir es kochen, und daß Wahrheiten meistens in der Mitte liegen.

Ein TÜV- oder DEKRA-Psychologe befindet sich in einem Angestelltenverhältnis, er ist in der Regel Arbeitnehmer. Ihn interessiert es nicht, ob ein MPU-Kandidat ihn weiterempfiehlt. Er verdient deshalb keine müde Mark mehr – im Gegensatz zum freien Psychologen.

Die Gutachter des TÜV und der DEKRA sind deutlich härter in der Begutachtung, um nicht zu sagen: unangenehmer, als ein freier Psychologe oder die Psychologen der Firmen PIMA oder AVUS, die Gutachten in Verkehrssachen erstellen können und dürfen.

Das bedeutet nicht, daß die freien Psychologen oder zum Beispiel die Gutachter der AVUS weniger sorgfältig arbeiten würden – absolut nicht, eher im Gegenteil. Sie nehmen sich meist mehr Zeit für den einzelnen Fall und neigen nicht so sehr dazu, aus vorgefertigten Textbausteinen Gutachten zu erstellen.

Sich die Anschrift von niedergelassenen Psychologen zu beschaffen, die Ihnen helfen könnten, ist nicht immer so einfach. Fragen Sie am besten zunächst einmal Ihren Hausarzt. Die niedergelassenen Ärzte kennen meist in Ihrer Region diejenigen Psychologen, die im sogenannten Delegationsverfahren psychotherapeutisch arbeiten.

Allerdings müssen Sie sich vergewissern, daß das Gutachten des freien Psychologen von der Behörde auch anerkannt wird. Lassen Sie sich deshalb formlos die Gutachterberechtigung des freien Psychologen auf dessen Briefkopf bestätigen.

Falls dennoch etwas schiefgeht mit der Anerkennung des Gutachtens oder des Therapieberichts, trägt der Psychologe die Kosten oder die Verwaltung – und nicht Sie.

Die Kosten für einen freien Psychologen sind eher etwas höher als die der DEKRA oder des TÜV. Rechnen Sie mit etwa zwölfhundert bis zweitausend Mark für eine einfache Gutachtenerstellung. Eine Kurzzeittherapie über sechs Monate mit vier Wochenstunden kostet etwa knapp fünftausend Mark.

Zugegeben, nicht gerade preiswert – eher happig.

Dafür haben Sie es mit einem *Partner* zu tun und nicht mit einem Gegner.

Der freie Psychologe hat *ein* Ziel: Sie erfolgreich durch die MPU zu bringen.

Und dieses Ziel unterscheidet sich ganz erheblich von den Zielen der DEKRA- oder TÜV-Psychologen – wir sprachen bereits darüber.

Die freien Psychologen arbeiten zwar auch mit dem Testverfahren MMPI oder angelehnten Verfahren, also mit den bekannten, üblichen Methoden, stehen aber stets unter Zeitdruck.

Der freie Psychologe ist Unternehmer und muß sehen, wo er bleibt – auch finanziell. Da dauert ein Schlußgespräch auch mal nur fünfzehn Minuten – und nicht eineinhalb Stunden, wie oft beim TÜV oder der DEKRA.

Naturgemäß können Sie als Proband in fünfzehn Minuten Gespräch niemals so viele Fehler machen wie in eineinhalb Stunden.

Und der freie Psychologe hat, wie gesagt, großes Interesse daran, Sie erfolgreich durch die MPU zu bringen – in der richtigen Annahme, daß Sie ihn weiterempfehlen, wenn die Sache gut läuft.

Psychologen und Ärzte unterliegen in der Bundesrepublik Deutschland einem gänzlichen Eigenwerbeverbot. Da bringt positive Mund-zu-Mund-Propaganda durchaus einen Wettbewerbsvorteil.

Bei der zeitlichen Ablaufplanung des MPU-Gutachtens gibt es erhebliche Unterschiede. Es sind Untersuchungsstellen bekannt, zum Beispiel der TÜV Rheinland, die sich einen ganzen Tag mit dem Probanden beschäftigen.

Andere medizinisch-psychologische Untersuchungsstellen begnügen sich mit rund drei Stunden.

Einige Gutachterstellen erledigen den kompletten MMPI-Test – andere arbeiten mit einem kleineren Ausriß des Testverfahrens oder mit angelehnten Tests, die weniger umfangreich sind.

Ganz entscheidend bei der Auswahl der richtigen Gutachterstelle ist die Frage der persönlichen Vorgeschichte des Betroffenen.

Jeder MPU-Kandidat hat eine sogenannte MPU-Karriere durchlaufen. Niemand wird zur MPU geladen, wenn nicht vorher einige Dinge passiert sind, Punkte in Flensburg, Alkoholfahrt oder anderes.

Wenn dem MPU-Kandidaten bereits ein Negativ-Gutachten erstellt wurde, sollte er bei einer erneuten Ladung auf keinen Fall zu derselben Gutachterstelle gehen.

Freie Psychologen sind von dieser Regel ausgenommen.

Der freie Psychologe hat keinerlei Interesse daran, Sie irgendwie zu behindern. Er ist keine »Quasi-Behörde« wie der TÜV oder die DEKRA und fühlt sich auch niemals einer Behörde irgendwie verpflichtet. Da der freie Psychologe nirgends angestellt ist und keinem Chef folgen muß, hat er natürlich in seinem Berufsleben auch keine »Angestelltenmentalität« entwickeln können.

Er ist ausschließlich dem Gesetz und sich selbst verpflichtet. Der freie geht deshalb an die Sache objektiver heran, als ein angestellter Psychologe das könnte.

Der angestellte Psychologe ist in ein fixiertes hierarchisches Ordnungssystem eingebunden. Er kann in seinem betrieblichen Ablauf bei TÜV oder DEKRA die nötige Objektivität gegenüber einem MPU-Kandidaten gar nicht mit Leben erfüllen – selbst wenn er es wollte.

Wenn Sie also vor drei Jahren beim TÜV in Köln-Mülheim waren, fahren Sie bei der nächsten Ladung überallhin – nur nicht zum TÜV nach Köln-Mülheim. Das gilt für alle psychologischen Institute des TÜV und der DEKRA bundesweit, nicht nur für Köln.

Die Wahrscheinlichkeit einer erneuten Negativ-Begutachtung ist ziemlich hoch, weil der Psychologe über alle Unterlagen Ihrer Erst-MPU verfügt. Die Gutachterstellen, besonders DEKRA und TÜV, sammeln schlichtweg alles an Material, was sie bekommen können. Da lagern uralte MPUs und längst erledigter Schriftwechsel, alte Registerblätter aus Flensburger Beständen und so weiter. Darüber hinaus neigt der »Quasi-Behörden-Psychologe« des TÜV oder der DEKRA etwas eher dazu, Sie in eine »Schublade« zu packen. Er sieht sich Ihre Verkehrsakte an und sichtet die vorhandenen Unterlagen aus den Archiven, die ihm zur Verfügung stehen. Dann schneidert er, nach dem Explorationsgespräch, ein neues Gutachten.

Erfahrungsgemäß bauen die Psychologen des TÜV und der DEKRA dieses neue Gutachten bemerkenswert oft auf den alten Daten und Zusammenhängen auf.

Der wesentlichste Grund, warum die »Quasi-Behörden-Gutachter« schwieriger sind: Sie tun den ganzen Tag nichts anderes als begutachten. Fünf Tage in der Woche, einundzwanzig Tage im Monat.

Nicht ein einziges Mal taucht bei ihnen jemand auf, der ein Eheproblem hat, dessen Kind in Schulschwierigkeiten steckt oder der unter Migräne leidet.

Die Monotonie der sich immer wiederholenden MPU-Kurse und -Begutachtungen wirkt so ermüdend auf die wissenschaftliche Kreativität der Psychologen, daß sie zwangsläufig schwieriger werden. Es mag sein, daß ich nun einigen Kollegen der großen Gutachterbetriebe etwas weh getan habe. Die Kollegen wissen, wovon ich rede.

Das fast gleiche Helferphänomen ist seit Jahren wissenschaftlich bewiesen: Nämlich bei den Knastpsychologen. Auch da bleibt langfristig jede Spannung und Kreativität auf der Strecke.

Ich weiß, wovon ich rede. Ich habe mit den Psychologen in den Gefängnissen Köln-Ossendorf und Rheinbach gearbeitet.

Eine Berufsgruppe, die mit dem spannendsten »Material« der Welt zu tun hat, mit dem Menschen, wird durch das Methodengebilde der Organisation, in der die Berufsgruppe arbeitet, verzehrt und verbraucht. Das erklärt auch die hohe Fluktuation in diesen Berufsgruppen.

Natürlich ist es grundsätzlich sinnvoll, die Archive zu befragen und Unterlagen zu sichten. Der Gesetzgeber sieht im übrigen auch vor, daß der Rückgriff auf alle Informationen nicht nur erlaubt, sondern erwünscht ist.

Das führt leider zu häufig dazu, daß alte Begebenheiten und Verfehlungen in die Gesamtbeurteilung einfließen und das Endergebnis negativ verzerren können. Nicht immer – aber oft genug, wie die Durchfallquoten beweisen.

Diese verzerrende Betrachtungsweise ist unabhängig davon, ob Sie vom selben Gutachter begutachtet werden, der das Erstgutachten erstellte. Das kann durchaus auch eine Kollegin oder eine Kollege sein. Das Gutachten wird vermutlich aus den vorgenannten Überlegungen heraus dennoch negativ ausfallen.

Eines gilt für alle Psychologen gleichermaßen, ungeachtet ihrer Zugehörigkeit, ob zur DEKRA, zum TÜV oder zu einer anderen amtlich zugelassenen Untersuchungsstelle, und auch für freie Psychologen: Sie verteidigen ihren Berufsstand und lassen sich nicht gerne in die Karten gucken. Sie sind darauf bedacht, ein Stück weit eine Aura des Herrschaftswissens aufrechtzuerhalten.

Deshalb der Tip: Verärgern Sie die Leute nicht unnötig. Das würde Ihnen als MPU-Kandidat – menschlich ganz verständlich – beim nächsten Termin zum Nachteil gereichen.

Wenn Sie schon einmal positiv begutachtet wurden und nun zu einem sogenannten Nachgutachten müssen, sollten Sie durchaus zu der derselben Gutachterstelle gehen.

Die Wahrscheinlichkeit, ein positives Nachgutachten zu erhalten, ist relativ hoch, denn es läuft – unter umgekehrten Vorzeichen – der gleiche Prozeß ab wie bei einem Negativ-Gutachten.

Der Psychologe sichtet aus den zur Verfügung stehenden Archiven Ihre alten Gutachten, Unterlagen und Testergebnisse und baut darauf die Leitlinie seines weiteren Vorgehens auf. Verbunden natürlich mit den Ergebnissen der erneuten Überprüfung.

Diese, entweder positive oder negative, Prädestinierung (Vorprägung) für ein bestimmtes Entscheidungsverhalten ist bei uns Menschen ganz normal und verständlich. Erinnern Sie sich an das Beispiel: Hundert Autofahrer auf der Liste …?

Das ist »Vorprägung durch Information«, sagen die Psychologen.

Welche Rolle spielt der Arzt bei der MPU?

Der untersuchende Arzt spielt bei der medizinisch-psychologischen Untersuchung eine sehr wichtige Rolle. Er bestreitet einen erheblichen Teil der MPU, die gesamte medizinische Untersuchung nämlich.

Die Ärzte der DEKRA und des TÜV sind teilweise fest angestellt, teilweise sind sie freie Mitarbeiter. Der berufliche Status spielt jedoch hierbei kaum eine Rolle. Beide Ärztetypen arbeiten nach gleichen Regelwerken und sehr verantwortlich.

Die Ärzte, die als Kooperationspartner der freien Psychologen mit dem Psychologen zusammen an dem Gutachten arbeiten, sind niedergelassene Ärzte mit Kassenzulassung.

Bei beiden Gruppen handelt es sich in der Regel um Allgemeinmediziner.

Das Arbeitsfeld des untersuchenden Arztes ist sehr viel objektiver als das des Psychologen. Der Arzt kann auf meßbare Werte und Urteile zurückgreifen, auf konkrete Untersuchungsergebnisse, Gehörtests, Urin- und Bluproben usw. Der Arzt unterhält sich zwar auch mit dem Kandidaten über dessen MPU-Problem – aber eher oberflächlich, ihn interessieren die rein medizinischen Parameter.

Der Psychologe hingegen arbeitet mit sehr subjektiven Erlebnisinhalten. Insoweit ist er der wichtigere Teil des Untersuchungsteams und viel unberechenbarer als der Arzt. Hinzu kommt, daß die Arbeit der Ärzte überprüfbar ist – die der Psychologen nicht.

In selteneren Fällen, bei Behinderten oder bei Menschen, die andere körperliche Gebrechen haben, übernimmt der Arzt die entscheidende Rolle bei der medizinisch-psychologischen Untersuchung.

Ein wichtiger Ratschlag: Erzählen Sie als MPU-Kandidat dem Arzt und dem Psychologen *immer das gleiche.*

Die beiden kennen sich nämlich gut und unterhalten sich über ihre Probanden. Wenn eine Diskrepanz zwischen den beiden Darstellungen besteht, sind Sie sofort aus dem Rennen. Ihnen würde dann unterstellt, mit der Wahrheit wenig sorgfältig umzugehen.

Zusammenfassung dieses Kapitels

- Suchen Sie den Gutachter nicht in der Nähe der Behörde, sondern in einer anderen Stadt oder einem anderen Landkreis, wenn möglich in einem anderen Bundesland.
- Nehmen Sie, wenn möglich, einen niedergelassenen Psychologen, der eine AOK-Zulassung hat, und bitten ihn zunächst um ein unverbindliches, kostenloses Informationsgespräch. Er wird Ihnen helfen und steht absolut auf Ihrer Seite.
- Lassen Sie sich vom Psychologen seine Gutachter-Berechtigung schriftlich bestätigen. Der Psychologe wird das ohne zu murren sofort tun. Er kennt die Problematik der Anerkennung von Therapieberichten und Gutachten.

- Der Bundesverband Deutscher Psychologen in Bonn kann Ihnen Anschriften zugelassener Psychologen geben.
- Verzichten Sie auf die Dienstleistung der beiden großen Gutachterorganisationen. Das Risiko, in deren extrem hohe Durchfallquote zu rutschen, ist zu hoch.
- Wenn Sie nicht mit einem freien Psychologen arbeiten möchten oder können, rufen Sie den ADAC in München an und erfragen die Adresse einer AVUS-Dienststelle.
- Wenn Sie bereits einmal ein *Positiv*-Gutachten bei TÜV oder DEKRA hatten, gehen Sie erneut zu dieser Gutachterstelle. Die Wahrscheinlichkeit, wieder ein Positiv-Gutachten zu erlangen, ist relativ hoch.
- Denken Sie daran, daß eine MPU-Therapie Geld kostet. Ohne einen gewissen Kostenaufwand ist bei diesem Thema nichts zu machen. Der dauernde Verlust des Führerscheins oder der Entzug für zwei oder drei Jahre ist allerdings per Saldo noch teurer.
- Rufen Sie in einem ersten Anflug von Panik nicht irgendwelche Helfer an, die in Auto-Fachzeitschriften inserieren. Lesen Sie zuerst sorgfältig das Kapitel »Was taugen Helfer in der Not« in diesem Buch.

Welche Bereiche werden in der MPU analysiert?

1. Bereich: Analyse der Verkehrsakte

Bei der Analyse der Verkehrsakte, die der medizinisch-psychologischen Untersuchungsstelle von der zuständigen Behörde zur Verfügung gestellt wird, bewertet der Psychologe die Ausgangssituation für die MPU. Der Psychologe entnimmt ihr die »MPU-Karriere« des Kandidaten.

In der Verkehrsakte findet der Psychologe alle verkehrsrechtlich relevanten Informationen über den Kandidaten, bis hin zur Aufforderung der Behörde, daß nun ein MPU-Gutachten vorzulegen ist. Die Verkehrsakte ist eine »ewige Akte«. Das bedeutet, selbst längst gelöschte Punkte in Flensburg sind in ihr noch aufgelistet. Der Betroffene selbst hat kaum die Möglichkeit, einen Blick in diese wichtige Unterlage zu werfen. Er müßte, um Einblick zu erlangen, einen Rechtsanwalt beauftragen, der Akteneinsicht beantragt.

2. Bereich: Analyse des Lebenslaufs

In einem Fragebogen zum Lebenslauf des MPU-Kandidaten werden die persönlichen, schulischen und beruflichen Daten des Probanden abgefragt. Darüber hinaus haben Alkoholtäter auch einige Fragen zu den ihnen vorgeworfenen Alkoholdelikten zu beantworten.

Machen Sie sich vor der MPU ein paar Gedanken darüber, was Sie in diesen Fragebogen zu Ihrer persönlichen und beruflichen Entwicklung schreiben.

Wenn Sie erst beim Testtermin darüber nachdenken, kann Sie das in eine gewisse Erklärungsnot bringen, weil Sie vermutlich kaum alle persönlichen und beruflichen Lebensstationen einfach so im Kopf haben. Der Fragebogen fordert präzise Daten, bis hin zu dem Monat, in dem Sie Ihre Schulzeit beendeten.

Dieser Fragebogen ist in der Bundesrepublik Deutschland nicht einheitlich strukturiert. Verschiedene psychologische Untersuchungsstellen benutzen verschiedene Formen.

Der Fragebogen wird den Kandidaten manchmal vor dem MPU-Termin zugestellt, mit der Bitte, das Blatt auszufüllen und an die Straßenverkehrsbehörde zurückzusenden. Dann haben Sie Glück gehabt. Das ist erheblich einfacher.

Jedenfalls verfügt der Psychologe mit dem ausgefüllten Fragebogen vor der Schlußbesprechung über annähernd komplette Informationen zum Lebenslauf und zu der spezifischen Punkte- oder Alkoholkarriere des MPU-Kandidaten.

Mogeln Sie *keine falschen Daten* in diesen Fragebogen, verheimlichen Sie *nichts.*

Der Gutachter kann ganz leicht feststellen, ob die von Ihnen genannten Daten echt oder getürkt sind. Er kommt an fast alle Datenquellen der öffentlichen Hand heran. Ganz besonders überprüft er natürlich die Verkehrsverstöße der Vergangenheit, die der Kandidat im Fragebogen eingetragen hat. Wenn da drei rote Ampeln und zwei Geschwindigkeitsverstöße fehlen, haben Sie die Sache schon vergeigt. Dann bräuchten Sie zum MPU-Termin gar nicht mehr anzutreten.

Dann wird dem Kandidaten völlig folgerichtig unterstellt, er pflege einen leichtfertigen Umgang mit der Wahrheit. Wer einmal leichtfertig mit Wahrheit umgeht, der tut das auch ein zweites Mal, der belügt auch den Gutachter.

3. Bereich: Das MMPI-Testverfahren

Hier handelt es sich um ein sehr komplexes psychologisches Testverfahren.

Es ist der wichtigste Test der MPU. Ursprünglich kommt dieses Testverfahren aus Amerika und wurde bereits in den sechziger Jahren bei den US-Marines und der Army eingesetzt, um zu erfahren, mit wem man es tatsächlich zu tun hat.

Ich halte diesen Test für so verhängnisvoll und wichtig, daß ich ihm ein ganzes Kapitel gewidmet habe.

Also lesen Sie »Das wichtige Testverfahren: Der MMPI-Test«.

4. Bereich: Tests zur visuellen Leistungsfähigkeit

Annähernd alle Untersuchungsstellen arbeiten mit einem oder mehreren Tests, die die optisch-visuelle Leistungsfähigkeit der Kandidaten überprüfen sollen.

Die Vorgehensweise ist denkbar einfach.

Auf einer Leinwand wird dem Kandidaten eine Serie von Dias gezeigt, auf denen optisch-visuelle Verknüpfungen erkannt werden müssen. Wie im Straßenverkehr, wo auch in kürzester Zeit große Mengen visueller Impulse erkannt werden müssen, soll der Kandidat bei diesem Test unter einem gewissen Zeitdruck bestimmte optische Impulse richtig interpretieren.

Dieses Testverfahren finden Sie in dem Kapitel »Wie laufen die Testverfahren ab«.

5. Bereich: Tests zu Kombinatorik und zur logischen Intelligenz

Hier verwenden die Untersuchungsstellen unterschiedliche Testverfahren, die aus den gängigen Intelligenztests übernommen wurden.

Meist findet man das Kästchenergänzungsverfahren. Aber auch der Würfeltest kommt vor oder der Transmissionsriementest.

Die Testverfahren finden Sie in dem Kapitel »Wie laufen die Testverfahren ab«.

6. Bereich: Tests zu Schnelligkeit und sorgfältigem Arbeiten

Hierbei soll in kürzester Zeit eine Menge gleichförmiger Informationen erkannt und weitgehend richtig zugeordnet werden.

Es gibt unterschiedliche Verfahren.

Die beiden am häufigsten benutzten Verfahren finden Sie in dem Kapitel »Wie laufen die Testverfahren ab«.

7. Bereich: Tests zur Konzentrationsfähigkeit

In diesem Test wird überprüft, ob der Kandidat sich über eine gewisse Zeit hinweg unter Streß auf ein logisches System konzentrieren kann. Dazu müssen Symbole anderen Symbolen oder Ziffern zugeordnet werden.

Diesen Test finden Sie ebenfalls im Kapitel »Wie laufen die Testverfahren ab«.

8. Bereich: Test zum Verkehrswissen

Hier wird dem Kandidaten ein Fragenkatalog vorgelegt, der sich mit typischen Verkehrsfragen beschäftigt.

Sie können sich das wie ein Set von Prüfungsfragen in der Fahrschule vorstellen. Allerdings ist es bei der MPU in der Regel nicht mit Ankreuzen getan, meist ist es so, daß der Proband eigene Antworten formulieren soll. Ein Beispiel dazu:

Frage: Was ist wichtig, wenn man bei nasser Fahrbahn bremsen muß?

Nun hat der Proband den Auftrag, schriftlich zu formulieren, was er in der beschriebenen Situation für wichtig hält.

Sie können diesen Testbereich sehr leicht trainieren, wenn Sie sich ein Fahrschulbuch besorgen und dort einige Male die Prüfungsfragen durchgehen.

Diesen Test finden Sie *nicht* in diesem Buch. Die Sache ist so einfach zu trainieren, daß ich darauf verzichtet habe, den Test gesondert darzustellen.

Aber Achtung: Beschaffen Sie sich unbedingt das Fahrschulbuch, und versichern Sie sich, daß Sie *alle* dort gestellten Testfragen wasserdicht beantworten können. Unterschätzen Sie diesen Test nicht. Er erfordert sorgfältige Vorbereitung.

9. Bereich: Test zur Reaktionsfähigkeit

Hier wird der Zusammenhang zwischen einem wirksamen Impuls und der schnellen Reaktion auf den Impuls gemessen. Mit unterschiedlichen Gerätschaften werden Reaktionszeiten ermittelt.

Die genaue Testanordnung und alle Erklärungen finden Sie in dem Kapitel »Wie laufen die Testverfahren ab«.

10. Bereich: Test zum Sehvermögen

Bei diesem Test wird das Sehvermögen auf beiden Augen überprüft.

Der Test dauert kaum fünf Minuten und wird mit einem Sehtestgerät durchgeführt, wie man es von modernen Augenoptikern kennt oder bei den Sehprüfstellen des TÜV oder der DEKRA vorfindet. Es gibt allerdings ein paar Fußangeln im Testverlauf, über die man ganz mächtig stolpern kann – wenn man zwar ganz gut sieht, sich aber etwas ungeschickt anstellt.

Den genauen Testverlauf finden Sie in dem Kapitel »Wie laufen die Testverfahren ab«.

11. Bereich: Test zum Hörvermögen

Bei diesem Testverfahren soll das Hörvermögen des Probanden ermittelt werden.

Dazu wird der Kandidat ungefähr vier bis fünf Meter von einer elektronischen Geräuschquelle entfernt auf einen Stuhl gesetzt.

Manchmal läuft der Test »on air«, also ohne Kopfhörer. Meist jedoch wird der Test über Kopfhörer übertragen.

Die Arzthelferin, die den Test durchführt, erklärt dem Kandidaten: »Sie hören jetzt einige Töne. Es sind tiefe Töne dabei, so wie der hier (sie erzeugt einen tiefen Ton mit dem Steuergerät), oder es handelt sich um hohe Töne, so wie der Ton hier (sie erzeugt einen hohen Ton mit dem Gerät). Bitte signalisieren Sie mir durch Nicken, wie lange Sie den Ton hören, den ich Ihnen jeweils vorspiele.«

Dann erzeugt die medizinisch-technische Assistentin eine Reihe von tiefen und hohen Tönen, und der Kandidat signalisiert, wie lange er den jeweiligen Ton noch hört, der in seiner Intensität immer leiser wird.

Aber Vorsicht: Tun Sie nicht so, als ob Sie den Ton noch

hören, wenn das nicht der Fall ist. Es kann sein, daß gar kein Ton eingespielt wird.

Da arbeiten die Damen manchmal recht clever.

Dieses sehr einfache Testverfahren wird nicht mehr gesondert erklärt.

12. Bereich: Test zur motorischen Fähigkeit

Hierbei wird die Fähigkeit zur richtigen Koordinierung von Bewegungsabläufen überprüft.

Dazu soll der Kandidat ganz gerade über einen vier Meter langen Strich, der auf dem Boden in der Mitte des Behandlungsraumes aufgezeichnet ist, gehen.

Falls Sie jemals in einem Krankenhaus zur BAK-Probe (Blutprobe) waren, wissen Sie, wovon ich rede.

Der zweite Motoriktest ist etwas komplizierter.

Dazu stellt sich der Kandidat mit dem Rücken an eine Wand, läßt die Arme ruhig am Körper baumeln, schließt die Augen und berührt abwechselnd mit dem Zeigefinger der rechten und der linken Hand seine Nasenspitze.

Falls ihm das nicht gelingt, ist das ein sehr sicheres Zeichen dafür, daß seine Gleichgewichtsmotorik gestört ist.

Dieser Test wird nicht mehr gesondert im Kapitel »Wie laufen die Testverfahren ab« erklärt.

13. Bereich: der Gesundheitsfragebogen

Der Gesundheitsfragebogen soll Auskunft über Ihre bisherige Krankheitsgeschichte geben.

Der Fragebogen ist unterschiedlich umfangreich, das ist von Untersuchungsstelle zu Untersuchungsstelle verschieden. Der wesentliche Inhalt ist gleich.

In dem Fragebogen soll eine zeitliche Abfolge von Krankheitsgeschehnissen aufgeschrieben werden. So kann der untersuchende Arzt schnell und überschaubar erkennen, in welchem Gesamtzustand der Proband sich aus medizinischer Sicht darstellt.

14. Bereich: Test der Leberwerte

Das ist der Angst-Test für alle MPU-Kandidaten, die wegen Alkoholmißbrauchs im Straßenverkehr, sogenannter Trunkenheitsfahrten, aufgefallen sind.

Sogenannte »schlechte Leberwerte« gelten als Indikator für alkoholbedingte Leberveränderungen.

Dazu muß man wissen, daß die menschliche Leber eine ungeheuer lebenswichtige Arbeit in unserem Organismus leistet und ein sehr sensibles Organ ist, das jede Stoffwechseländerung registriert, die sich mit geeigneten Methoden messen läßt.

Vereinfacht dargestellt, funktioniert die menschliche Leber so:

Die Leber entgiftet in unserem Blut die fettlöslichen Gifte – im Gegensatz zur Niere, die die einfacheren, wasserlöslichen Gifte unschädlich macht. Zusätzlich produziert die Leber sogenannte Eiweiße und Transporteiweiße. Die Leber überführt die Gifte über Gallenwege an die Galle und den Darm. Wenn nun ein Trinker über einen längeren Zeitraum dauerhaft konstante Mengen Alkohol konsumiert, wird die Leber mit Gift, in dem Fall Alkohol, übersättigt. Dagegen wehrt sie sich und entwickelt eine Alkohol-Hepatose. Diese Alkoholablehnung äußert sich im Labor in unterschiedlichen Eiweiß- und Blutwerten.

Es ist also eindeutig nachweisbar, ob man es mit einem Dauertrinker zu tun hat oder nicht. Weil die Leber sehr nachtragend ist, dauert es sehr lange, bis ein abstinenter Alkoholiker auf Normalwerte zurückkommt.

Mit den heutigen Laborgeräten sind Mediziner in der Lage, festzustellen, wie lange jemand ungefähr welche Mengen Alkohol konsumiert haben muß, um auf die gemessenen Werte zu kommen. Im wesentlichen werden drei bis vier Analysewerte benötigt, um eine Leberwertdiagnose stellen zu können.

Was diese einzelnen Werte konkret bedeuten, spielt hier keine Rolle. Sie lesen ja kein medizinisches Lehrbuch, sondern wollen wissen, welche Konsequenz die Leberwertanalyse für Sie hat. Deshalb nenne ich hier nur die gesunden Norm-Normalwerte.

Der MPU-Kandidat, der ein Alkoholproblem hat, sollte folgendes tun: zu seinem Hausarzt gehen, die Leberwerte bestimmen lassen und sie mit den nachfolgenden vergleichen. Liegen die vom Hausarzt ermittelten Leberwerte oberhalb der unten genannten Grenzen, dann können Sie sich die Kosten für die MPU sparen – immerhin um die siebenhundertfünfzig Mark.

Die Ermittlung der Leberwerte durch den Hausarzt kostet hingegen nur ein paar Mark. Meist werden die Kosten ohnehin im Rahmen der normalen Abrechnung an die Krankenkasse delegiert.

Also sparen Sie sich die MPU bei negativen Leberwerten. Sie werden nicht durchkommen. Vertagen Sie sie lieber um ein halbes Jahr. Dann hat die Leber Zeit, sich zu erholen. Vorausgesetzt, der Kandidat läßt die Finger von Bier und Korn und allem anderen Alkohol.

Hier die wesentlichen Leberwerte und die dazugehörigen Norm-Normalwerte für Männer und Frauen.

Der Gamma-GT-Wert
Normalwert bei Männern: zwischen ca. 6 und 28
Normalwert bei Frauen: zwischen ca. 4 und 16

Der Gamma-GT-Wert ist ein kurzzeitiger Wert. Das heißt, wenn die Leber vier bis sechs Wochen keinen Alkohol bekommt, sinkt dieser Wert langsam wieder auf ein normales Niveau zurück.

Falls dieser Wert bei dem Kandidaten zu hoch ist, nimmt der beurteilende Arzt zwangsläufig an, daß er es mit einem Trinker zu tun hat. Nur in seltenen Fällen gibt es andere, medizinisch plausible Erklärungen für zu hohe Gamma-GT-Werte: Patienten mit einer Hepatitis-Infektion der Typen A und B haben ebenfalls einen zu hohen Gamma-GT-Wert. Ein zu hoher Gamma-GT-Wert könnte also auch auf eine Hepatitis im Abheilungsstadium schließen lassen. Das müßte der Kandidat allerdings durch ein ärztliches Attest belegen können.

Jedenfalls: Wenn dieser Wert zu hoch ist, warten Sie mit der MPU. Sie sparen sich viel Ärger.

Der MCV-Wert

Normalwert bei Männern: zwischen ca. 83 und 97

Normalwert bei Frauen: zwischen ca. 83 und 93

Bei diesem Wert handelt es sich um einen typischen Langzeitwert. Der MCV-Wert sinkt von Monat zu Monat, wenn die Leber abstinent bleibt.

Von diesem Wert läßt sich die Trinkerkarriere ableiten.

Es ist den Medizinern allgemein bekannt, wieviel Zeit vergeht, um auf einen bestimmten Wert zu kommen. Es wäre günstig, wenn der Kandidat von seinem Hausarzt diesen Wert lange vor der MPU und gegebenenfalls in weiteren monatlichen Untersuchungen bestimmen ließe.

Der MPU-Betroffene kann damit beweisen, daß er nicht mehr trinkt.

15. Bereich: Das Gespräch mit dem Psychologen

Dieses Gespräch ist so entscheidend, daß ich dafür ein ganzes Kapitel vorgesehen habe. Lesen Sie »Das Gespräch mit dem Psychologen«.

Damit sind die fünfzehn Punkte der MPU im Überblick erklärt und in wesentlichen Bereichen beschrieben.

Nicht immer laufen sie in derselben Reihenfolge ab. Das ist von Untersuchungsstelle zu Untersuchungsstelle sehr verschieden.

Manchmal werden alle medizinischen Tests am Vormittag erledigt und die Psychotests am Nachmittag oder umgekehrt. Einige Untersuchungsstellen trennen die Tests und lassen die medizinischen Bereiche an einem Tag ablaufen, die psychologischen Tests an einem anderen.

Eines steht jedenfalls fest: Daß das Gespräch mit dem Psychologen immer ganz am Schluß der medizinisch-psychologischen Untersuchung kommt – nach allen anderen Testverfahren.

Zusammenfassung dieses Kapitels

- Lügen Sie in den Fragebögen nicht. Weder sollten Sie etwas verheimlichen noch etwas beschönigen.
- Lesen Sie ausführlich und sorgfältig das Kapitel über die Testverfahren.
- Einige Tests werden in dem Kapitel »Wie laufen die Testverfahren ab« nicht mehr gesondert erklärt, weil es sich um rein medizinische oder physiologische oder einfach simple Tests handelt. Unterschätzen Sie deshalb diese Tests nicht. Der MPU-Kandidat besteht die MPU nur dann, wenn er in *allen* Tests innerhalb der Normwerte liegt.
  Das Kompensieren eines negativen Testausgangs mit einem sehr positiven ist in der MPU nicht möglich.
  Wenn Sie nicht farbig sehen können, nutzt es nichts, sehr gut zu hören.

Ein ganz normaler MPU-Tag beim TÜV in Köln

Wichtig ist, daß der Kandidat weitgehend angstfrei zur MPU geht.

Angstfrei sind wir Menschen aber immer nur dann, wenn eine anstehende Bedrohung bekannt ist. Dann können wir ganz gut mit ihr leben und uns darauf einstellen.

Ist die Bedrohung unbekannt, können wir nicht abschätzen, was auf uns zukommt, dann wird aus der anfänglichen Angst schlimmstenfalls Panik. Panik blockiert jede Leistungsfähigkeit, und Leistungsblockaden können wir ausgerechnet bei der MPU nun gar nicht gebrauchen.

Beispiel Flugangst: Es ist bekannt, daß gar nicht wenige Menschen sich vor dem Fliegen regelrecht fürchten. Zunächst versuchen die Betroffenen mit allen möglichen Tricks das Fliegen zu verhindern. Das mag gut klappen – bis zum berühmten Tag X. Der Chef lädt nach München ein – Flug LH 915 ab Köln-Bonn. Absagen geht nicht, der Job hängt an dem Termin.

Der Flugängstliche lauscht dann im Flugzeug auf alle Geräusche und beachtet überkritisch seine eigenen körperlichen Funktionen.

Schnell gerät er in regelrechte Panik, wenn er mit den Impulsen und Eindrücken, die während des Fluges auf ihn wirken, nichts anfangen kann.

Die Deutsche Lufthansa hat deshalb ein sehr erfolgreiches Trainingsprogramm für Flugängstliche aufgelegt. Es funktioniert nach einem ganz einfachen Prinzip: Konfrontationstherapie gepaart mit Informationstraining.

Konfrontationstherapie deshalb, weil das Ein-Tages-Seminar tatsächlich mit dem Fliegen konfrontiert.

Die Seminarteilnehmer steigen um halb zehn in Köln in einen Airbus 320 und fliegen nach Berlin. Während des Fluges werden vom Trainer, einem Psychologen, alle Geräusche, alle Manöver, das Starten und Landen, die Turbulenzen und jede Flugbewegung erklärt und interpretiert. Die Teilnehmer können mit den Piloten reden und auch für ein paar Meilen im Copilotensessel sitzen.

Das führt mit einfachstem Mitteleinsatz dazu, daß der Flugängstliche nach dem Flug über alle Geräusche und Unbekanntheiten des Fliegens informiert ist. Es gibt nichts Geheimnisvolles mehr beim Fliegen.

Nach der Ankunft in Berlin geht der Tag weiter mit Selbstbewußtseinstraining im Train-Center der Lufthansa. Am Abend fliegen die Teilnehmer zurück nach Köln. Alle haben Spaß und lachen im Flieger, genießen das gute Abendessen und den herrlichen Sonnenuntergang und wundern sich, daß sie einmal ängstlich waren.

Erfolgsquote: sechsundneunzig Prozent nachweislich.

Und genau das machen wir jetzt auch! ← Dies ist übrigens das einzige Ausrufezeichen im ganzen Buch. Das soll Ihnen zeigen, wie wichtig dieses Kapitel ist.

Sie erhalten im folgenden die präzise Schilderung eines MPU-Tages. Eine nicht real existierende Kunstperson, Herr Schmitz, ist der Kandidat. Er ist zum TÜV Köln geladen worden.

Jede Kleinigkeit wird erklärt und geschildert. Wenn Sie also zu einer MPU beim TÜV oder der DEKRA müssen, wissen Sie genau, wie so etwas abläuft. Sie erhalten alle Informationen zu einem solchen Tag.

Natürlich ist es klar, daß alle Untersuchungsstellen in der Bundesrepublik anders aussehen und auch etwas anders arbeiten. Aber im Kern erfahren Sie alles, was Sie wissen sollten.

Die Geschichte um Herrn Schmitz ist ganz bewußt wie eine »Story« angelegt. Damit möchte ich erreichen, daß Sie ein Stückchen weit »mit Herrn Schmitz fühlen und leben«, seine Vorstellungen und Ängste nachvollziehen können.

Dann werden Sie bei Ihrer eigenen MPU keine Überraschungen mehr erleben können. Das bedeutet für Sie, die Bedrohung ist bekannt. Und damit ist die Angst weg.

Noch etwas: Jede Ähnlichkeit mit realen Personen und Geschehnissen ist rein zufällig und nicht beabsichtigt.

Es ist Dienstag, der 25. März 1997.

Der Ort: Köln, Ortsteil Mülheim, Hauptverwaltung des TÜV Rheinland, Frankfurter Straße.

Es regnet.

Die Temperaturen liegen seit Tagen bei um die zwei Grad. Das drückt aufs Gemüt. Am Sonntag ist Ostern, und kaum ein Krokus schaut hervor.

Herr Schmitz kam mit der Straßenbahn aus dem Stadtteil Köln-Klettenberg zur TÜV Hauptverwaltung nach Köln-Mülheim.

Herr Schmitz ist ein ganz normaler Mann, achtunddreißig Jahre alt, Ingenieur für Maschinenbau, Fachrichtung Kfz-Wesen, verheiratet, zwei Kinder.

Er hat einen sehr interessanten Beruf.

Seit vier Jahren arbeitet Schmitz als Bezirksleiter für eine große Tankstellenkette. Sein Job ist es, die Tankstellenpächter und Lizenznehmer in allen Bereichen zu beraten und zu unterstützen – und natürlich dafür zu sorgen, daß die Kraftstoff-, Öl- und Shop-Umsätze seiner zweiundzwanzig Tankstellen im Bezirk stimmen. Diese Arbeit ist eine reine Außendiensttätigkeit. Herr Schmitz ist den ganzen Tag unterwegs.

Ein Zimmer in seiner hübschen Wohnung im Süden von Köln hat er als Büro eingerichtet. Einmal im Monat muß Herr Schmitz in die Hauptverwaltung seines Arbeitgebers nach Hamburg, zur Teamsitzung der Bezirksleiter der Region Süd-West. Dort, in der Hauptverwaltung, werden die neuen Budgets und Aktionen für den jeweils kommenden Monat beraten.

Das bedeutet zwar, daß Schmitz morgens nach Hamburg-Norderstedt fahren muß und am späten Abend wieder zurück nach Köln, aber damit kann er leben. Es kommt öfter vor, daß er an einem Arbeitstag achthundert oder neunhundert Kilometer fährt. Schmitz hat für diese Tätigkeit natürlich einen Dienstwagen, einen Audi A 4, von seiner Firma zur Verfügung gestellt bekommen. Dieses Fahrzeug darf er auch für Privatfahrten nutzen. Das spart gehörig Geld, denn er muß nicht einmal den Sprit bezahlen.

Um diese Bezirksleitertätigkeit ordentlich und erfolgreich ausüben zu können, ist es nötig, sehr mobil zu sein. Schmitz muß öfter in der Woche schnell mal nach dem Rechten sehen bei den Pächtern der Tankstellen. Sein Bezirk reicht von Wesseling, südlich von Köln, bis an die südliche Stadtgrenze von Bingen. Alle Tankstellen der Tankstellenkette dieses Gebietes, rechts und links des Rheins, sind in seiner Obhut.

Da kommen im Monat schnell vier- oder fünftausend Kilometer zusammen. Schmitz ist viel unterwegs, und sein Arbeitstag dauert auch häufig länger als zehn Stunden. Aber der Job ist großartig. Wenn er sich daran erinnert, wie er früher als Ingenieur jahrelang bei einem großen Automobilbauer für die Hinterachskonstruktion einer Mittelklasselimousine zuständig war … Damals stand er jeden Tag acht Stunden am Reißbrett. Da ist der Job bei der Tankstellenkette sehr viel abwechslungsreicher. Schmitz liebt seine Arbeit.

Um so härter traf ihn der Blitz auf der A 1 in der Nähe von Bremen. Das war im Sommer 1996, als er von der monatlichen Teamsitzung in Hamburg kam. Die Meßanlage der Delmenhorster Polizei stand gut getarnt in einer Baustelle in Fahrtrichtung Köln mit einem Geschwindigkeitslimit von sechzig Stundenkilometern.

Es war neunzehn Uhr dreiundzwanzig, als es blitzte.

Schmitz hatte es eilig, nach Hause zu kommen, und rauschte mit Tempo einhundertsiebenunddreißig in die »Radarfalle«.

Das reichte eigentlich schon.

Aber es kam noch ärger. Wegen dieser wirklich sehr massiven Geschwindigkeitsüberschreitung stoppte ihn vier Kilometer weiter ein Polizeiwagen (im Verkehrssünder-Jargon »Abfangjäger« genannt). Die Autobahnpolizei hatte offenbar den Eindruck, daß der Raser nicht ganz in Ordnung sein konnte, der da auf der linken Spur mit einer derart überhöhten Geschwindigkeit in den Laserstrahl eingetaucht war. Es ist relativ selten, daß in Baustellen mehr als hundert Prozent zu schnell gefahren wird.

Die Polizisten ließen Herrn Schmitz eher routinemäßig in das Alko-Test-Gerät blasen. Die Anzeige des Alko-Testers war unbarmherzig und pendelte sich bei einem Promille ein. Die Polizisten nahmen Schmitz mit nach Delmenhorst ins Kreiskrankenhaus. Die Blutprobe ergab 1,15 Promille BAK.

Der Führerschein wurde sofort eingezogen.

Schmitz nahm den Zug nach Köln und ließ sein Auto von einem Delmenhorster VW-Händler abschleppen.

Das war der verdammte Sekt nach der Team-Sitzung in Hamburg.

Da sein Punktekonto in Flensburg ohnehin bereits ziemlich strapaziert war, gab ihm dieser Verkehrsverstoß den Rest. Das Hauptverfahren vor dem Amtsgericht Köln läuft noch. Es kann noch drei bis vier Monate dauern, bis ein Termin bei Gericht in Sicht ist.

Der zuständige Staatsanwalt forderte Herrn Schmitz auf, ein MPU-Gutachten beizubringen. Der Rechtsanwalt von Herrn Schmitz empfahl, erst einmal die medizinisch-psychologische Untersuchung mitzumachen. Erstens käme er, Schmitz, sowieso nicht daran vorbei, und zweitens hätte er bessere Karten beim Staatsanwalt, wenn er ein positives Gutachten vorlegen könne.

Schmitz' Arbeitgeber und ganz besonders sein Chef, der Regionalleiter Süd-West für die Tankstellenbetreuung, haben großartig reagiert, findet Schmitz.

Er hat natürlich sofort seinen Chef angerufen und ihm die Story erzählt. Der Regionalleiter hatte Verständnis für die schwierige Situation. Er empfahl Herrn Schmitz, sich einen Studenten als Fahrer zu chartern, um den Job weiter erledigen zu können. Das kostet zwar um die tausendfünfhundert pro Monat für rund hundert Fahrstunden, aber die Lösung ist immer noch besser, als plötzlich arbeitslos zu sein. Außerdem rechnet Schmitz damit, daß er in absehbarer Zeit den Führerschein wieder in der Brieftasche haben wird.

Sein Rechtsanwalt ist da nicht so optimistisch.

Schmitz' Einkommen ist recht gut. Eine begrenzte Zeit lang hält er die Sache mit dem Fahrer finanziell noch durch. Sein Arbeitgeber hat auch hier Hilfe signalisiert. Wenn nötig, gibt er Herrn Schmitz ein günstiges Darlehen, um diese Kosten zu decken.

Schmitz meldete sich vor acht Wochen bei der psychologischen Untersuchungsstelle des TÜV Rheinland in Köln zur MPU an. Er erhielt dort den Termin für heute, 25. März 1997, halb neun, Köln-Mülheim, im TÜV-Hochhaus.

Zehn nach acht. Herr Schmitz steht vor dem Haupteingang des TÜV Rheinland; ihm ist nicht sehr wohl bei dem Gedanken an den »Idiotentest«.

Er greift in die Innentasche seines Sakkos und fingert einen Briefumschlag heraus. Die Terminbestätigung des TÜV Rheinland. In dieser schriftlichen Terminbestätigung der psychologischen Untersuchungsstelle des TÜV steht geschrieben, daß der Test um halb neun in Raum 311 in der dritten Etage beginnt. Herr Schmitz solle seinen Personalausweis mitbringen und die Bestätigung seiner Sparkasse oder Bank, daß die Gebühr für die MPU, siebenhundertneunundfünfzig Mark, bezahlt sei. Der Test solle etwa bis sechzehn Uhr dauern. Eine Mittagspause von einer Stunde sei vorgesehen.

Herr Schmitz vergewissert sich noch einmal, daß er alle geforderten Unterlagen bei sich hat, holt tief Luft und geht auf die Drehtür zu.

Herr Schmitz betritt das Gebäude.

Die Eingangshalle ist leer, nur ein junger Mann sitzt auf einer Holzbank und wartet auf irgend etwas. Eine Dame hinter der Glasscheibe der Pförtnerloge telefoniert.

Schmitz will zur Empfangsdame gehen, als ihm einfällt, daß er ja nur den Raum 311 in der dritten Etage aufsuchen muß – da erübrigt sich jede weitere Frage.

Er wendet sich zum Aufzug und drückt auf den Leuchtknopf, die Aufzugtüre geht auf, Schmitz tritt ein und fährt nach oben.

In der dritten Etage tritt er aus dem Aufzug und schaut direkt auf ein Schild an der gegenüberliegenden Wand:

MEDIZINISCH-PSYCHOLOGISCHE
UNTERSUCHUNG
RAUM 311

Herr Schmitz schaut auf seine Armbanduhr:

Es ist Viertel nach acht.

Er sucht den Raum 311 und findet ihn am Ende des Ganges auf der linken Seite. Er drückt die Klinke der Glastüre.

Er tritt ein, murmelt »Guten Morgen« und schaut sich im Raum um.

Es ist ein sehr großer Raum – wie ein Schulzimmer etwa. Nur mehr Tische und Stühle darin. Vorne eine große Tafel. Eine Leinwand an der Seite. Ein Overhead-Projektor und ein Tisch für den »Lehrer«.

Wie in der Fachhochschule Köln, wo ich mal studierte, denkt Herr Schmitz.

Er setzt sich in die vorletzte Reihe. Vor ihm sitzt eine junge Frau, weiter drüben zwei junge Männer, die sich wohl kennen, denn sie flüstern miteinander.

In der ersten Reihe sitzt ein Mann mit einer Gehbehinderung, denn neben der Bank liegen zwei graue Gehhilfen, man könnte auch Krücken sagen.

Aha, registriert Schmitz:

Hier kommen die unterschiedlichsten Leute zusammen. Der, der ein körperliches Gebrechen hat, oder der Mann dort links, der ganz dicke Brillengläser trägt und wohl sehr schlecht sieht. Oder die Frau dort rechts vor ihm, die hektisch eine Zigarette raucht und sehr nervös scheint. Dabei ist hier Rauchen verboten, erinnert sich Herr Schmitz. Er sah das Schild neben der Eingangstüre zu diesem Raum.

Es ist zwanzig nach acht.

Die Türe geht auf, und ein weiterer Mann tritt ein. Dem Aussehen nach zu urteilen ein Testkandidat, denkt Herr Schmitz.

Woran erkennt man diese Testkandidaten, überlegt er. Er findet keine Antwort auf diese Frage. Er meint jedenfalls, daß man die MPU-Kandidaten schon erkennen kann, am Blick vielleicht oder an einer gewissen Unsicherheit. Denn keiner, der hier im Raum sitzt, kommt völlig angstfrei hierher.

Irgendwie, denkt Schmitz, irgendwie komme ich mir hier komisch vor. Er kann dieses Gefühl der Unsicherheit nicht genauer definieren – aber er fühlt sich nicht recht wohl. Er fühlt sich bedrückt. Keiner spricht ein Wort. Alle warten auf etwas Unbestimmtes.

Es ist halb neun.

Nichts passiert. Herr Schmitz zählt die Leute im Raum – es sind insgesamt neun Personen, zwei Frauen und sieben Männer.

Fünf nach halb neun.

Die Türe geht auf. Ein junger Mann in Jeans und einem grauen Rollkragenpullover kommt lächelnd in den Raum, sagt freundlich und laut: »Guten Morgen, meine Damen und Herren ...«

Er geht schnurstracks zu dem Lehrertisch, der vorne vor der breiten Wandtafel steht.

Der junge Mann, er mag so Ende Zwanzig sein, denkt Herr Schmitz, sieht aus, als ob er hier arbeitet. Der ist bestimmt der Testleiter.

Schmitz hat recht.

Der Mann legt eine Mappe auf den Lehrertisch und sagt erneut:

»Schönen guten Morgen, meine Damen und Herren. Mein Name ist Dr. Rhein (auch wieder ein reiner Phantasiename) vom TÜV Rheinland, ich leite die heutige medizinisch-psychologische Untersuchung.

Ich möchte zunächst drei Dinge klären; erstens, die Anwesenheit, da habe ich nämlich eine Liste von der TÜV-Verwaltung. Wir werden mal sehen, ob alle da sind.

Als zweites möchte ich Ihnen erklären, was wir heute machen werden und wie die Sache abläuft.

Als drittes möchte ich alle offenen Fragen beantworten, die Sie haben. Sie können mich alles fragen, ich werde mir Mühe geben, Ihnen die Fragen zu beantworten, so gut ich kann. So, dann starten wir mal ...«

Der junge Mann klappt seine Aktenmappe auf und nimmt eine Namensliste heraus. Er fragt die neun Namen ab, geht zu jedem der sieben Männer und der zwei Frauen hin und schaut auf deren Personalausweis, um die Identität der Kandidaten zu überprüfen. Er läßt sich den Einzahlungsnachweis der Gebühren zeigen. Dann gibt er jedem der neun Teilnehmer einen DIN-A4-Formularbogen. Er geht wieder nach vorn an die breite Wandtafel und sagt freundlich:

»Schönen Dank, meine Damen und Herren, bitte füllen Sie als erstes den Datenbogen aus, den ich Ihnen soeben gegeben habe. Dann machen wir weiter.«

Herr Schmitz schaut auf das Blatt vor ihm ...

Er füllt aus: Name, Vorname, geb. am, wohnhaft in, Familienstand, Beruf, MPU am, Aktenzeichen des Amtsgerichts Köln, Aktenzeichen des TÜV Rheinland und so weiter.

Alle schreiben lautlos auf ihren Blättern. Das dauert etwa zehn Minuten.

Herr Schmitz hat alle Rubriken ausgefüllt und schaut sich um. Die Frau vor ihm schreibt noch. Dr. Rhein sitzt vorne am Lehrerpult und schaut freundlich in den Raum.

Dann steht Rhein auf, geht von Kandidat zu Kandidat und sammelt die Datenblätter ein. Er blättert die Bögen einmal kurz durch (er überprüft, ob alle wesentlichen Angaben gemacht worden sind) und legt sie in seine Mappe.

»So, meine Damen und Herren, schönen Dank. Ich möchte Ihnen nun erklären, was wir heute hier machen und wie es ablaufen wird. Sie, meine Damen und Herren, sind aus unterschiedlichen Gründen zur medizinisch-psychologischen Untersuchung eingeladen worden. Sie möchten Ihren Führerschein erlangen oder zurückerlangen. (In der Tat: Eine ganze Menge von Führerscheinbewerbern werden auch zur MPU gebeten. Meist wegen körperlicher Mängel, Sehschwäche oder anderen Behinderungen.) Die medizinisch-psychologische Untersuchung, die wir hier im Hause heute machen, setzt sich aus mehreren Teilen zusammen. Wir hier, in diesem Raum, machen zuerst einen Test. Das dauert ungefähr eine Stunde oder vielleicht ein paar Minuten länger, das macht nichts. Danach gehen Sie in die medizinische Abteilung, um den medizinischen Testteil zu erledigen. Das ist in der zweiten Etage, also die Treppe runter und dann links den Gang entlang. Wenn Sie dort fertig sind, kommen Sie bitte wieder hier in diesen Raum. Wir werden dann noch einige kleinere Testverfahren machen, und dann können Sie erst einmal essen gehen, dann ist Mittagspause. Pause machen wir von dreizehn bis vierzehn Uhr. In der fünften Etage dieses Hauses haben wir eine ganz hübsche Cafeteria. Dort können Sie, wenn Sie möchten, preiswert und gut essen oder einen Kaffee trinken. Um die Ecke, an der Frankfurter Straße, ist eine Pommesbude, wenn Sie nicht in die Cafeteria möchten. Bitte seien Sie auf jeden Fall pünktlich um vierzehn Uhr wieder hier, im Raum 311. Wir werden dann noch einige Formulare ausfüllen müssen. Das dauert ungefähr bis halb vier. Anschließend machen wir eine fünfzehnminütige Pause, Sie können am Automaten draußen einen Kaffee ziehen oder im Raucherzimmer im Erdgeschoß eine Zigarette rauchen. Um Viertel vor vier treffen wir uns wieder hier. Ich teile Ihnen dann mit, mit welchem meiner Kollegen oder Kolleginnen Sie das Schlußgespräch führen werden.

Rechnen Sie bitte damit, daß Sie um etwa vier oder Viertel nach vier fertig sein werden. Dann ist das Testverfahren beendet, und Sie können nach Hause gehen. So, das wär's von meiner Seite her. Wenn Sie nun irgendwelche Fragen haben ...?«

Schmitz war gespannt, ob jemand Fragen haben würde – keiner sagte ein Wort. Schmitz hatte eine Frage, aber er traute sich nicht so recht, hob dann aber doch die Hand.

»Ja, bitte ...«, sagte Dr. Rhein freundlich und lächelte.

»Ja, ich habe da eine Frage. Wann wird uns das Ergebnis der Untersuchung mitgeteilt, erfahren wir gleich heute nachmittag, ob wir durchgekommen sind, oder wann ...?«

»Gute Frage«, sagte Dr. Rhein. »Das Ergebnis dieser MPU wird Ihnen nicht heute mitgeteilt, das geht leider nicht. Wir müssen erst die einzelnen Testverfahren mit unserem Computer auswerten. Sie erhalten das Gutachten mit der Post. Das wird ungefähr eine Woche später sein, also so etwa nächsten Donnerstag oder Freitag.«

Schmitz nickte. Er hatte sich gedacht, daß die Auswertung nicht so schnell gehen würde.

»Sonst noch irgendwelche Fragen ...?«

Keiner antwortete. Dr. Rhein sagte: »Gut, dann wollen wir mal anfangen.

Ich habe hier einen Formularsatz, den ich Ihnen jetzt gebe. Bitte füllen Sie die Blätter der Reihe nach aus, Frage für Frage. Denken Sie nicht so lange über jede einzelne Frage nach, antworten Sie einfach ganz spontan. Markieren Sie jeweils ›JA‹ oder ›NEIN‹ mit diesem Bleistift, so wie es in der Anweisung im Kopf des ersten Blattes steht. Die Fragen sind alle nach dem gleichen Strickmuster aufgebaut. Da ist immer eine Aussage, und Sie sollen ankreuzen, ob die Aussage stimmt oder nicht stimmt, also ›JA, stimmt‹ oder ›NEIN, stimmt nicht‹ ankreuzen.

Es gibt nur diese beiden Möglichkeiten, also ein Kreuzchen in das Kästchen ›JA‹, wenn Sie meinen, die Aussage ist richtig, oder ein Kreuzchen in das Kästchen ›NEIN‹, wenn Sie meinen, die Aussage ist nicht richtig. Bitte kreuzen Sie alle Aussagen an, es sind ungefähr zweihundertfünfzig ...«

(Anmerkung des Autors: Die Zahl der Fragen kann sehr differieren. Der sogenannte MMPI-Test wird zwar von allen Untersuchungsstellen benutzt, zumindest als Basis, aber jede Untersuchungsstelle verändert den Testinhalt etwas. Mal weniger, mal mehr. Der gesamte Test hat circa vierhundert Fragen und wird in seiner vollen Version von keiner MPU-Stelle in der Bundesrepublik benutzt. Diesen MMPI-Test habe ich in seiner kompletten Form in dieses Buch gepackt, damit Sie sich ihn konkret ansehen können. Sie finden den Test mit allen Hinweisen und Erklärungen und auch Ausfüllanweisungen und Hintergründen zur Fragestellung im Kapitel »Das wichtigste Testverfahren: der MMPI-Test«.)

»... es gibt immer nur eine Möglichkeit, ›JA‹ oder ›NEIN‹. Also nur immer ein Kästchen stricheln. Wenn sie damit fertig sind, dann geben Sie mir den Fragebogen. Bitte schreiben Sie oben auf den Fragebogen Ihren Vor- und Nachnamen. Ich gebe Ihnen jetzt die Arbeitsblätter, und Sie fangen auch sofort mit der Arbeit an. Bitte reden Sie nicht miteinander, das ist wichtig. Und blättern Sie nicht zurück. Ansonsten wäre der Test für Sie erledigt, und Sie müßten mit der Verwaltung des TÜV Rheinland einen neuen Termin vereinbaren, und das kostet natürlich wieder viel Geld.

Ich verteile jetzt die Bögen und die Stifte. Bitte diskutieren Sie die Fragen nicht mit Ihrem Nachbarn, das nützt nichts.«

Rhein teilt die Fragebögen aus und gibt jedem Kandidaten einen Formularsatz. Schmitz erhält auch einen und einen roten Bleistift.

Schmitz hat den Eindruck, daß dieser Rhein unverhohlen gedroht hat mit der Bemerkung, daß man nicht miteinander reden oder diskutieren dürfe. Schmitz schaut auf das Deckblatt.

Das sieht nach Psychotest aus, denkt er.

Auf dem Deckblatt werden die üblichen Daten abgefragt, Name, Vorname, Aktenzeichen und so weiter. Schmitz füllt die paar Zeilen aus und blättert dann weiter, auf die erste Seite, auf der die Fragen beginnen.

Die erste Frage lautet:

»Ein Auto ist erst komplett, wenn viel Zusatzausrüstung eingebaut ist.« – JA oder NEIN.

Schmitz überlegt einen Moment, was diese Frage soll, welche Bedeutung dahintersteckt, und macht seinen Strich dann in dem Feld »NEIN«.

Nächste Frage:

»Die Fahrschule hat mir viel Spaß gemacht.«

Schmitz grübelt ... das ist nun schon so lange her, da kann er sich kaum erinnern. Aber er kennzeichnet das Feld »JA«. Er denkt sich, wenn einem die Fahrschule Spaß gemacht hat, ist das wohl besser, das läßt darauf schließen, daß man gerne lernt und eine positive Einstellung zum Fahren hat. (Anmerkung des Autors: Da liegt Schmitz richtig.)

Die nächste Frage lautet:

»Ich meine, mein Reaktionsvermögen ist okay.«

Herr Schmitz streicht hier ein »JA« an.

Schmitz fällt auf, daß die Fragen alle möglichen Bereiche des Lebens betreffen. Es geht nicht nur um Autofahren und Führerschein.

Schmitz überlegt bei jeder Frage, was als Antwort logisch und vernünftig wäre, entsprechend kreuzt er »JA« oder »NEIN« an. Das dauert und dauert und wird auch mit der Zeit etwas ermüdend. Viele Fragen scheinen sich zu wiederholen oder tauchen umformuliert an einer anderen Stelle wieder auf.

Schmitz arbeitet die Fragen sorgfältig durch. Nach einer guten Stunde ist er fertig mit dem Test und schaut sich im Raum um. Die anderen arbeiten noch, bis auf die junge Frau vor ihm. Die schaut aus dem Fenster.

Die ganze Zeit sitzt Dr. Rhein vorn und liest in einem Manuskript oder einem Bericht. Der Testleiter schaut gelegentlich auf und dann wieder in seine Unterlagen.

Wie in der Fachhochschule bei einer Klausur, denkt Schmitz.

»So, meine Damen und Herren, wer arbeitet noch, oder sind alle fertig?« fragt Dr. Rhein.

Keine Antwort. Dr. Rhein wiederholt die Frage. Zwei Teilnehmer arbeiten noch. Rhein sagt: »Okay, dann können die anderen den Test abgeben und zur medizinischen Untersuchung gehen.«

Schmitz steht auf, steckt den Bleistift ein und gibt den Formularsatz ab.

Er grübelt über diese merkwürdigen Fragen nach. Er hat nicht ganz verstanden, was für ein Ziel dieser Dr. Rhein mit dem Test verfolgt.

Schmitz geht zur Tür und dann eine Etage nach unten.

Dort befindet sich die medizinische Abteilung.

Hier sieht es aus wie im Krankenhaus, denkt Schmitz. Und es riecht auch so. Er muß eine viertel Stunde warten, bis er an die Reihe kommt.

Schmitz betritt das Behandlungszimmer. Eine Arzthelferin nimmt seine Daten auf. Sie hat bereits sein Datenblatt, das er vorhin ausgefüllt hat.

Die junge Dame ist dunkelhaarig, Anfang Zwanzig und sehr hübsch. Sie ist bemerkenswert freundlich. Schmitz kommt sich irgendwie blöd vor, als er einen Plastikbecher bekommt, um die Urinprobe abzuliefern. Er verschwindet im Herrenklo und ist nervös. Es klappt mit der Befüllung nicht so recht, er ist zu aufgeregt. Endlich liefert er den Becher mit der Probe wieder bei der jungen Dame ab.

»Machen Sie bitte mal den linken Arm frei«, sagt die Arzthelferin. Schmitz nickt und krempelt den Ärmel hoch. Die Arzthelferin nimmt fünf Blutproben und verstöpselt die Reagenzgläschen sorgfältig. Das war's.

Schmitz wird in einen anderen Raum gebeten.

Dort begrüßt ihn ein junger Mann recht freundlich. Schmitz erledigt hier den Hörtest und den Test zur Überprüfung der motorischen Fähigkeiten.

Danach kommt der Test mit dem Kieler Determinationsgerät. Der junge Mann erklärt ihm die Funktion des Gerätes:

»Schauen Sie, es geht darum, daß hier auf dem Bildschirm

an unterschiedlichen Stellen Farbpunkte aufblitzen. Und hier auf der Tastatur finden Sie die gleichen Farben wieder. Ihre Aufgabe ist es, immer dann, wenn Sie auf dem Bildschirm zum Beispiel diesen roten Lampenblitz hier sehen (der Versuchsleiter läßt auf dem Bildschirm einen kleinen grellroten Punkt aufleuchten), auf den entsprechenden roten Knopf auf dieser Tastatur zu drücken. Wenn die grüne Lampe aufleuchtet, dann drücken Sie auf den grünen Knopf, bei Gelb den gelben und so weiter.«

Schmitz nickt wortlos. Er hat verstanden. Er kommt sich einen Moment lang vor wie ein Idiot. Na also, denkt er, deshalb heißt dieser Test »Idiotentest«.

Mein Gott, da hat man eine Familie, 'ne tolle Frau, ein geordnetes Leben und einen verantwortungsvollen Job. Und nun so was. Als ob es um die Einweisung in die Klapsmühle ginge. Da kann ich ja gleich in das Landeskrankenhaus gehen. (Eine Untersuchung hat ergeben, daß MPU-Kandidaten die Testverfahren als wenig erfreulich und die Vorgehensweise als diskriminierend erleben. Allein das sei schon ein Grund, so die Mehrzahl der befragten Kandidaten, nie wieder so etwas mitmachen zu wollen.)

Nun ist der Lampentest fertig. Schmitz ist geschafft und hat den Eindruck, daß er bei dem Test durchgefallen ist. Er war sooo langsam, meint er.

Er muß nun eine halbe Stunde warten, weil noch ein anderer Kandidat beim Arzt ist.

Das Gespräch mit dem Arzt hat etwas Beruhigendes. Der Arzt fragt nach Krankheiten, wie Schmitz sich fühlt, nach Alkoholgewohnheiten.

Dabei schaut der Arzt Herrn Schmitz offen in die Augen.

Schmitz räuspert sich. Jetzt bloß nichts Falsches sagen, bloß die Ruhe bewahren. Schmitz erklärt:

»Tja, Herr Doktor, ich wurde wegen zu hoher Geschwindigkeit und Alkohol hierher geladen. Dabei trinke ich normalerweise nicht.«

»Warum haben Sie dann an dem besagten Tag getrunken, was war der Anlaß?« fragt der Arzt freundlich.

»Der Anlaß, also irgendwie habe ich einfach nicht darüber nachgedacht. Meine Kollegen in Hamburg haben ein paar Flaschen Sekt aufgemacht, und ich habe ein, zwei Gläschen mitgetrunken, am Nachmittag, nach der Besprechung.«

»Ein, zwei Gläschen ...«, nickt der Arzt und schaut über den Brillenrand. Er lächelt und sagt: »Mein lieber Herr Schmitz. Wenn Sie ein oder zwei Gläschen Sekt getrunken hätten, dann wären Sie heute vermutlich nicht hier. In meinen Unterlagen lese ich, daß mein Kollege im Kreiskrankenhaus in Delmenhorst eine Blutalkoholkonzentration von mehr als einem Promille bei Ihnen festgestellt hat. Das entspricht einer BAK von mehr als 1,2 Promille zur Tatzeit.«

Schmitz wird ganz flau im Magen. Vergeigt, denkt er, ich habe das Ding vergeigt. Hätte ich bloß nichts von ein, zwei Gläschen gesagt, o Gott ... ich Idiot ...

Der Arzt nickt lächelnd: »Na, was war nun wirklich. Wieviel haben Sie denn nun an diesem Tag getrunken?«

»Zuviel ...«, sagt Schmitz knapp und schluckt nervös. Er ist überzeugt davon, daß die Sache in die Binsen gegangen ist. Der Arzt wird bestimmt ein negatives Urteil aussprechen.

»Sehen Sie, Herr Schmitz«, sagt der Arzt, »immer wieder erlebe ich Menschen hier in diesem Zimmer, die wirklich ernsthafte Alkoholprobleme haben. Sie, Herr Schmitz, haben gar keines. Ihre Leberwerte sind völlig in Ordnung. Das heißt, Sie haben gelegentliche Ausrutscher in größeren Zeitabständen. Ist das so richtig formuliert ...?«

Schmitz nickt betreten. Wieso ist der Arzt so nett zu mir, denkt Schmitz. Fast ist es ihm ein wenig peinlich, daß er vorhin dachte, der Arzt wolle ihm an den Kragen. Das will der gar nicht.

Schmitz faßt neuen Mut: »Herr Doktor, diese ganze MPU, die Staatsanwaltschaft, der anstehende Gerichtstermin, das alles wird dazu führen, daß ich zukünftig keinen Tropfen mehr anrühre, wenn ich noch fahren muß. Ich habe echt die Schnauze voll.«

Der Arzt lacht: »Tja, das glaube ich Ihnen. Da hängen für Sie ja auch dramatische Konsequenzen dran, oder?«

»Ja, ich brauche natürlich meinen Führerschein.«

Der Arzt nickt. »Könnte man sagen, daß Sie, Herr Schmitz, zur Zeit in einem Lernprozeß stecken? Und daß das Ergebnis dieses Lernprozesses ist, daß Sie zukünftig noch vorsichtiger mit Alkohol umgehen werden?«

Mein Gott, baut der mir goldene Brücken, denkt Schmitz und beeilt sich mit der Antwort: »Ja, Herr Doktor, so könnte man das formulieren.«

Der Arzt nickt und klappt die Akte zu. »Dann erzählen Sie das mal nachher genau so Herrn Dr. Nahe, dem Psychologen, daß Sie in einem Lernprozeß stecken. Und nun wünsche ich Ihnen gutes Gelingen.«

Puh, denkt Schmitz, das ist gerade noch einmal gutgegangen.

»Auf Wiedersehen, Herr Doktor«, sagt Schmitz erleichtert.

»Na, hoffentlich nicht ...«, lacht der Arzt und begleitet Schmitz zur Tür.

Inzwischen ist es Mittag geworden.

Schmitz entscheidet sich für einen Spaziergang, um sich etwas zu entspannen. Er ist wirklich sehr nervös.

Dieser MPU-Test, das ist ihm jetzt bereits klar, ist sehr belastend und irgendwie auch etwas beschämend. Wenn er sich vor Augen hält, welchen Aufwand er hier betreiben muß, nur um einen an sich normalen Zustand wiederherzustellen, nämlich einen Führerschein zu besitzen, den er seit Jahren bereits in der Tasche hatte. Das Gespräch mit dem netten Arzt geht ihm immer wieder im Kopf herum. Schmitz hatte das Gefühl, es mit einem wirklich warmherzigen Mann zu tun zu haben. Vielleicht wird die ganze Sache noch gut ausgehen, denkt er. Dann kauft er sich an der Pommesbude eine Currywurst mit Brot. Es schmeckt ihm – das ist ein wirklich gutes Zeichen.

Um dreizehn Uhr dreißig geht es weiter.

Herr Schmitz geht wieder in den Raum 311 in der dritten Etage. Dr. Rhein ist bereits da und strahlt wie vorhin Freundlichkeit und Wärme aus.

Netter Typ, denkt Schmitz. Sollte man dem gar nicht zutrauen, so einen gemeinen Job zu machen. Ob der schon mal zu schnell in eine Radarfalle gefahren ist? Und dann auch noch angetrunken? Bestimmt nicht. (Da irrt Herr Schmitz. Eine Studie hat ergeben, daß von der MPU alle, aber auch wirklich *alle* sozialen Schichten, Berufsgruppen und Bildungsstände betroffen sind. Vom Richter am Landgericht bis zum Jugendlichen, vom Bundeswehrsoldaten bis zum Professor der Universitätsklinik. Das sollte Sie als Leser allerdings nicht beruhigen.)

Dr. Rhein vergewissert sich, daß seine Schäfchen alle wieder da sind, steht lächelnd auf und sagt: »Nun gut, ich hoffe, Sie hatten etwas Erholung von dem Streß des Vormittags. Wir kommen nun zu ein paar Testbögen, die Sie ausfüllen sollen. Ich gebe Ihnen jetzt den ersten der Testbögen. Bitte tun Sie nur das, was oben im Kopf des Bogens beschrieben steht, mehr nicht.

Schmitz sieht sich den Bogen an.

O mein Gott, denkt er, das kann ja was werden. Er füllt schnell die Namenszeile aus und fängt an, den Test zu bearbeiten.

Der ganze Bogen ist voll mit Buchstaben. Alles **p** und **d** und **b** und **q**. Schmitz soll alle **d** einkringeln. Aber nur die **d**. Nichts anderes.

Er kringelt die **d** ein und kringelt und kringelt. Die Konzentration läßt langsam nach. Er streicht ein **q** an, streicht es wieder durch, dann verschwimmen die Buchstaben vor seinen Augen. Er hat gerade mal die halbe Seite geschafft, als Dr. Rhein sagt: »So, bitte hören Sie jetzt auf zu arbeiten und legen den Bleistift weg, bitte nicht mehr schreiben ...«

Dr. Rhein geht an den Reihen vorbei, sammelt die Bögen ein und legt sie in seine Mappe. Dann verteilt er den nächsten Bogen.

Er erklärt: »Bei dem nächsten Bogen geht es um logisches Denken. Bitte tun Sie nur das, was in der Regieanweisung steht. Ach und natürlich, füllen Sie die Namenszeile aus.«

Schmitz wird etwas mulmig zumute. Zu Logik und Mathe hatte er schon immer ein etwas kriegerisches Verhältnis. Das war bereits in der Schule so.

Er sieht sich die drei Bögen an. Auf dem ersten sind Würfel zu sehen, wie man sie bei jedem Würfelspiel benutzt, Seven Eleven oder so.

Die Zeichnungen sind sehr gut gemacht. Von den Würfeln sind immer drei Seiten zu sehen, drei Seiten verdeckt. Und man muß ankreuzen, in welche Richtung man den Würfel drehen müßte, um das rechts daneben stehende Würfelbild zu erreichen.

Schmitz schwitzt anständig.

Er kombiniert: Wie war die Summe der gegenüberliegenden Seiten eines Spielwürfels?

Er schafft von den achtzehn Würfelbildern nur zwölf, dann ist die Zeit vorbei, und Dr. Rhein sammelt die Bögen ein. Langsam wird die Sache anstrengend, denkt Schmitz. Außerdem wäre eine Kaffeepause nicht schlecht.

»Wir machen jetzt eine viertel Stunde Pause«, sagt Dr. Rhein, nimmt seine Mappe unter den Arm und verläßt den Raum.

Herr Schmitz ist beruhigt. Erst mal einen Kaffee trinken. Viel kann ja nicht mehr kommen, denkt er.

Nach der Pause versammeln sich die Teilnehmer wieder im Raum 311.

Der Testleiter verteilt die nächste Serie Testbögen. Diesmal kommt Schmitz sich vor wie bei der Fahrprüfung. Er hat drei Bögen vor sich liegen, die nicht nur aussehen wie Fahrschulprüfbögen, es sind wirklich welche.

»Warum ist die Talfahrt im Gebirge gefährlicher als die Bergfahrt?« steht dort.

Schmitz fällt auf, daß er die Antwort nicht ankreuzen kann, sondern ausformulieren muß. Dazu sind extra drei leere Zeilen neben die Frage gedruckt.

Doch keine Fahrschulbögen.

Schmitz schreibt: »Weil bei versagender Bremse sich die Geschwindigkeit des Fahrzeuges bei Talfahrt steigert«; er ist richtig stolz auf diese präzise Formulierung.

Nächste Frage: »Sie bremsen mit Ihrem Fahrzeug: Welche Faktoren bestimmen den Bremsweg?«

Ganz klar, denkt Schmitz: Geschwindigkeit, Straßenbeschaffenheit, Temperatur, Wetter, Masse des Fahrzeuges, Griffigkeit der Bremsen, Reaktionsfähigkeit des Fahrers.

Nächste Frage …

Nächste Frage …

Schmitz braucht eine dreiviertel Stunde für diesen Test. Die anderen benötigen mehr Zeit. Das beruhigt ihn. Jetzt hat er das Gefühl, erfolgreich durch den Test zu kommen.

Es ist inzwischen bereits fast fünfzehn Uhr.

Das kann ja nicht mehr lange dauern. Der Testleiter hat gesagt, um Viertel nach vier bin ich hier raus.

Dr. Rhein sagt: »Der letzte Test für heute, meine Damen und Herren. Sie erhalten hier einen Bogen, auf dem sehen Sie zwei Zeilen. Auf der oberen Zeile stehen die Buchstaben von A bis E. Darunter stehen die Ziffern 1 bis 5. Ich zeige Ihnen nun eine Serie von Dias. Sie sollen richtig zuordnen, welcher Buchstabe jeweils mit welcher Ziffer durch eine weiße Linie verbunden ist. Es geht los.«

Schmitz hat nicht ganz verstanden, aber es geht ja schon los.

Fragen diesmal ausgeschlossen.

Schmitz konzentriert sich auf die Leinwand.

Dann kommt das erste Dia, kaum zwanzig Sekunden, dann kommt schon wieder ein Dia und dann das nächste. Insgesamt zwölf Stück, und jedesmal komplizierter. Aber er kreuzt richtig an.

A ist verbunden mit 4, E ist verbunden mit 5, B ist verbunden mit 2 und so weiter …

Mein Gott, was für ein Streß.

Es ist halb vier.

Die Tests sind erledigt. Dr. Rhein hat sich verabschiedet.

Schmitz ist so ziemlich alles egal.

Er möchte nur noch Ruhe, leise Musik, ein Glas Wein und nie mehr im Leben Auto fahren. Er hat die Nase voll von diesem Streß.

(Das ist der Grund, warum die Gespräche mit dem Psychologen immer am Schluß der Untersuchung stattfinden. Menschen verhalten sich unter Streßeinwirkung so, wie sie wirklich sind. Sie haben nicht mehr die emotionale Kraft, eine »Show« abzuziehen. Menschen unter starker Streßeinwirkung können nicht mehr lügen. Das wissen die Psychologen.)

Schmitz fährt in die fünfte Etage.

Er hat als Gesprächspartner einen sehr jungen Psychologen, Dr. Nahe. Der Typ dürfte höchstens dreißig sein, denkt Schmitz mit einem gewissen Respekt.

Der Psychologe ist sehr freundlich und überaus verbindlich. Er unterhält sich mit Schmitz über alles mögliche, Familie, Ferien, Sport, Alkohol, über den Job, Schmitz' Ehe und über die MPU. Nettes Gespräch eigentlich, denkt Schmitz.

Schmitz ist völlig überrascht, als der Psychologe ihn einfach verabschiedet. Der hat gar nicht gebohrt, keine brennenden Fragen gestellt oder so. Eigentlich hat man gar nicht gemerkt, daß es ein Psychoklempner ist. Schmitz ist wirklich erstaunt.

»Und was ist nun das Ergebnis ...?« fragt Schmitz mutig an der Tür.

»Schicke ich Ihnen zu, Herr Schmitz. Steht im Gutachten.«

»Aber, bitte, was steht da drin? Bin ich durch, habe ich bestanden?«

Schmitz wundert sich über seinen eigenen Mut und sagt sich: Jetzt hör auf, es reicht, geh einfach raus.

»Auf Wiedersehen, Herr Dr. Nahe.«

»Na, hoffentlich nicht«, lacht der Psychologe.

Das kommt Schmitz mächtig bekannt vor. Scheint ein beliebter Spruch in diesem Haus zu sein.

Der MPU-Test ist endlich vorbei.

Herr Schmitz hat nun nur noch einen Wunsch: nach Hause und ausruhen. Der Tag hat ihm gereicht. Wenn er nun beurteilen sollte, ob er durchgekommen ist oder nicht – er könnte es nicht sagen. Je länger er über die Frage nachdenkt, um so ratloser wird er. Er weiß es wirklich nicht.

Schmitz geht in die Cafeteria und bestellt sich einen Kaffee und einen Cognac. (Aber Vorsicht: Hoffentlich sieht das keiner.)

Er ruft von dort seine Frau an und bittet darum, daß sie ihn abholt.

Eine halbe Stunde später ist Elke da.

Schmitz steht schon vor der Tür, auf der Frankfurter Straße.

Es regnet.

Elke fragt liebevoll: »Na, wie ist es gelaufen … alles in Ordnung?«

»Kann ich nicht sagen, Elke, wirklich nicht. Ich weiß nur eins … nie wieder rasen, nie wieder trinken und fahren.«

Wie laufen die Testverfahren ab?

Bei der MPU kommen einerseits psychologische Testverfahren zur Anwendung, andererseits wird »exploriert«.

»Explorieren« bedeutet »entdecken« (ein Begriff aus dem Lateinischen).

Unter »Explorieren« verstehen die Psychologen »tiefenpsychologische Analysegespräche«, wo es etwas zu entdecken gibt.

Beide Verfahren, die Tests und das Explorieren, führen zu einem Untersuchungsergebnis – einem eher positiven oder einem negativen.

Psychologische Tests sind dem Wortsinne nach reine Prüfverfahren. »Test« steht für »Zeugnis«, »Probe«, »Wertbestimmung«, »Prüfung« oder »Beweis«.

In diesem Sinne begegnet uns der Begriff »Test« im täglichen Leben immer wieder und so oft, daß er inzwischen ein integraler Bestandteil der Sprache ist und längst dem deutschen Sprachvolumen gutgeschrieben wurde.

Tests begleiten unser Leben, vom Matratzentest über den Schnuppertest, von Testwochen bis hin zu den nutzlosen Dummentests mit Themen wie: »Sind Sie eine gute Liebhaberin?«

Diese Tests werden von den Testprofis nicht ernst genommen. Sie heißen übrigens im Psychologenjargon »Bäumchen-Test«, weil sie meistens in den bunten, den »grünen« Blättern zu finden sind.

Unsere Kinder schreiben in der Schule einen Mathetest, und der Staat überprüft mit einem Testverfahren die Verfassungstreue seiner Bewerber für den öffentlichen Dienst.

Also: Mit Tests läßt sich offenbar alles oder fast alles klären, oder nicht?

Tatsächlich dienen psychologische Tests dem Ziel, etwas zu klären. Als solche klärenden, psychologischen Tests verkörpern Testverfahren die immer noch in der Öffentlichkeit vorherrschende Meinung, man könne, ausgestattet mit der geeigneten Methode, Menschen exakt vermessen und durchschauen.

Die Psychologinnen und Psychologen haben wenig Veranlassung, diesen Mythos zu durchbrechen; schöpfen sie doch einen guten Teil ihrer sozialen Anerkennung und wissenschaftlichen Reputation aus der Tatsache, daß kaum jemand durchschaut, was in den Testverfahren wirklich abläuft. Insoweit ist die Arbeit der Psychologen eine ziemlich undurchsichtige Angelegenheit für den Laien.

Nicht nur beim psychologischen Dienst der Technischen Überwachungsvereine, der DEKRA und den amtlich anerkannten Untersuchungsstellen wird getestet, auch bei Einstellungen von Arbeitskräften, im schulpsychologischen Dienst, bei der Berufsberatung, in der Bundeswehr – überall treffen wir auf psychologische Testverfahren, die denen in der MPU sehr ähnlich sind.

Die Methoden und Verfahren ähneln sich also in vielen Bereichen, ja in fast allen Bereichen. Das ist nur logisch. Es spielt keine Rolle, ob ich einen Mann oder eine Frau im Dienst der Bundeswehr teste oder im öffentlichen Dienst der Finanzverwaltung oder bei Banken, Handel und Gewerbe.

Die Testmethoden und Testtypen sind immer die gleichen.

Das funktioniert, weil es sich um Menschen handelt, die in vielen Wesenszügen auch sehr ähnlich oder gleich sind. Das gilt ganz besonders in gleichen Kulturkreisen und gleichen soziologischen Gruppen.

Die sogenannte soziale Unterschicht verhält sich in München ähnlich wie in Kassel, die Gruppe der Mittelschicht verhält sich in relevanten Lebensbereichen in Ulm nicht anders als in Leipzig usw.

Die Psychologen des psychologischen Dienstes der Technischen Überwachungsvereine und der anderen amtlich anerkannten Untersuchungsstellen arbeiten also mit psychologischen Methoden und Vorgehensweisen, die sich offenbar allgemein bewährt haben.

Unter einer psychologischen Untersuchung im Sinne der MPU versteht der Psychologe die Anwendung von Methoden, die unter ziemlich genau definierten Bedingungen die Entnahme repräsentativer Informationen aus dem Werterepertoire der zu testenden Person zulassen.

Auf der Grundlage dieser Verhaltens- und Wertestichproben schließt der Psychologe auf Leistungsfähigkeiten, Motivationen oder Einstellungen der zu testenden Person.

Das beobachtete Verhalten ist also der Indikator für ein Indikandum. Unter »Indikandum« verstehen die Psychologen das tatsächlich interessierende Merkmal, das hinter dem Verhalten steht.

Ein klassisches Beispiel: Ein junger Mann baut sich einen Spoiler auf einen Kleinwagen, lackiert das schon alte Auto knallrot, legt den Wagen fünf Zentimeter tiefer, zieht breite Reifen auf das Auto, klebt »The Art of Entertainment« in das Heckfenster und den Aufkleber »Follow me, if you can« auf den Kofferraumdeckel.

Womit haben wir es hier zu tun? Wir haben es hier mit einer Gruppe sogenannter psychologischer Indikatoren zu tun, und zwar

- junger Mann
- Kleinwagen
- Spoiler
- rot lackiert
- tiefer gelegt
- breite Reifen
- Aufkleber im Heckfenster
- Aufkleber »Follow me, if you can«

Aus diesen leicht beobachtbaren Indikatoren läßt sich vergleichsweise mühelos das dazu passende Indikandum schließen.

Das Indikandum stellt immer eine Frage: Was steckt dahinter, was ist der Wertebegriff, der im Repertoire der Testperson zu finden ist?

Also schauen wir uns das Beispiel näher an:

- Junger Mann möchte Potenz demonstrieren: Spoiler, rot lackiert.
- Er ist schnell: Spoiler, tiefer gelegt, breite Reifen.
- Er ist aggressiv: tiefer legen, am Boden haften, nicht verdrängen lassen, die Spur halten, auch gegen Widerstände.
- Er ist schon da, er tritt stark auf: breite Reifen, nicht verdrängen lassen.
- Er will Action, da ist Musik drin: Aufkleber im Heckfenster.
- Er ist schneller als andere, er ist schon da, er ist ausgeschlafen: »Follow me, if you can.«
- Abgrenzung gegenüber den anderen, die ihm nicht folgen können: »Follow me, if you can.«

Durch die Indikatoren definiert sich das Indikandum, und damit definiert sich die Selbsteinschätzung, das sogenannte Selbstbild der Testperson.

Wir alle haben ein Ich-Ideal, ein ideales Selbstbild von uns. Und wir alle tun uns sehr schwer damit, daß unsere Unzulänglichkeit immer wieder dafür sorgt, daß die Diskrepanz zwischen unserem Selbstbild und der schnöden Realität so erschreckend ist.

Wir sind im Kern unserer Persönlichkeit tatsächlich nicht so, nicht ganz so, wie wir es gerne sähen.

So möchte der junge Mann unseres Beispiels sich selbst so erleben und von der Welt so erlebt werden, wie oben beschrieben wurde. Ob er sich tatsächlich so erlebt oder ob er nicht eher mit den Indikatoren seine Selbsteinschätzung korrigieren möchte, das ergäbe ein Explorationsgespräch.

Jedenfalls muß seine Selbsteinschätzung nicht identisch sein mit der Fremdeinschätzung, die andere ihm entgegenbringen.

Gerade bei diesem vorgenannten Beispiel ist der Bezug zu den in den frühen neunziger Jahren so verlachten Manta-Fahrern naheliegend. Da hatte sich offenbar eine ganze Gruppe von jungen Männern mit einheitlichen Indikatoren versehen und sich damit definiert – auf eine Art definiert, die sogar den Nichtfachleuten (Nichtpsychologen) suspekt war. Die einzige Gruppe, die das kaum bemerkte, waren die Manta-Fahrer selbst. Die reagierten nämlich sehr aggressiv auf die veröffentlichten Witzbücher. Auch der Film »Manta Manta« wurde von allen belacht – nur von den Betroffenen nicht.

Das wiederum ist für Menschen, die in einer Verhaltensauffälligkeit stehen, ganz typisch. Sie sind in der Regel immer die letzten, die es merken.

Dieses Verhalten gilt auch für die MPU-Kandidaten. Annähernd jeder MPU-Kandidat ist zunächst der festen Überzeugung, daß ihm Unrecht geschieht. Besonders wenn er wegen Alkoholdelikten zur MPU muß.

Zurück zum Thema Testverfahren:

Testverfahren ermöglichen unter standardisierten, das heißt vereinheitlichten, beliebig wiederholbaren Bedingungen die beliebige, wiederholbare Informationsbeschaffung.

Das ist wie im Chemie-Unterricht. Ein Versuch ist erst dann ein Versuch, wenn er unter gleichen Bedingungen beliebig wiederholbar ist und zu einem signifikanten, das heißt wissenschaftlich erkennbaren und brauchbaren Ergebnis führt.

So auch in der Psychologie.

Es gibt zahlreiche standardisierte Testverfahren, beispielsweise über die intellektuellen Fähigkeiten von Menschen, deren Motivationen, Aggressionen oder emotionale Einstellungen und Haltungen.

Ziel eines solchen Testverfahrens ist es, eine bestimmte Gruppe von Menschen von einer anderen Gruppe möglichst präzise (wenn man bei psychologischen Verfahren überhaupt von »präzise« reden kann) zu trennen.

Noch »präziser« formuliert: das Verhalten der Personen im Sinne einer bestimmten Zielsetzung voneinander zu unterscheiden.

Der Gutachter möchte zum Beispiel erfahren, welche Personen im Vergleich zu anderen für eine bestimmte Tätigkeit besser geeignet sind. Dann hätten wir es mit einem Auswahltest zu tun, wie Industriebetriebe sie häufig mit Bewerbern durchführen.

Auch bei der MPU wird ein bestimmtes Testverfahren – auf der Basis des sogenannten MMPI-Tests – angewendet, das im wesentlichen drei miteinander verknüpfte Ziele verfolgt:

1. Ziel
Der Gutachter möchte erfahren, ob jemand die vielfältigen, komplexen Situationen des modernen Straßenverkehrs verantwortlich meistert, ohne sich und andere zu gefährden.

2. Ziel
Der Gutachter möchte erfahren, ob ein Fehlverhalten, etwa übermäßiger Alkoholkonsum, änderbar ist in ein neues, erwünschtes Verhalten, in diesem Fall Alkoholabstinenz.

3. Ziel
Der Gutachter möchte Kenntnis darüber erlangen, welche wesentlichen Charaktermerkmale den Menschen hindern oder fördern.

Es bestehen grundsätzlich zwei ganz unterschiedliche Möglichkeiten, psychologisch zu testen:

1. Möglichkeit
Man kann zwei Gruppen oder Personen miteinander vergleichen – und die für den Zweck bessere Person oder Gruppe austesten.

2. Möglichkeit
Man kann eine Gruppe oder Person mit einer gar nicht real existenten theoretischen »Normalgröße« vergleichen, also ein

»sozial erwünschtes Idealverhalten« aufstellen, eine Norm schaffen und diese zur Meßlatte machen.

Dann besteht die Möglichkeit, die Gruppe oder Person zu ermitteln, die dieser Norm am ehesten entspricht.

Diese zweite Möglichkeit wird bei der MPU mit einem Persönlichkeitstestverfahren angewendet.

Der Persönlichkeitstest orientiert sich also an einer theoretischen Normgröße: So und so und nicht anders sieht der verantwortungsvolle Verkehrsteilnehmer aus, die und die Merkmale hat er und die und die Eigenarten und Haltungen (Einstellungen). So und so hat er sich zu verhalten, damit er sozialverträglich in die gesellschaftliche Norm paßt. Wer nicht reinpaßt, ist »out of norm«, kurzum:

Er ist nicht geeignet – er fällt durch die MPU.

Ob diese Weise, an Menschen heranzugehen, gut oder verbesserungsbedürftig ist, spielt für unser Thema keine Rolle.

Es ist, wie es ist, und wird eher so bleiben, als daß es sich ändert. Seit Jahren arbeiten die TÜVs und die anderen Untersuchungsstellen nach dieser Vorgehensweise – und sie hat sich offenbar bewährt.

Es sind deutliche Bestrebungen der Fachausschüsse innerhalb der Regierungsgremien zu beobachten, die Schraube der MPU-Testverfahren noch weiter anzuziehen und zu standardisieren. Die nächste Novellierung des Straßenverkehrsrechts wird vermutlich noch drakonischer mit MPU-Kandidaten umgehen. Es ist auch nicht beabsichtigt, das Testverfahren auf der Basis des MMPI zu verändern oder sich davon zu verabschieden.

Das Testverfahren MMPI ist ziemlich umstritten. Ernstzunehmende Wissenschaftler, besonders an amerikanischen Hochschulen, bemängeln an diesem Testverfahren, das übrigens in allen Industriestaaten auf demselben Prinzip aufbaut, daß es zu viele Unwägbarkeiten berge, zu ungenau sei, zu interpretationsabhängig usw.

Professor George M. Rosenbaum von der Yale-Universität in den USA schrieb in der amerikanischen Fachzeitschrift »Psychology Today« im September 1995, daß das MMPI-Verfahren dem Psychologen einen Knüppel in die Hand gebe, der universell zu verwenden sei. Wie auch immer sich der Proband im Test verhalte, der Psychologe »kriegt ihn an den Haken«, wenn er das wolle.

Nun gut, das mag vielleicht in solcher Härte nicht immer ganz stimmen. Der amerikanische Wissenschaftler unterstellt, daß die Psychologen manipulativ arbeiten – und das widerspricht grundsätzlich deren Berufsethos.

Aber im Kern hat Rosenbaum recht: Das MMPI-Verfahren ist zumindest dann bedenklich, wenn ein Psychologe manipulieren will.

Nun, die Tests sind da, und es wird mit ihnen gearbeitet, sie zu ändern liegt nicht in unserer Macht. Das heißt, eine Möglichkeit, wenn auch eine extrem langwierige und aufwendige, gäbe es: Verfassungsklage einreichen wegen grundsätzlicher Verletzung von Persönlichkeitsrechten bei der Anwendung eines nicht mehr zeitgemäßen Testverfahrens – immerhin stammt die Grundvariante des MMPI aus den sechziger Jahren.

Viele Ärzte und Psychologen würden sich freuen, wenn diese Persönlichkeitstestverfahren nach dem Strickmuster des MMPI endlich vom Tisch wären und durch zielsicherere Verfahren ersetzt würden.

Aber noch sind sie nicht vom Tisch. Fast alle Untersuchungsstellen (ausgenommen ein paar freie Psychologen) arbeiten damit. Also richten wir uns in diesem Ratgeber danach und machen das Beste daraus.

Im Kapitel »Das wichtigste Testverfahren: der MMPI-Test« finden Sie ein komplettes Testbeispiel mit allen Auswertungsrastern und mit Empfehlungen, wie damit umzugehen ist.

Und nun zu den anderen Testverfahren …

Der Impuls-Reaktions-Test

Die Testanordnung ist sehr einfach.

Stellen Sie sich vor, Sie sitzen vor einem ziemlich großen Computerbildschirm.

Vor Ihnen liegt eine ganz normale Computertastatur.

Der Bildschirm ist auf schwarze Hintergundfarbe eingestellt. In unterschiedlichen Zeitabständen, zwischen einer Hundertstel und zwei Sekunden, erscheint auf dem Bildschirm an unterschiedlichen Orten eine etwa einen Zentimeter große, weiße einstellige Ziffer. Die Ziffer bleibt so lange auf dem Bildschirm sichtbar, bis Sie die dazu passende Tastaturtaste gedrückt haben.

Erscheint eine 6, müssen Sie die 6 auf der Tastatur drücken, bei einer 2 die 2 usw.

Der Computer mißt die Zeitverzögerung zwischen dem Erscheinen der Ziffer auf dem Bildschrim und dem Tastaturimpuls. Je schneller der Proband reagiert, um so besser. Der Test läuft fünf bis maximal acht Minuten.

Die ganz modernen Untersuchungsstellen arbeiten mit einem Kontaktbildschirm. Der Proband tippt mit dem Finger direkt auf die Ziffer am Bildschirm – und fertig.

Einige Untersuchungsstellen mit einem geringen Budget arbeiten nicht mit PCs, sondern mit uralten Kisten, dem »Kieler Determinationsgerät« oder mit dem sogenannten »Wiener Determinationsgerät«. Die Geräte wurden in den fünfziger Jahren entwickelt und haben echt antiquarischen Wert.

Prinzipiell funktioniert das Gerät genauso wie ein PC.

Stellen Sie sich eine Holzkiste vor, etwa sechzig Zentimeter breit, vierzig tief und zehn hoch. Die Holzkiste hat einen Deckel, der geschlossen ist. Auf dem Deckel, am oberen Längsrand, sind farbige Birnchen in einer Leiste angebracht, und zwar ein rotes, ein grünes, ein gelbes, ein blaues und ein weißes. Darunter sind farbige Tasten, die den Farben der Lämpchen entsprechen. Nun geht die Sache los:

Der Kasten fängt zu klickern und zu klackern an. Er schaltet mit einem Haufen Relais und unergründlich viel Kabelkram im Inneren die Lämpchen einzeln an und aus. Der Proband soll nun möglichst schnell die zur Lampe passende Taste drücken.

Das Tollste: Die gute alte Kiste mißt tatsächlich exakt die Zeitverzögerungen zwischen Lampenglühen und Tastendruck. Das macht richtig Spaß.

Der wissenschaftliche Wert dieser Testanordnung – ob PC-gestützt oder mit der Wiener Kiste – ist eher zweifelhaft. Jeder Flipper in der Kneipe fordert mehr vom Spieler.

Der Test ist der harmloseste in der ganzen MPU, eher eine Entspannungsübung.

Sie brauchen den Test nicht gesondert zu trainieren. Wenn Sie wollen: Spielen Sie eine Runde Super Mario mit dem Nintendo, und die Sache hat sich.

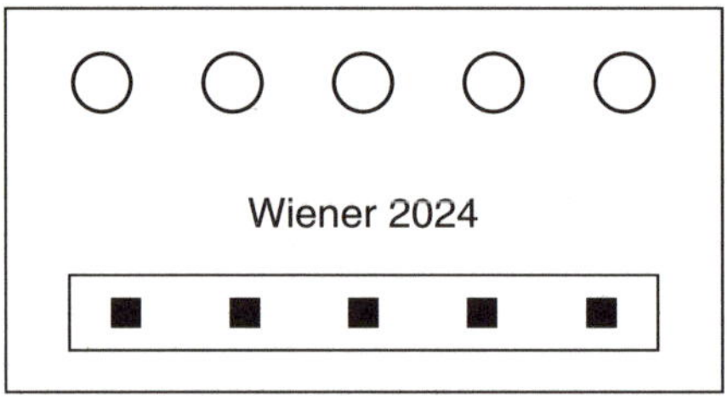

So etwa können Sie sich das »Wiener« Gerät vorstellen.

Der Test des Sehvermögens

Bei diesem Test wird das Nah- und Fern-Sehvermögen des Probanden getestet und die Fähigkeit, stereosphärisch oder stereoskopisch, das heißt räumlich zu sehen.

Zusätzlich wird das Farb-Sehvermögen (Farbenblindheit) getestet. Das geschieht mit den sogenannten »Ishihara-Tafeln« oder den »japanischen Mosaiken«. Das sind sehr bunte mosaikartige, farbige Bilder, in denen andersfarbige Ziffern versteckt sind. Nur derjenige sieht die Ziffern, der ein einwandfreies Farbunterscheidungsvermögen besitzt. Daran gibt es nichts zu deuteln. Entweder der Proband kann Rot von Grün unterscheiden – dann erkennt er im Mosaik die 3 –, oder er sieht die 3 nicht, dann ist Feierabend. Ein Farbenblinder kann nicht einmal die Signale einer Ampel aus der Ferne unterscheiden.

Falls der Kandidat Brillenträger ist, ist es sehr sinnvoll, vor der MPU bei einem Augenarzt eine Sehschärfenbestimmung durchführen und sich das Ergebnis aushändigen zu lassen. Das ist schnell erledigt und verhindert, daß ein Augenleiden, wie zum Beispiel einseitiger Strabismus (Schielen), zu einem negativen MPU-Gutachten führt. Denn: Der Arzt oder die Hilfskraft, die diesen Sehtest bei den amtlichen Untersuchungsstellen durchführt, geht sehr flott und formalistisch vor.

Wenn Sie zwar ganz gut sehen, aber das Ergebnis des Sehtests dennoch negativ ausfällt, was öfter vorkommt, kann die Sehschärfenbestimmung eines Augenarztes den Kandidaten davor bewahren, noch einmal zur MPU zu müssen.

Achtung: Gutachterstellen mit knappen Budgets arbeiten nicht mit High-Tech-Geräten. Dort lesen Sie Buchstaben von der Wand ab, wie anno dazumal beim Augenarzt. Das ist harmlos, da kann man kaum Fehler machen.

Da die Untersuchungsstelle kein digitales Meßgerät besitzt, muß die Gutachterstelle das Stereo-Sehvermögen mit einer Antiquität messen: mit den Schwänen. Und da kann man Fehler machen.

Der Proband bekommt ein merkwürdiges Gerät im wahrsten Sinne des Wortes vor die Nase gehalten.

Stellen Sie sich eine Brille ohne Gläser und ohne Bügel vor. Sie schauen durch diese »Brille« und haben in einer geraden Achse vor sich drei Pappkärtchen auf einem Steg, hintereinander angeordnet. Auf jedes der Pappkärtchen sind unterschiedlich große Schwäne gezeichnet.

Wenn Ihr Stereo-Sehen funktioniert, dann sehen Sie die Schwäne auf der vordersten Karte als Pärchen mitten unter den anderen Schwänen der mittleren Karte. Die Frage der Arzthelferin lautet dann: »Wo sehen Sie die vorderen Schwäne, vorn, in der Mitte oder hinten ...?«

So etwa sieht die Sache aus. Das Ganze ist nicht etwa ein Witz, sondern wurde in den vierziger Jahren dieses Jahrhunderts für Augenärzte entwickelt. Das Prinzip ist zwar simpel – aber es funktioniert.

Der d-Test und der g-Test

Der d-Test soll die Schnelligkeit und das sorgfältige Arbeiten des Probanden testen und Auskunft über seine Leistungsfähigkeit bei dauernder, gleichförmiger Belastung geben.

Methode dieses Testverfahrens ist es, herauszufinden, ob der Proband in der Lage ist, aus der Menge der ähnlichen Buchstaben **p, d, b** und **q** alle **d** zu erkennen. Der Proband hat den konkreten Auftrag, alle **d** einzukringeln – und zwar unter Zeitdruck. Der Proband hat für die Bearbeitung eines Blattes drei Minuten Zeit. Diese sehr knappe Zeitspanne ist so bemessen, daß kaum jemand einen solchen Testbogen in der theoretischen Sollzeit schaffen kann. Gemessen wird hier, *wie viele* Buchstaben oder Symbole der Kandidat in der knappen Zeit richtig erkannt hat.

Wenn eine Untersuchungsstelle diesen Test benutzt, dann erhält der Proband in der Regel eine DIN-A4-Seite.

Ein ähnliches Verfahren, der g-Test, verfolgt das gleiche Ziel mit einer ähnlichen Vorgehensweise. Beim g-Test werden dem

Probanden die Buchstaben **g** und **q,** manchmal auch noch das **p,** vorgelegt, in der Regel auch eine DIN-A4-Seite. Zusätzliche Schwierigkeit bei diesem g-Test-Verfahren ist, daß der Proband den Auftrag erhält, alle **g,** die einen Haken (oder zwei) haben, einzukringeln.

Welches der beiden Testverfahren zum Einsatz kommt, bleibt den jeweiligen psychologischen Instituten überlassen. Beide Tests tauchen in der Bundesrepublik Deutschland bei den psychologischen Untersuchungsstellen auf.

Der g-Test scheint zur Zeit der Favorit zu sein – aber das kann sich schnell ändern.

Manchmal »stricken« sich die amtlichen Untersuchungsstellen in Zusammenarbeit mit den psychologischen Instituten auch ähnliche Verfahren mit Symbolen oder Sternchen (der Sternchen-Test ist zur Zeit bei den Untersuchungsstellen ebenfalls häufig vertreten). Das Prinzip ist immer gleich.

Jedenfalls ist es für den interessierten Leser kein Problem, diesen Testtyp regelrecht zu trainieren. Dann geht auch alles gut.

Ich empfehle Ihnen, da Sie nicht wissen, welches der drei Verfahren zutreffen wird, alle drei Tests zu trainieren. Auf den folgenden Seiten sehen Sie Beispiele für den d-Test, den g-Test und den Symbol-Test. Ich empfehle Ihnen, die Tests auf DIN-A4 zu vergrößern.

Hier sehen Sie ein Beispiel für den d-Test. Kringeln Sie bitte alle d ein.

q d p b d p q d p b q d p q d p b d p d b p b q q d b d p d b d q b b d p
d q p b p p d p b d p q d p b q d p q d p b d p d b p b q q p b d p d b p
b q q p b d pd p b d p q d p b q d p q d p b d p d b p b d d q q d b d p
d d d b d q b b d p d q p b p p d p b d p q d p b q d p q d p b d p d b p
b q q p b d d p d b p b q q p b d p d p b d p q d p b q d p q d p b d p d
b p b q d q d b d p d b d q b b d p d q p b p d p d p b d p q d p b q d p
d q d p b d p d b p b q q p b d p d b p b q q p b d p d p b d p q d p b q
d p q d p b d p d b p b q q d b d p d b d d q b b d p d q p b p p d p b d
p q d p b q d p q d p b d p d b p b q d q p b d p d b pd b q q p b d d p
b d p q d p b q d p q d p b d p d b p b q q d b d p d b d q b b d p d q p
b p p d p b d p q d p b q d p q d p b d p d b p b q q p b d p d b p b q q
p b d p d p b d p q d p b q d p q d p b d p d b p b d d q q d b d p d d d
b d q b b d p d q p b p p d p b d p q d p b q d p q d p b d p d b p b q q
p b d d p d b p b q q p b d p d p b d p q d p b q d p q d p b d p d b p b
q d q d b d p d b d q b b d p d q p b p d p d p b d p q d p b q d p d q d
p b d p d b p b q q p b d p d b p b q q p b d p d p b d p q d p b q d p q
d p b d p d b p b q q d b d p d b dd q b b d p d q p b p p d p b d p q d
p b q d p q d p b d p d b p b q d q p b d p d b pd b q q p b d d p b d p q
d p b q d p q d p b d p d b p b q q d b d p d b d q b b d p d q p b p p d p
b d p q d p b q d p q d p b d p d b p b q q p b d p d b p b q q p b d p d p
b d p q d p b q d p q d p b d p d b p b d d q q d b d p d d d b d q b b d p
d q p b p p d p b d p q d p b q d p q d p b d p d b p b q q p b d d p d b p
b q q p b d p d p b d p q d p b q d p q d p b d p d b p b q d q d b d p d b
d q b b d p d q p b p d p d p b d p q d p b q d p d q d p b d p d b p b q q
p b d p d b p b q q p b d p d p b d p q d p b q d p q d p b d p d b p b q q
d b d p d b d d q b b d p d q p b p p d p b d p q b d p d b p b q q p b d p
d b p b q q p b d p d p b d p q d p b q d p q d p b d p d b p b d d q q d b
d p d d d b d q b b d p d q p b p p d p b d p q d p b q d p q d p b d p d b
p b q q p b d d p d b p b q q p b d p d p b d p q d p b q d p q d p b d p d
b p b q d q d b d p d b d q b b d p d q p b p d p d p b d p q d p b q d p d
q d p b d p d b p b q q p b d p d b p b q q p b d p d p b d p q d p b q d p
q d p b d p d b p b q q d b d p d b d d q b b d p d q p b p p d p b d p q b

Hier sehen Sie ein Beispiel für den g-Test. Kringeln Sie bitte alle g mit dem Zeichen ” darüber ein.

, ” , , ” ” ” , , ” , ” , ” , , ” ” ” , , ” , ”
g q g g q p g p q g p g g p p q g p g q g q g p p g q g g p g q p

” , , , , ” , ” , , , ” , ” , , , ” ” ” , , ” ” , ” , ” ,
g q g q p g g q g g q p g p q g p g g p p q g p g q g q g p p g q

, ” , , ” ” ” , , ” , ” , ” , , ” ” ” , , ” , ”
g q g g q p g p q g p g g p p q g p g q g q g p p g q g g p g q p

” , , , , ” , ” , , , ” , ” , , , ” ” ” , , ” ” , ” , ” ,
g q g q p g g q g g q p g p q g p g g p p q g p g q g q g p p g q

” , , , , ” , ” , , , ” , ” , , , ” ” ” , , ” ” , ” , ” ,
g q g q p g g q g g q p g p q g p g g p p q g p g q g q g p p g q

, ” , , ” ” ” , , ” , ” , ” , , ” ” ” , , ” , ”
g q g g q p g p q g p g g p p q g p g q g q g p p g q g g p g q p

” , , , , ” , ” , , , ” , ” , , , ” ” ” , , ” ” , ” , ” ,
g q g q p g g q g g q p g p q g p g g p p q g p g q g q g p p g q

” , , , , ” , ” , , , ” , ” , , , ” ” ” , , ” ” , ” , ” ,
g q g g q p g p q g p g g p p q g p g q g q g p p g q g g p g q p

” , , , , ” , ” , , , ” , ” , , , ” ” ” , , ” ” , ” , ” ,
g q g q p g g q g g q p g p q g p g g p p q g p g q g q g p p g q

, ” , , ” ” ” , , ” , ” , ” , , ” ” ” , , ” , ”
g q g g q p g p q g p g g p p q g p g q g q g p p g q g g p g q p

” , , , , ” , ” , , , ” , ” , , , ” ” ” , , ” ” , ” , ” ,
g q g q p g g q g g q p g p q g p g g p p q g p g q g q g p p g q

” , , , , ” , ” , , , ” , ” , , , ” ” ” , , ” ” , ” , ” ,
g q g q p g g q g g q p g p q g p g g p p q g p g q g q g p p g q

, ” , , ” ” ” , , ” , ” , ” , , ” ” ” , , ” , ”
g q g g q p g p q g p g g p p q g p g q g q g p p g q g g p g q p

” , , , , ” , ” , , , ” , ” , , , ” ” ” , , ” ” , ” , ” ,
g q g q p g g q g g q p g p q g p g g p p q g p g q g q g p p g q

” , , , , ” , ” , , , ” , ” , , , ” ” ” , , ” ” , ” , ” ,
g q g g q p g p q g p g g p p q g p g q g q g p p g q g g p g q p

” , , , , ” , ” , , , ” , ” , , , ” ” ” , , ” ” , ” , ” ,
g q g q p g g q g g q p g p q g p g g p p q g p g q g q g p p g q

” , , , , ” , ” , , , ” , ” , , , ” ” ” , , ” ” , ” , ” ,
g q g q p g g q g g q p g p q g p g g p p q g p g q g q g p p g q

, ” , , ” ” ” , , ” , ” , ” , , ” ” ” , , ” , ”
g q g g q p g p q g p g g p p q g p g q g q g p p g q g g p g q p

Hier sehen Sie ein Beispiel für den Symbol-Test. Kringeln Sie bitte alle ✺ ein.

Testverfahren, mit dem die Aggressionsbereitschaft getestet werden soll

Hier handelt es sich um den sogenannten Rosenzweig-Picture-Frustration-Test.

Der Test kommt aus dem Bereich der Psychoanalytik. Er soll darüber Auskunft geben, wie wir Menschen mit Aggression umgehen und gegen wen wir unsere Aggressionen richten.

Der Test zeigt in Form eines Comic-Buches ganz normale Lebenssituationen in einfachen Zeichnungen.

Zum Beispiel: Ein Auto fährt durch eine Pfütze und bespritzt einen Passanten mit Schmutz und Wasser.

Der Kandidat soll nun eine Sprechblase ausfüllen, und zwar die des bespritzten Passanten. Was würde der in einer solchen Situation sagen?

Aus der Summe der Aggressionsäußerungen in den Sprechblasen möchte der Psychologe schließen, gegen wen die grundsätzliche Aggressionsrichtung geht.

Die wissenschaftliche Beweisbarkeit und Signifikanz dieses Tests ist sehr umstritten. Nur wenige Untersuchungsstellen arbeiten mit diesem Rosenzweig-Picture-Frustration-Test.

Sie sollten, wenn Sie den Test vorgelegt bekommen, eher zurückhaltende und ausgewogene Antworten in die Sprechblasen schreiben. Nicht aggressiv reagieren, lassen Sie sich ruhig mal naß spritzen.

Sie könnten antworten: »Das kann ja mal passieren.« Oder: »Das hat der Fahrer bestimmt nicht absichtlich gemacht.«

Testverfahren, die die Intelligenz testen sollen

Nicht alle psychologischen Untersuchungsstellen arbeiten mit Intelligenztests, einigen ist das einfach zu mühsam. Mühsam ist nicht der Test selbst – aber die Auswertung. Und niemand macht sich mehr Arbeit als unbedingt nötig.

Ich stelle Ihnen hier drei Intelligenztests vor, die alle aus dem IST-70 entnommen sind. Der IST-70 ist ein weltweit sehr verbreiteter Intelligenz-Struktur-Test, der auch in vielen Bereichen der Wirtschaft und der Pädagogik verwendet wird.

Zum Beispiel arbeiten fast alle schulpsychologischen Dienste und die Arbeitsämter mit diesem Test, die Bundeswehr, Industriebetriebe usw. Der gesamte IST-70 ist sehr umfangreich.

Ernstzunehmende, verantwortungsbewußte Psychologen verwenden den IST-70-Test nur komplett, niemals in Ausschnitten.

Deshalb ist es mir schleierhaft, warum die psychologischen Untersuchungsstellen ihre Psychologen offenbar zwingen, den IST ausschnittweise zu mißbrauchen. Der Test hat, wenn er in Ausschnitten genutzt wird, bestenfalls einen gewissen Unterhaltungswert. Sein wissenschaftlicher Nutzen liegt dann schlichtweg bei Null.

Der TÜV und die DEKRA sehen das allerdings anders. Sie verwenden Ausschnitte davon, in der irrigen Annahme, daß dabei etwas Sinnvolles herauskäme. Weder vermittelt ein Ausschnitt ein Bild der einzelnen Intelligenzebenen, noch läßt er auch nur annähernd sicher einen IQ (= Intelligenzquotienten) festlegen, geschweige denn seriös ableiten.

Fast alle Untersuchungsstellen arbeiten mit den folgenden Ausschnitten.

Ausschnitt aus dem IST-70

Sie erhalten den folgenden Bildausschnitt:

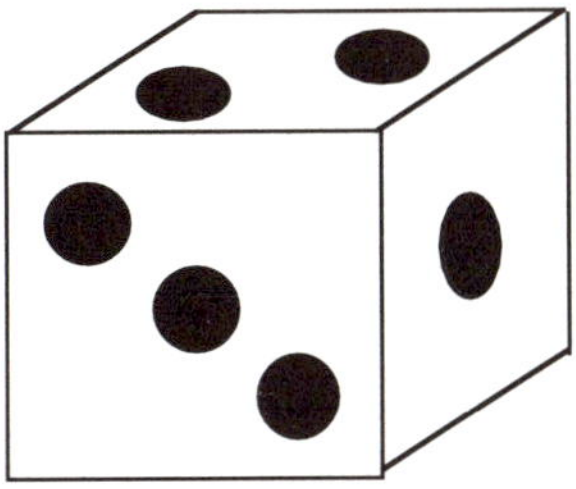

Ihre Aufgabe ist es, den Würfel zweimal nach rechts zu kippen, und einmal von sich weg.

Die Frage lautet: Welche Zahl liegt dann oben?

Dazu muß man natürlich wissen, daß die Summe der gegenüberliegenden Seiten eines Würfels immer sieben ergibt. Dann läßt sich die Sache recht leicht erledigen.

Der Kandidat erhält eine ganze DIN-A4-Seite mit zwölf bis achtzehn Würfeln und den Auftrag, die Würfel in einer bestimmten Weise zu kippen.

In unserem Beispiel ist die Lösung einfach: Die Zahl 3 muß oben liegen.

Ausschnitt aus dem IST-70

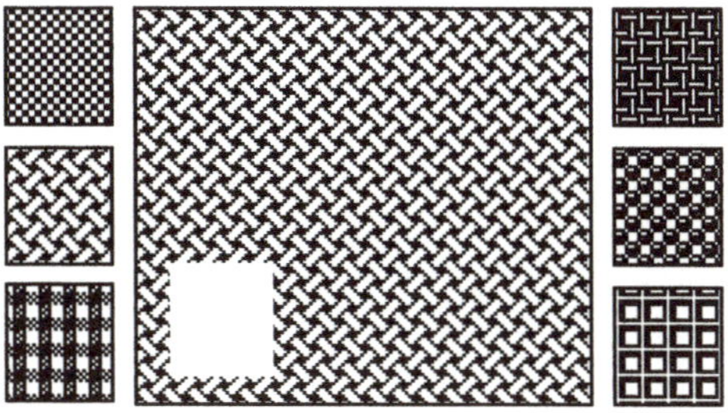

Bei diesem Beispiel geht es darum, das passende Teil aus den sechs zur Verfügung stehenden in das leere Feld des Rechtecks einzufügen.

In diesem Beispiel ist es das mittlere Teil der linken Reihe.

Der Proband muß etwa acht bis zwölf solcher Aufgaben lösen. Es kann auch sein, daß der Schwierigkeitsgrad dieses Tests sich von Set zu Set steigert. Das bedeutet, die Ähnlichkeit der angebotenen Muster wird immer größer.

Ausschnitt aus dem IST-70

Bei diesem Testverfahren soll der Proband entscheiden, welche Form entsteht, wenn er die Einzelteile richtig zusammenfügt.

Kommt ein Dreieck, ein Quadrat, ein Rhombus, ein Rhomboid oder ein Rechteck heraus?

In unserem Beispiel käme, richtig zusammengefügt, ein Rechteck heraus.

Allerdings habe ich es Ihnen auch wirklich leichtgemacht. Im realen Test sind sämtliche Teile so verdreht, daß die genaue Identifizierung der Gesamtform gar nicht so einfach ist.

Von diesen Darstellungen werden dem Probanden acht bis zehn vorgelegt, sofern dieser Ausschnitt überhaupt verwendet wird. Zur Zeit arbeiten die Untersuchungsstellen lieber mit den Würfeln und dem Muster-Fill-in-Test.

Das wichtigste Testverfahren: der MMPI-Test

Ich brauche Ihnen nun nicht mehr zu erklären, was der MMPI-Test ist. Was meine Kollegen und ich vom MMPI halten, wissen Sie auch. Und da befinde ich mich in allerbester wissenschaftlicher Gesellschaft, siehe die Kritik von Professor Rosenbaum.

MMPI bedeutet Minnesota Multiphasic Personality Inventory. Frei übersetzt würde das etwa heißen: der multiphasische Persönlichkeitstest der Universität Minnesota zur Darstellung des Werteinventars. Wir bösen Psychologen nennen das Biest gerne zynisch »Minnesota Mammut Plumps In«, was soviel wie »riesengroßer Reinfalltest aus Minnesota« bedeuten soll.

Aber ich möchte Ihnen erklären, wie er funktioniert.

Der Test beinhaltet eine riesige Menge Fragen, die alle gleich aufgebaut sind. Sie sollen jeweils entscheiden, ob die Aussage stimmt oder nicht. Die Fragen in diesem Test kommen aus den folgenden Bereichen:

- Charaktereigenschaften
- Schnelligkeit und Sorgfalt
- Verkehrswissen
- Neigung, die Wahrheit zu sagen
- Haltung zum Autofahren
- Haltung gegenüber anderen
- persönliche Belastbarkeit
- gesundheitliches Befinden
- Frustrationstoleranz
- Werdegang
- persönliche Werte und Haltungen

Sie werden schnell bemerken, daß die Fragen dieses Tests völlig durcheinander und in keiner systematischen Reihenfolge auftauchen.

Der Proband wird mit allen Bereichen sehr plötzlich und ohne jedes System konfrontiert.

Er kann in aller Regel nicht entscheiden, welche Antwort jetzt sinnvoll ist. Er ermüdet bei der Überlegung, was der Psychologe denn nun hören will.

Wenn Sie es für sinnvoll halten, diesen Test zu trainieren (o ja, ich halte das für sehr sinnvoll), tun Sie bitte folgendes:

Kopieren Sie die Testblätter im Copy Center oder vielleicht im Büro, dann können Sie dieses Buch auch mal einem Freund ausleihen, ohne sich direkt zu »outen«. Außerdem haben Sie dann die Möglichkeit, den Test mehrmals zu üben.

Insgesamt hat dieses Testverfahren an die fünfhundert Fragen.

Aber ich kann Sie beruhigen.

Nicht eine einzige aller Untersuchungsstellen in der Bundesrepublik Deutschland wäre bereit, ein Testverfahren mit fünfhundert Fragen zu veranstalten. Der Aufwand, diese Menge von Fragen auswerten zu müssen (die wenigsten Untersuchungsstellen arbeiten dabei mit EDV – meist wird der Test manuell ausgewertet), ist so hoch, daß die Untersuchungsstellen sich mit knapp der Hälfte der Fragen begnügen – häufig auch deutlich weniger. Also werden dem Probanden zwischen einhundertfünfundzwanzig und maximal zweihundertfünfzig Fragen vorgelegt.

Das Prinzip dieses tiefenpsychologischen Testverfahrens bleibt trotz des halbierten oder geviertelten Fragevolumens unverändert.

Es kann durchaus sein, daß die jeweilige Untersuchungsstelle die Fragestellungen des Testverfahrens verändert, allerdings nicht wesentlich.

Sie erhalten im nachfolgenden Beispiel fast den kompletten MMPI. Das hilft, sich an die manchmal haarsträubenden Fragestellungen zu gewöhnen.

Was können Sie nun tun, um den MMPI-Test erfolgreich zu bestehen? Die Fragen auswendig lernen?

Das wird Ihnen nicht gelingen, weil die jeweilige Untersuchungsstelle eine jeweils andere Fragezusammenstellung vornimmt – außerdem werden Sie über die Menge der Fragen stolpern.

Die sicherste Methode wäre: Verhalten Sie sich im Straßenverkehr so, daß Sie nie zu einem solchen Testverfahren eingeladen werden müssen.

Die zweitsicherste Methode wäre: sich an die Fragestellung zu gewöhnen und jeweils zu entscheiden, ob Ja oder Nein als Antwort in das grundsätzliche, sozial erwünschte und erwartete Normengefüge paßt.

Sehen Sie sich nun das Testverfahren ausführlich an.

TECHNISCHER-ÜBERWACHUNGS-VEREIN E. V.
MUSTERSTADT **TÜV**
Psychologisches Institut

Psychologische Untersuchungsstelle: ______________________
Untersuchender Arzt: ______________________
Untersuchender Psychologe: ______________________
Datum: ______________ Aktenzeichen: ______________________

Name und Anschrift bitte hier in Blockschrift eintragen:
Name: ______________________ Vorname: ______________________
Geburtsdatum: ______________ Geb.Ort: ______________________
Wohnort: ______________________ PLZ: ______________
Straße: ______________________Telefon: ______________
Tag der Untersuchung: ______________________

Sehr geehrte Dame, sehr geehrter Herr,

Im folgenden Test finden Sie eine Anzahl von Aussagen, die Sie auf ihre Richtigkeit hin überpüfen sollen. Zum Beispiel die Aussage:

Ein Auto ist erst so richtig komplett,
wenn viel Zusatzausrüstung eingebaut ist.

Sie sollen nun entscheiden, ob für Sie persönlich diese Aussage richtig ist oder ob sie falsch ist. Wenn Sie meinen, die Aussage ist richtig, dann kreuzen Sie JA an. Wenn Sie meinen, die Aussage ist für Sie falsch, das heißt, Sie persönlich finden, daß ein Auto nicht erst dann komplett ist, wenn viel Zusatzausrüstung eingebaut ist, dann kreuzen Sie bitte ein NEIN an. Bitte setzen Sie Ihre Kreuzchen immer in die Mitte des dafür vorgesehenen Kästchens und nicht etwa daneben. Dieser Fragebogen wird mit Hilfe elektronischer Datenverarbeitung ausgewertet. Sie haben für diesen Test ausreichend Zeit. Wenn Sie Fragen haben, wenden Sie sich an Ihren Testleiter.

Mit freundlichen Grüßen
TÜV in Musterstadt
Dr. L. Uzifer

		JA	NEIN
1	Ein Auto ist erst komplett, wenn viel Zusatzausrüstung eingebaut ist	☐	☐
2	Freundschaften schließen fällt mir ganz leicht	☐	☐
3	Ich habe ein gewisses Talent, mit anderen umzugehen	☐	☐
4	Ich schreie zurück, wenn mich jemand anschreit	☐	☐
5	Mich zu konzentrieren fällt mir schwer, besonders - beim Autofahren	☐	☐
6	Wer viel fährt, bekommt auch öfter Ärger - mit der Polizei	☐	☐
7	Andere blinken mich an, wenn ich vorsichtig fahre	☐	☐
8	Manchmal habe ich einen Kloß im Hals	☐	☐
9	Wenn wir zu mehreren sind, überkommt mich die Lust, irgendwelche groben Streiche zu machen	☐	☐
10	Alltägliche Schwierigkeiten bringen mich nicht aus der Ruhe	☐	☐
11	Ein Gaul, der nicht pariert, braucht die Peitsche	☐	☐
12	Im Grunde bin ich ein eher ängstlicher Mensch	☐	☐
13	Manchmal bin ich ein kleiner Angeber	☐	☐
14	Man muß nicht immer vor einer roten Ampel halten; bei leeren Straßen, nachts zum Beispiel, da fahre ich weiter	☐	☐
15	Wenn einer den Motor abwürgt, dann soll er am besten noch mal zur Fahrschule	☐	☐
16	Wenn ich Auto fahre, fühle ich mich wie ein anderer Mensch	☐	☐
17	Wenn ich in Zorn gerate, reagiere ich mich mit harter körperlicher Arbeit ab	☐	☐
18	Wenn ich plötzlich einen alten Freund treffe, möchte ich ihm am liebsten um den Hals fallen	☐	☐
19	Was andere über mich denken, ist sehr wichtig für mich	☐	☐
20	Irgendwie fühle ich, daß mein Lebenswandel nicht in Ordnung ist	☐	☐
21	Ich weiß nicht warum, aber manchmal könnte ich alles hinschmeißen	☐	☐

		JA	NEIN
22	Oft bin ich so schlecht aufgelegt, dann will ich nur allein sein	☐	☐
23	Es beunruhigt mich, was andere über mich denken könnten	☐	☐
24	Ich befinde mich selten in einer gedrückten Stimmung	☐	☐
25	Wenn sich etwas plötzlich bewegt, zucke ich schon mal zusammen	☐	☐
26	Ich weiß nicht so recht, was ich will	☐	☐
27	Ich rege mich zu schnell auf	☐	☐
28	Ich habe immer gute Laune	☐	☐
29	O ja, ich weiß, was Lampenfieber ist, aus eigener Erfahrung	☐	☐
30	Fremden kann man grundsätzlich nicht trauen	☐	☐
31	Meistens blicke ich gut gelaunt in die Zukunft	☐	☐
32	Morgens, nach dem Aufwachen, bin ich immer noch müde	☐	☐
33	Ich drohe manchmal – aber ich meine das nicht so	☐	☐
34	Beim Autofahren fühle ich mich irgendwie befreit	☐	☐
35	Ich halte mich für einen lebhaften Menschen	☐	☐
36	Ich esse gerne und auch manchmal viel	☐	☐
37	Es macht Spaß, wenn ich anderen Fehler nachweisen kann	☐	☐
38	Ich habe häufiger Verstopfung	☐	☐
39	Alte Knacker erkennt man sofort am Fahrstil	☐	☐
40	Meine Mutter meinte es selten gut mit mir	☐	☐
41	Ich bin ganz schön hektisch und rege mich auf	☐	☐
42	Bald werde ich ein noch besserer Autofahrer sein	☐	☐
43	Manchmal habe ich Stiche in der Brust	☐	☐
44	Im Straßenverkehr muß man sich durchsetzen – sonst kommt man nie ans Ziel	☐	☐
45	Ich kann mich manchmal nicht beherrschen, so stark ist meine Wut	☐	☐
46	Es regt mich auf, wenn ich daran denke, daß ich schon wieder Pech haben könnte	☐	☐

		JA	NEIN
47	Ich sage häufig Sachen, die ich nicht so meine	☐	☐
48	Ausländer können hier bei uns nicht Auto fahren, unser Verkehr ist zu dicht	☐	☐
49	Manchmal habe ich das Gefühl, daß ich keine Luft mehr bekomme	☐	☐
50	Ich habe die Fähigkeit, in eine lahme Gesellschaft sehr schnell Leben zu bringen	☐	☐
51	Manchmal habe ich alles gründlich satt	☐	☐
52	Wenn ich wirklich wütend bin, haue ich einem auch mal eine rein	☐	☐
53	Bedenkt man das Leid auf der Erde, dann möchte man manchmal gar nicht geboren sein	☐	☐
54	Ich raste schnell aus – aber ich fange mich dann auch schnell wieder	☐	☐
55	Beim Reisen unterhalte ich mich gerne mit Mitreisenden	☐	☐
56	Wenn mir jemand Unrecht tut, dann wünsche ich ihm die Pest an den Hals	☐	☐
57	Andere Leute für mich zu gewinnen, ist für mich kein Problem	☐	☐
58	Wenn jemand einem Freund etwas Unrechtes antut, dann bin ich dabei, wenn es darum geht, Rache zu üben	☐	☐
59	Wenn ich unter Streß stehe, dann fange ich an zu zittern	☐	☐
60	Ein Hund der nicht gehorcht, braucht eine harte Hand	☐	☐
61	Wenn ich mich ungeschickt benehme, dann ist mir das peinlich	☐	☐
62	Ich habe nicht den Mut, vor einer großen Gruppe von Menschen zu sprechen	☐	☐
63	Wenn sich alles gegen mich verschworen hat: Ich gebe nie auf	☐	☐
64	Ich leide häufiger mal unter Übelkeit oder Erbrechen	☐	☐
65	Ich habe mir schon über Dinge große Sorgen gemacht, die wirklich nicht wichtig waren	☐	☐

		JA	NEIN
66	Ein Abend in Gesellschaft ist mir lieber als irgendein anderes Hobby	☐	☐
67	Ich habe dauernd ein Hungergefühl	☐	☐
68	Wer mich beleidigt, dem haue ich eine runter	☐	☐
69	Ich grüble viel über mein Leben nach	☐	☐
70	Ich komme mit acht Stunden Schlaf nicht klar	☐	☐
71	Wenn es schlechten Menschen dreckig geht, dann finde ich das gut so	☐	☐
72	Ich bin manchmal ganz schön traurig	☐	☐
73	In Gesellschaft bin ich sehr ausgelassen	☐	☐
74	Bei Leuten, die freundlich zu mir sind, bin ich etwas skeptisch	☐	☐
75	Geschwindigkeitslimits sind häufig völlig unsinnig	☐	☐
76	Frauen fahren schlechter als Männer, weil sie so wenig technisches Verständnis haben	☐	☐
77	Ich kann mich nur schwer entscheiden	☐	☐
78	Es fällt mir schwer, bei Menschen, die ich mag, abweichende Meinungen zu vertreten	☐	☐
79	Ich fühle mich nur unter Menschen wohl	☐	☐
80	Ich träume tagsüber oft von Dingen, die doch nicht eintreten	☐	☐
81	Wenn wichtige Entscheidungen anstehen, bin ich immer sehr unsicher	☐	☐
82	Handeln ist allemal besser als Pläne schmieden	☐	☐
83	Man muß anderen Autofahrern sofort ihre Fehler zeigen und sie darauf aufmerksam machen	☐	☐
84	Es macht mir nichts, für eine gute Sache um Spenden zu bitten	☐	☐
85	Ich habe eine Menge gute Bekannte	☐	☐
86	Wenn mal was schiefgeht, da rege ich mich nicht groß auf	☐	☐
87	Ich bin unternehmungslustiger als andere Menschen	☐	☐
88	Alle Autofahrer müßten einen Schleuderkurs mitmachen, dann gäbe es weniger Unfälle	☐	☐

		JA	NEIN
89	Die meisten Autofahrer trinken mal ein paar Bier und können damit sehr sicher Auto fahren	☐	☐
90	Wenn wichtige Leute anwesend sind, werde ich schnell unsicher	☐	☐
91	Wenn mich jemand schlägt, dann schlage ich sofort zurück	☐	☐
92	Ich werde schnell verlegen	☐	☐
93	Ich würde gerne einen Beruf ausüben, bei dem ich viel unterwegs bin	☐	☐
94	Manchmal fange ich plötzlich an zu stottern	☐	☐
95	Wenn mich jemand verläßt, dann soll er dafür bestraft werden	☐	☐
96	Ich beschwere mich nie in einem Restaurant, egal wie schlecht das Essen oder der Service ist	☐	☐
97	Ich werde schneller müde als andere Menschen	☐	☐
98	Ich stelle mich gerne in den Vordergrund, wenn ich unter Leuten bin	☐	☐
99	Ich werde schnell rot	☐	☐
100	Ich könnte manchmal regelrecht explodieren	☐	☐
101	Ich pfeife und singe gerne beim Autofahren	☐	☐
102	Ich betrete Räume nicht gerne, wenn ich weiß, daß bereits Menschen da sind, die sich kennen	☐	☐
103	Ich treffe öfter Menschen, die ich nicht leiden kann	☐	☐
104	Ich laß mich von niemandem anmachen	☐	☐
105	Ich löse die Probleme mit Menschen durch Reden und vernünftiges Argumentieren	☐	☐
106	Jemanden fertigmachen macht mir Spaß	☐	☐
107	Eigentlich bin ich sehr zurückhaltend	☐	☐
108	Ich bin sehr gerne alleine	☐	☐
109	Wenn mich mal etwas aus der Fassung bringt, fange ich mich sehr schnell wieder	☐	☐
110	Ich ärgere mich über die anderen Autofahrer, die oft so miserabel fahren	☐	☐
111	Ich leide an Appetitmangel	☐	☐

		JA	NEIN
112	Autos mit bequemer Ausstattung sind mir die liebsten	☐	☐
113	Ich bin in meinen Gefühlen leicht verletzlich	☐	☐
114	Wenn mir jemand auf der Straße entgegenkommt, weiche ich niemals aus	☐	☐
115	Alltägliche Schwierigkeiten bringen mich schnell aus der Ruhe	☐	☐
116	Wenn man Erfolg haben will, muß man was riskieren	☐	☐
117	Manchmal verliere ich die Geduld und werde wütend	☐	☐
118	Als Autofahrer muß man sich durchsetzen	☐	☐
119	Wenn ich spazierengehe, dann nehme ich oft einen Stock mit und schlage damit Blumen die Köpfe ab	☐	☐
120	Als Kind war ich immer dabei, wenn es was zu prügeln gab	☐	☐
121	Nach einer Feier habe ich oft Lust, noch etwas zu unternehmen	☐	☐
122	Ich kann mich nur schwer auf meine Arbeit konzentrieren	☐	☐
123	Also, sehr gewissenhaft bin ich nicht	☐	☐
124	Leider gerate ich öfter mal in Wut	☐	☐
125	Ich bin selten traurig und niedergeschlagen	☐	☐
126	Ich halte nichts von körperlicher Gewalt	☐	☐
127	In der Verkehrssünderkartei in Flensburg sollten lediglich Verkehrsunfälle registriert werden	☐	☐
128	Ich träume oft von Lottogewinnen. Dann würde ich es den anderen zeigen	☐	☐
129	Wenn andere Kinder vom Lehrer eins draufgekriegt haben, dann hat mir das immer Spaß gemacht	☐	☐
130	Ich träume ziemlich oft tagsüber von Urlauben und Reisen	☐	☐
131	Meine Gedanken behalte ich besser für mich	☐	☐
132	Ich ärgere mich zu sehr über die anderen Autofahrer	☐	☐
133	Manchmal habe ich das Gefühl, daß andere über mich lachen	☐	☐

		JA	NEIN
134	Ich halte mich für sehr gesprächig	☐	☐
135	Manchmal bin ich traurig und weiß nicht warum	☐	☐
136	Man sollte Böses mit Gutem vergelten	☐	☐
137	Wenn ich aufgeregt bin, spreche ich lauter als sonst	☐	☐
138	Ich kann schnell entscheiden und handle dann auch sofort	☐	☐
139	Junge Fahrer fahren besser als alte	☐	☐
140	Viele Verkehrsunfälle entstehen rein zufällig	☐	☐
141	Die Gelbphasen an den Ampeln sind zu kurz	☐	☐
142	Nur wenige Dinge regen mich wirklich auf	☐	☐
143	Meine Hobbys sind nicht sonderlich gefährlich	☐	☐
144	Ich habe schon Geldbußen bezahlt, die überhaupt nicht gerechtfertigt waren	☐	☐
145	Wenn einem das Benzin ausgeht, sollte man ihn anständig bestrafen	☐	☐
146	Wenn mich jemand verbal angreift, werde ich wütend	☐	☐
147	Ich habe schon mal Tiere gequält	☐	☐
148	Ich lerne gerne neue Leute kennen	☐	☐
149	Ich nehme die Dinge, wie sie kommen, und gehe gelassen dran	☐	☐
150	Ich fange gerne Fliegen und schlage sie mit der Klatsche tot	☐	☐
151	Witze erzählen liegt mir nicht besonders	☐	☐
152	Wenn ich wütend bin, dann sage ich auch Sachen, die sehr gemein sind	☐	☐
153	Ich fühle mich so richtig wohl, wenn ich ein Buch lesen kann und meine Ruhe genieße	☐	☐
154	Ich lasse mich durch Störungen nicht aus der Ruhe bringen	☐	☐
155	Ich habe fast immer die passende Antwort parat	☐	☐
156	Bei Unternehmungen übernehme ich gerne die Führung	☐	☐
157	Bevor ich meine Wohnung verlasse, überprüfe ich noch einmal alle Schalter, Fenster und Türen	☐	☐

		JA	NEIN
158	Wenn andere an meiner Arbeit etwas zu kritisieren haben, höre ich mir das ruhig an	☐	☐
159	Oft tue ich Dinge, die ich danach bereue	☐	☐
160	Manchmal fühle ich ein Kribbeln in den Händen	☐	☐
161	Manchmal kann ich nicht anders, als anderen weh zu tun	☐	☐
162	Wenn ich etwas Bestimmtes wissen möchte, dann frage ich einen Freund	☐	☐
163	Mir fällt es schwer, bei einem Krach mit meinem Partner den ersten Schritt zu tun, wieder Frieden zu schaffen	☐	☐
164	Ich habe oft Meinungsverschiedenheiten mit anderen Menschen	☐	☐
165	Ich bin ein ziemlich ruhiger Typ und habe viel Geduld	☐	☐
166	Wenn jemand einen Fehler beim Fahren macht, muß man ihn sofort anblinken	☐	☐
167	Wenn jemand vor mir Angst hat, ist er selber schuld	☐	☐
168	Freunde sagen, ich hätte einige zu gefährliche Hobbys	☐	☐
169	Ich setze mich auch dann durch, wenn ich mit meiner Meinung alleine stehe	☐	☐
170	Lieber würde ich in einer Großstadt leben als auf dem Land	☐	☐
171	Gesetze nutzen den einfachen Menschen nichts	☐	☐
172	Gefahr reizte mich schon immer	☐	☐
173	Manchmal habe ich richtig Angst	☐	☐
174	Häufig habe ich kalte Hände und kalte Füße	☐	☐
175	Manchmal muß man auch über Dinge reden, von denen man nichts versteht	☐	☐
176	Ich kaue gelegentlich an den Fingernägeln	☐	☐
177	Wenn man mich ärgert, dann gibt es auch schon mal eins drauf	☐	☐
178	Irgendwie meint das Schicksal es nicht gut mit mir	☐	☐
179	Ich glaube, man hört mir manchmal nicht richtig zu	☐	☐
180	Ich habe das Gefühl, daß man mich nicht so richtig versteht	☐	☐

		JA	NEIN
181	In der Fahrschule war ich öfter mal anderer Meinung als der Fahrlehrer	☐	☐
182	Autofahren ist für mich das schönste Hobby	☐	☐
183	Wer sich unsicher fühlt, sollte nicht Auto fahren	☐	☐
184	Ich kann so wütend werden, daß ich alles kaputtschlage	☐	☐
185	Ich habe viel Pech gehabt mit den Behörden	☐	☐
186	Mein Reaktionsvermögen ist wirklich sehr gut	☐	☐
187	Ich verspreche Dinge, die ich dann nicht einhalte	☐	☐
188	Ich bin völlig frei von Vorurteilen	☐	☐
189	Mir ist es unangenehm, wenn ich von anderen dauernd beobachtet werde	☐	☐
190	Es ist mir unangenehm, wenn mir Leute über die Schulter schauen	☐	☐
191	Wenn ich aufgeregt bin, muß ich aufs Klo	☐	☐
192	Ich schlucke lieber meinen Ärger runter, als zuzuschlagen	☐	☐
193	Oft habe ich unterschiedliche Launen, das wechselt schnell	☐	☐
194	Ich kann besser Auto fahren als andere	☐	☐
195	Ich fühle manchmal, daß ich mein Leben nicht so richtig im Griff habe	☐	☐
196	Ich kann gut Witze erzählen	☐	☐
197	Man muß sich heutzutage dem Fahrstil der anderen anpassen	☐	☐
198	Manchmal schäme ich mich	☐	☐
199	Geschwindigkeitskontrollen sind unfair und auch ungenau	☐	☐
200	Anderen Fehler nachzuweisen macht mir diebischen Spaß	☐	☐
201	Manchmal bin ich außer Atem und bekomme Herzklopfen	☐	☐
202	Ich bin eigentlich nicht ängstlich	☐	☐
203	Ich lüge nie	☐	☐

		JA	NEIN
204	Wenn ich mich nicht so richtig wohl fühle, dann lasse ich das Auto stehen	□	□
205	Bei einem schweren Verkehrsunfall ist es zunächst wichtig, den Schuldigen festzustellen	□	□
206	Ich fahre nur Auto, wenn ich wirklich fit bin	□	□
207	Manchmal bin ich mürrisch und schlecht aufgelegt	□	□
208	Der schlechte Straßenzustand ist schuld an den vielen Unfällen	□	□
209	Ich habe auch schon mal Polizisten angelogen, die merken das nicht	□	□
210	Ab und zu erzähle ich auch mal Geschichten, die gar nicht stimmen	□	□
211	Ich weiß immer genau, wie schnell ich fahre, weil ich immer auf den Tacho schaue	□	□
212	Es müßte ein totales Alkoholverbot geben	□	□
213	Eigentlich könnte ich auf das Autofahren gut verzichten	□	□
214	Manchmal benehme ich mich nicht gut	□	□
215	Geschwindigkeitsbegrenzungen sind häufig unsinnig	□	□
216	Ich bin immer voller Tatendrang	□	□
217	Gerichte fällen merkwürdige Urteile	□	□
218	Je schwieriger die Verkehrssituation, um so besser komme ich mit dem Auto klar	□	□
219	Das Fahren auf engen Paßstraßen in den Bergen macht mir Schwierigkeiten	□	□
220	Ich habe öfter mal Erkältungskrankheiten	□	□
221	Beim Autofahren fühle ich mich ziemlich frei	□	□
222	Ich fühle mich manchmal morgens nicht wohl	□	□
223	Die meisten Leute fahren zu schnell	□	□
224	Merkwürdig, daß immer ich erwischt werde	□	□
225	Autofahren gibt mir eine gewisse Erfüllung	□	□
226	Meine Geschwister hatten es erheblich besser als ich	□	□
227	Ich finde, daß Schadenfreude ganz normal ist	□	□

		JA	NEIN
228	Ab einem Alter von 70 dürfte man nicht mehr Auto fahren	☐	☐
229	Ich habe schon einmal einen Verkehrsunfall verursacht, weil ich Pech hatte	☐	☐
230	Geschwindigkeitsmessungen finden immer an den falschen Stellen statt	☐	☐
231	Ich hatte schon immer viel Pech	☐	☐
232	Ich habe mitunter Geldsorgen	☐	☐
233	Ich fahre am liebsten allein, ohne Beifahrer	☐	☐
234	Es gibt viel zu viele Verkehrsschilder, die kann kein Mensch beachten	☐	☐
235	Manchmal ist das Leben richtig ungerecht	☐	☐
236	Ich weiß immer, wem ich meinen Ärger zu verdanken habe	☐	☐
237	Radarkontrollen tragen nicht zur Verkehrssicherheit bei	☐	☐
238	Mir wird manchmal heiß, und dann bekomme ich Schweißausbrüche	☐	☐
239	Ich lerne gern wichtige Menschen kennen	☐	☐
240	Die Polizei hat immer den längeren Arm	☐	☐
241	In unübersichtlichen Situationen bestehe ich nicht auf meinem Recht und erzwinge nicht die Vorfahrt	☐	☐
242	Wenn ich Streß habe, dann fahre ich schneller als sonst	☐	☐
243	Bei Schnee und Eis fahre ich besonders gerne, weil ich da beweisen kann, was ich draufhabe	☐	☐
244	Mir bleibt öfter mal die Luft weg, dann muß ich mich erst einmal beruhigen	☐	☐
245	Wenn wirklich ein Notfall ist, kann man sich auf Freunde nicht verlassen	☐	☐
246	Ich kenne meine Rechte als Autofahrer ganz genau	☐	☐
247	Ich habe häufiger mal Kopfschmerzen	☐	☐
248	Wenn man sechs kleine Bier getrunken hat, darf man zwei Stunden nicht mit dem Auto fahren	☐	☐
249	Tiere sind wirklich die besseren Freunde	☐	☐

		JA	NEIN
250	Autofahrer sind vorsichtiger als Motorradfahrer	□	□
251	Ich habe häufiger ein trockenes Gefühl im Mund	□	□
252	Von den Politikern bin ich enttäuscht, die machen so oder so immer, was sie wollen	□	□
253	Ich schimpfe manchmal laut auf andere Autofahrer – das hört ja niemand, wenn ich allein in meinem Auto fahre	□	□
254	Ich halte meine Versprechen immer ein	□	□
255	Mein Magen ist sehr empfindlich	□	□
256	Wenn ich ungerecht behandelt werde, rege ich mich nicht sonderlich darüber auf	□	□
257	Ich werde von anderen Fahrern oft angeblinkt	□	□
258	Ich war schon immer in Vereinen aktiv	□	□
259	Ich schlafe schlecht	□	□
260	Was andere von mir halten, ist mir ziemlich egal	□	□
261	Ich spüre gelegentlich ein starkes Pochen in den Schläfen	□	□
262	Ob zu Hause oder nicht – ich verhalte mich immer ziemlich gleich	□	□
263	Über Vergangenes braucht man sich wirklich keine Sorgen zu machen	□	□
264	Ich fahre lieber auf der linken Seite der Autobahn, da fühle ich mich sehr viel wohler	□	□
265	Ich fühle mich häufig sehr abgespannt und müde	□	□
266	Ich kenne eine ganze Menge von Leuten, kann aber nicht alle gleichermaßen gut leiden	□	□
267	Mit Klimawechsel und Wetterumschwung komme ich nur schwer klar	□	□
268	Wer ein guter Autofahrer ist, der kann auch in einem Stück von Hamburg nach München durchfahren	□	□
269	Ich bin einfach zu gutmütig	□	□
270	Ich bemerke öfter ein Zucken an meinen Lidern	□	□
271	Mein Partner ist häufig an allem schuld	□	□
272	Wenn ich mit meinem Partner Krach habe, setze ich mich ins Auto und fahre erst einmal ein Stück herum	□	□

		JA	NEIN
273	Ich erzähle gerne jedem meine Meinung	☐	☐
274	Die Fahrschule hat mir damals viel Spaß gemacht	☐	☐
275	Ich bekomme oft Herzklopfen, wenn brenzlige Situationen kommen	☐	☐
276	Die Bußgelder, die verhängt werden, sind zu hoch	☐	☐
277	Ich habe das Gefühl, daß ich mich nicht so richtig entspannen kann	☐	☐
278	Es passiert öfter mal, daß ich zu spät komme	☐	☐
279	Wenn ich mich sehr über etwas ärgere, dann spüre ich das am ganzen Körper	☐	☐
280	Ich spreche Fremde gerne in der Kneipe an	☐	☐
281	Manchmal fühle ich mich ruhelos	☐	☐
282	Als Autofahrer habe ich es schwerer als andere	☐	☐
283	Ich unterhalte mich sehr gerne mit Leuten, die ich noch nicht kenne	☐	☐
284	Ich kenne mich in der Ersten Hilfe sehr gut aus	☐	☐
285	Als Kind habe ich viel und gerne genascht	☐	☐
286	In Gesellschaft benehme ich mich besser als zu Hause	☐	☐
287	Ich habe in meinem Leben schon häufig gelogen	☐	☐
288	Mein Terminkalender ist selten auf einem aktuellen Stand	☐	☐
289	Ich habe auch Vorurteile, wie jeder andere	☐	☐
290	Zu dichtes Auffahren macht mich nervös	☐	☐
291	Die Prügelstrafe ist ein durchaus sinnvolles Erziehungsmittel	☐	☐
292	Ich habe Schwierigkeiten durchzuschlafen	☐	☐
293	Ich kann auch über unanständige Witze lachen	☐	☐
294	Ich hatte manchmal schon die falschen Freunde	☐	☐
295	Ich beherrsche mein Fahrzeug in allen Situationen, auch auf schwierigsten Strecken	☐	☐
296	Vor Antritt meiner Autofahrten kontrolliere ich alle wichtigen Komponenten des Autos	☐	☐
297	Ich habe öfter mal Blähungen	☐	☐

		JA	NEIN
298	Der Beruf des Fernfahrers ist der spannendste überhaupt	☐	☐
299	Wenn ich schlafen gehe, dann bin ich gar nicht mehr müde	☐	☐
300	Die Scheibenwischerblätter müssen immer regelmäßig gewechselt werden	☐	☐
301	Gefährliche Situationen meistere ich durch mein fahrerisches Können	☐	☐
302	Beim Fahren muß ich mich ständig zusammennehmen, damit ich nicht fluche	☐	☐
303	Ich kenne eine ganze Menge Leute, die blöd sind	☐	☐
304	Ich fahre so gut, ich würde die Fahrprüfung sofort wieder bestehen	☐	☐
305	Ohne Beifahrer macht mir das Fahren keinen Spaß	☐	☐
306	Ich bin schon öfter mit ein paar Gläschen »drin« gefahren	☐	☐
307	Ich kann es nicht leiden, wenn man meinen Fahrstil kritisiert	☐	☐
308	Wenn ich Streß am Arbeitsplatz habe, dann fahre ich riskanter als sonst	☐	☐
309	Manchmal bereue ich meine Fahrmanöver	☐	☐
310	Auch wenn ich müde bin, kann ich mich immer sehr gut konzentrieren	☐	☐
311	Sicherheitsgurte engen mich nur ein	☐	☐
312	Manchmal bin ich ziemlich lichtempfindlich		
313	Wenn ich nicht Auto fahren dürfte, dann hätte das Leben keinen Sinn mehr	☐	☐
314	Zu Hause benehme ich mich anders als in Gesellschaft	☐	☐
315	Beim Autofahren muß man immer aufpassen, damit man nicht in einen Unfall verwickelt wird	☐	☐
316	Auch beim Autofahren wäge ich Entscheidungen sehr sorgfältig ab	☐	☐
317	Ich ärgere mich zu oft	☐	☐
318	In der Hauptverkehrszeit fahre ich nicht gerne	☐	☐
319	Verkehrszeichen übersehe ich öfter mal	☐	☐

		JA	NEIN
320	Ich rede manchmal über Dinge, von denen ich nicht soviel verstehe	☐	☐
321	Auf Bundesstraßen und Autobahnen fahre ich immer langsam, weil ich mir die schöne Landschaft anschauen will	☐	☐
322	Wer ein gutes Reaktionsvermögen hat, der soll auch schnell fahren	☐	☐
323	Ich wünsche mir, daß mir das Autofahren leichter fiele	☐	☐
324	Mein Verkehrsverhalten hat mir schon Ärger gemacht	☐	☐
325	Ich denke beim Autofahren viel nach	☐	☐
326	Manche Fehler kann ich mir nicht verzeihen	☐	☐
327	Ich ärgere mich nicht darüber, daß andere schneller sind als ich, die sollen mich ruhig überholen	☐	☐
328	Mir macht das Autofahren wenig Spaß, wenn ich einen Fehler gemacht habe	☐	☐
329	In brenzligen Situationen habe ich schon oft einfach Glück gehabt	☐	☐
330	Ein Auto mit Beulen oder Kratzern fahre ich nicht gerne, da lästern die anderen über mich	☐	☐
331	Mir wird oft schwindlig	☐	☐
332	Manchmal muß ich wirklich stark bremsen, dann bekomme ich Angst	☐	☐
333	Ich sollte mal wieder in ein Lehrbuch schauen	☐	☐
334	Ich ärgere mich selten	☐	☐
335	Es ärgert mich, wenn mich jemand überholt	☐	☐
336	Es fällt mir schwer, auf einen anderen Autotyp umzusteigen	☐	☐
337	Autofahren macht mir schon manchmal ein paar Probleme	☐	☐
338	Wenn mein Beifahrer sich mit mir unterhält, kann ich mich nur schlecht konzentrieren	☐	☐
339	Autofahren macht mir schon lange keinen Spaß mehr	☐	☐
340	Nachts fahre ich sehr gerne, da geht es zügig voran	☐	☐

		JA	NEIN
341	Die vielen Regeln im Straßenverkehr sind oft unnütz	☐	☐
342	Ich habe ein großes Hobby: Auto fahren	☐	☐
343	Ich habe beim Fahren schon öfter einfach Pech gehabt	☐	☐
344	Ich habe im Laufe der Zeit vieles vergessen und sollte meine Kenntnisse zum Thema Verkehr wieder auffrischen	☐	☐
345	Ich überlege lieber länger, bevor ich mich auf ein Risiko einlasse	☐	☐

Das waren dreihundertfünfundvierzig Fragen aus dem berüchtigten MMPI.

Bevor Sie sich die Regieanweisungen anschauen, noch ein sehr wichtiger Hinweis: Es wird Ihnen in keiner Untersuchungsstelle eine solche Masse von Fragen begegnen. In der Regel werden es weniger Fragen sein. Dennoch ist es überaus wichtig, daß Sie das grundsätzliche Frageprinzip verstehen, um dann problemlos die Fragen in Ihrem Testverfahren abarbeiten zu können.

Nun zu den Auswertungen und Regieanweisungen.

Um festzustellen, ob eine JA-Antwort oder eher eine NEIN-Antwort sinnvoll ist, ist es günstig zu wissen, in welchen psychologischen Analysebereich die jeweilige Frage zielt. Dazu habe ich die Summe der Fragen auf die relevanten Analysebereiche aufgeteilt.

- Die folgenden Fragen sollen die persönlichen Einstellungen und die Wertvorstellungen überprüfen:
  226, 231, 235, 245, 249, 252, 269, 271, 292, 295.
  Regieanweisung:
  Wenn Sie eine miese Kindheit hatten, enttäuscht sind vom Leben, wenig Erfolg hatten, dann gehören Sie zu den Verlierern. Hüten Sie sich, diesen Eindruck zu hinterlassen.

Der Psychologe wird Ihnen niemals eine positive Prognose ausstellen, wenn er bei diesem Testblock den subjektiven Eindruck gewinnt, er habe es mit einem Verlierer zu tun. Positionieren Sie sich auf der Sonnenseite des Lebens – nicht auf der Schattenseite.

- Die folgenden Fragen sollen klären, ob der Kandidat zur Wahrheit tendiert oder ob er zum Lügen neigt:
  13, 187, 188, 198, 203, 204, 206, 207, 209, 210, 211, 213, 214, 216, 227, 232, 239, 254, 262, 264, 266, 272, 274, 276, 278, 284, 285, 286, 287, 289, 294, 297, 301, 304, 311, 315, 317, 318, 320, 321, 322.
  Regieanweisung:
  Bleiben Sie Realist bei der Beantwortung. Geben Sie schwache Seiten Ihrer Persönlichkeit zu. Spielen Sie nicht den Supermann, jeder hat ein paar kleine Fehler.
  Die Leitlinie muß allerdings sein: Ich gehe verantwortlich mit der Wahrheit um.

- Die folgenden Fragen sollen die psychosomatische Stabilität ermitteln:
  8, 32, 36, 38, 40, 43, 49, 64, 70, 97, 111, 130, 160, 174, 201, 220, 222, 238, 244, 247, 251, 255, 259, 261, 265, 267, 270, 275, 277, 279, 281, 293, 295, 298, 300, 313.
  Regieanweisung:
  Geben Sie keine wesentlichen psychosomatischen Störungen zu.
  Allerdings sollten Sie »kleinere Nervositäten« durchaus mit JA beantworten. Aber wenige ... Es gibt keinen Menschen, der völlig frei von psychosomatischen Symptomen ist.
  Die Leitlinie muß allerdings lauten: Ich bin gesund.

- Die folgenden Fragen sollen die persönliche Reizschwelle (Frustrationstoleranzgrenze, wann rastet jemand aus) ausloten:

10, 17, 27, 33, 41, 45, 47, 52, 54, 100, 113, 115, 117, 124, 132, 137, 146, 152, 165, 184.
Regieanweisung:
Sie dürfen ein wenig wütend werden, auch mal ein bißchen sauer sein – aber wirklich nur ein bißchen.
Achtung: Niemals körperliche oder psychische Gewalt gutheißen. Wenn Sie bei einer Frage zur Gewaltanwendung auch nur ein einziges JA ankreuzen, sind Sie aus dem Rennen.
Das gilt übrigens für alle Fragenbereiche des Testverfahrens.

- Die folgenden Fragen sollen die Einstellung zum Auto und zum Fahren ermitteln:
1, 16, 34, 42, 112, 118, 186, 218, 221, 225, 243, 246, 248, 268, 269, 296, 299, 302, 305, 307, 308, 312, 314, 339.
Regieanweisung:
Hüten Sie sich davor, sich als Autobegeisterter zu positionieren.
Wer sich beim Autofahren »befreit« fühlt oder »Geschwindigkeit« als Rausch erlebt, hat verloren.
Hinterlassen Sie niemals den Eindruck, daß das Auto sehr wichtig für Sie ist. Erleben Sie »Auto« als Nebensache, und antworten Sie auch so.
Wenn der Psychologe bei der Auswertung des Fragebogens auch nur im Ansatz den Eindruck erlangen kann, da habe er es mit einem fanatischen Autofahrer zu tun, ist Ihr Führerschein endgültig weg.
Denn: Begeisterte Autofahrer werden alles tun, um den Führerschein zurückzuerlangen, also auch lügen. Und, das haben Sie mit Hilfe dieses Buches gelernt: Menschen verhalten sich in gleichen Situationen gleich. Davon geht der Psychologe aus: Der Kandidat wird im Zweifel auch den Psychologen belügen.

- Die folgenden Fragen sollen die Einstellung zu gesetzlichen Regelwerken ermitteln:

6, 14, 75, 89, 127, 140, 141, 144, 171, 185, 199, 208, 212, 215, 217, 230, 234, 237, 240.
Regieanweisung:
Grundsätzlich gilt, daß jede Kritik an gesetzlichen Regelwerken zu unterlassen ist. Niemals auf die Polizei oder die Gerichte schimpfen.

- Die folgenden Fragen sollen die persönliche Belastbarkeit ermitteln:
5, 203, 219, 229, 233, 241, 242, 257, 282, 291, 306, 309, 310, 316, 319, 324, 335, 336, 339, 340, 341, 343, 345.
Regieanweisung:
Wenn Sie ein ganz normaler Mensch sind, werden Sie mit diesen Fragen keine Sorgen haben. Wenn Sie die Neigung haben, schnell nervös zu werden, oder schnell Angst bekommen, dann sollten Sie hier sehr vorsichtig sein. Ängstliche Menschen sind grundsätzlich schlechtere Autofahrer.
Also: Vorsicht beim Thema Angst.

- Die folgenden Fragen sollen die Einstellung und Haltung zu anderen Verkehrsteilnehmern ermitteln:
7, 15, 39, 44, 48, 76, 83, 88, 110, 116, 140, 145, 166, 181, 183, 192, 197, 223, 224, 228, 250, 253, 260.
Regieanweisung:
Der Straßenverkehr erfordert ein gewisses solidarisches Verhalten. Dokumentieren Sie partnerschaftliches Verhalten. Äußern Sie keine Aggressionen. Vorsicht mit Schuldzuweisungen – grundsätzlich gilt: Sie sind Ursache, nicht die anderen.

- Die folgenden Fragen sollen das persönliche Aggressionspotential des Kandidaten ausloten:
9, 21, 37, 67, 93, 106, 119, 121, 122, 123, 126, 128, 129, 147, 161, 163, 167, 169, 170, 172, 175, 176, 177, 179.

Regieanweisung:
Jeder Mensch hat sein spezifisches »Aggressionspotential«. Sie sollten darauf achten, daß Sie niemals wirklich »aggressiv« antworten. Lassen Sie die anderen in Ruhe, keine Schuldzuweisungen, niemanden bedrohen. Wenn Sie bei diesem Block aggressiv antworten, haben Sie den Test vergeigt.

- Die folgenden Fragen sollen die Neigung zu schlechter Laune klären:
  19, 20, 22, 46, 51, 53, 65, 69, 72, 80, 107, 108, 125, 131, 133, 135, 159, 164, 173, 178, 179, 180, 181, 193. 196.
  Regieanweisung:
  Wir Menschen schwanken in unseren Lebensäußerungen zwischen zwei extremen Polen: einerseits depressives Verhalten, wenn die Dinge nicht so rosig sind, andererseits euphorisches Verhalten (= manisches Verhalten), wenn die Dinge, die uns betreffen, gut laufen.
  Wie so oft im Leben liegt die Wahrheit in der Mitte. Äußern Sie Ausgewogenheit, neigen Sie nicht zu Trauer oder negativem Denken. Äußern Sie sich grundsätzlich positiv.

- Die folgenden Fragen sollen die Haltung zum Thema »Geselligkeit« und zum Verhalten im Kreise anderer Menschen ermitteln:
  2, 3, 18, 35, 50, 55, 57, 66, 73, 79, 84, 85, 87, 98, 108, 114, 134, 148, 149, 151, 155, 156, 162, 196, 258, 273, 280, 283.
  Regieanweisung:
  Hier wird es nun wirklich sehr schwierig. Wären Sie zu gesellig, dann neigen Sie latent zum Alkoholkonsum. Wären Sie zu eigenbrödlerisch, dann neigen Sie zum einsamen Trinken. Ich empfehle Ihnen, wenig Geselligkeit, aber ein bißchen schon.
  Äußern Sie sich nicht euphorisch gesellig, eher leise. Aber hüten Sie sich davor, als Einsiedler zu gelten. Dann geht dieser Testbereich schief. Eigenbrödler sind aggressiver, unsoli-

darischer und gemeiner. Und solchen Leuten gibt der Psychologe keine positive Begutachtung.

- Die folgenden Fragen sollen den Grad der persönlichen Gelassenheit und Ausgewogenheit ermitteln:
  24, 28, 31, 63, 82, 86, 101, 109, 136, 138, 142, 149, 154, 157, 158, 256, 263.
  Regieanweisung:
  Gelassene Autofahrer fahren sicherer und weniger aggressiv. Ausgewogenheit im Urteil, das Wissen darum, daß Wahrheiten in der Mitte liegen, ist wichtig in diesem Block. Positionieren Sie sich als gelassener Fahrer, der sich durch kaum etwas aus der Ruhe bringen läßt.

- Die folgenden Fragen sollen über Hemmungen und Gehemmtsein Auskunft geben,
  12, 25, 26, 29, 59, 61, 62, 77, 78, 81, 90, 92, 94, 96, 99, 102, 189, 190, 191, 194, 200, 202.
  Regieanweisung:
  Dokumentieren Sie, daß Sie nicht gehemmt sind. Menschen, die Angst haben, die bei jeder kleinen Gelegenheit zusammenzucken, Herzklopfen bekommen, sind grundsätzlich schlechtere Fahrer. Sie bergen ein statistisch erhöhtes Unfallrisiko in sich.
  Also, keine Hemmungen – aber Vorsicht: Ein oder zwei kleine Hemmungen sind ganz gut. Sonst könnte der Psychologe Ihnen Größenwahn unterstellen (Omnipotenzwahn).

- Die folgenden Fragen sollen die persönliche Durchsetzungsstärke ausloten:
  4, 11, 30, 56, 58, 60, 68, 71, 74, 91, 95, 103, 104, 105, 150.
  Regieanweisung:
  Durchsetzungsstärke ist grundsätzlich nicht negativ zu bewerten. Es sei denn, sie wird auf dem Rücken anderer ausgetragen.

Also: Keine Aggressionen äußern, nichts anderen in die Schuhe schieben. Aber durchaus eine ausgewogene Meinung vertreten.

Im MMPI-Testverfahren werden sogenannte »Filter« benutzt. Dies bedeutet, daß Fragen umformuliert nach einiger Zeit wieder auftauchen.

Zum Beispiel wird Frage 10 mit Frage 115 »abgefiltert«, Frage 12 mit Frage 202, Frage 36 mit Frage 111, Frage 117 mit Frage 165 usw.

Bitte schlagen Sie einmal nach und sehen Sie sich diese Fragen genau an. Die Fragestellungen sind gegenläufig, so daß der Proband, um logisch zu antworten, zwingend bei einer Frage JA und und bei der gegenläufigen NEIN ankreuzen muß.

In diesem Testverfahren nutzen die Gutachterstellen in aller Regel etwa zehn Pozent der Fragen als Filter.

In unserem Beispiel-Test, den Sie hoffentlich gerade gelesen haben, sind auch etwa zehn Prozent Filter enthalten.

Antwortet der Proband unlogisch, das heißt auf die »Frage« »Ich fahre gerne Auto« und auf die Filterfrage »Ich fahre nicht gerne Auto« jeweils mit »JA«, dann bedeutet das, daß er nicht ehrlich antwortet. Er lügt: Er verhält sich zielorientiert so, daß er die tatsächlich oder vermeintlich erwünschten Antworten vortäuscht.

Der Abstand der Filterfragen ist so angelegt, daß man sie in aller Regel 1. nicht entdecken und 2. sich wegen der Menge der Fragen nicht an ähnliche oder widersprechende erinnern kann.

Kommt der Computer bei der Auswertung des Testverfahrens dahinter, daß der Kandidat die Filter nicht logisch gelöst hat, kann es sein, daß der beurteilende Psychologe den ganzen Test nicht akzeptiert.

Er hat dafür auch eine logische Begründung: Wer ehrlich antwortet, muß zwangsläufig mit den Filtern klarkommen und hat damit keine Probleme. Den ehrlich antwortenden Probanden stören die Filter nicht.

Derjenige, der die Filter nicht logisch löst, lügt. Und wer einmal lügt, der lügt auch zweimal, Sie erinnern sich: Menschen verhalten sich in gleichen Situationen gleich.

Der Lügner hat also vermutlich auch bei den anderen Fragen, bei denen, die keine Filterfragen sind, gelogen. Und im Gespräch mit dem Psychologen gelogen.

Damit ist das Gesamtergebnis klar: positive MPU abgelehnt.

Ich könnte Ihnen nun eine Liste geben, in denen alle in diesen Beispiel-Test dieses Buches eingebauten Filter aufgezählt sind. Das würde dazu führen, daß Sie diesen Beispiel-Test mit ein bißchen Training hervorragend lösen würden.

Jedoch nützt Ihnen das gar nichts. Die Psychologen des TÜV, der DEKRA und der anderen amtlichen Untersuchungsstellen arbeiten zwar mit diesem Test – aber die Zusammenstellung der einzelnen Fragen ist sehr unterschiedlich.

Ich habe eine bessere Idee: Schauen Sie sich den MMPI-Test genau an. Lösen Sie ihn mehrmals. Identifizieren Sie genau, um welches Analyseergebnis es bei jeder Frage geht. Dann entdecken Sie das Prinzip der Filter nach kurzer Zeit fast automatisch. Und so können Sie keine Überraschung beim »Life«-Test mehr erleben.

Sie wären dann wirklich sehr gut gewappnet, zumindest was das MMPI-Testverfahren betrifft.

Das Gespräch mit dem Psychologen

Als ich meine ersten MPUs und Gutachten machte, das war vor rund zwölf Jahren, war ich baß erstaunt.

Geradezu erschrocken war ich darüber, mit welcher Leichtfertigkeit, ja Blauäugigkeit, die MPU-Kandidaten in diese Untersuchungen hineintapsten.

Die Probanden hatten von den Zielen, Risiken und von den Vorgehensweisen der Psychologen keine Ahnung. Unbekümmert kamen sie zum Termin, füllten alle Datenblätter und Fragebögen aus, ließen sich von den Psychologen arglos befragen und hielten einen Plausch mit dem untersuchenden Arzt. Die weitaus meisten redeten sich dabei um Kopf und Kragen.

Ich habe gelernt, daß ganz normale Menschen wie Sie und ich sich gar nicht ernsthaft vorstellen können, wie »krumm« und »um die Ecke« Psychologen Dinge sehen können.

Psychologen denken nun mal den ganzen Tag lang darüber nach, warum jemand etwas so sieht oder macht oder nicht. Da ist es ganz normal, daß Psychologen Dinge sehen und Töne hören, die uns normalen Menschen erst beim zweiten Hinschauen beachtenswert erscheinen. Zusammenhänge, die normalerweise einfach und bekannt scheinen, erhalten im Gespräch mit dem Psychologen eine völlig neue Dimension.

Nicht zuletzt daraus erwuchs irgendwann einmal der Spruch: Psychologen sind die ersten, die selbst auf die Couch gehören.

Das erinnert mich an diesen blöden Psychologenwitz: Kommt ein Psychologe zu einem anderen, der Hobbyjäger ist. Dessen Untersuchungszimmer ist vollgestopft mit Trophäen, vom ausgestopften Büffelkopf über diverse kapitale Rehböcke bis zum Kopf eines Tigers. Dazwischen hängt ein Männerkopf, schön präpariert, breit lachend.

Fragt der Gast: »Sag mal, warum lacht der Typ denn so ...?

Antwortet der Jäger: »Das ist ein MPU-Kandidat, der Kerl dachte bis zum Schluß, er werde geknipst ...«

Zugegeben, der Witz ist nicht sonderlich cool, aber er kommt mir immer wieder in den Sinn, wenn ich an die MPU denke, und dem Kern der Sache sehr nahe.

Die Kandidaten meinen bis zum Schluß, sie würden geknipst – dabei werden sie erlegt. Und die Trophäe des Psychologen ist in diesem Fall das Negativ-Gutachten.

Der Verlust des Führerscheins ist ein sehr dramatischer Einschnitt im Leben eines Menschen. Den Führerschein zurückzuerlangen ist aufwendig, schwierig und teuer.

Um so erstaunter bin ich darüber, daß die medizinisch-psychologische Untersuchung von den Kandidaten als eine harmlose Formalität angesehen wird.

Die Betroffenen sind zwar sauer und ungehalten darüber, daß sie zur MPU müssen, glauben aber, es handle sich hier um den üblichen, überflüssigen Behördenkram.

Was für ein Irrtum ...

Nach dem MMPI-Test und der ärztlichen Untersuchung folgt das etwa fünfundvierzigminütige, manchmal auch einstündige Einzelgespräch mit dem Psychologen.

Dieses Gespräch findet immer am Ende einer MPU statt. Das ist notwendig, damit der Psychologe möglichst die Computerauswertung des MMPI als Gesprächsgrundlage nutzen kann. Manchmal dauert die Auswertung des MMPI so lange, daß das Einzelgespräch mit dem Psychologen an einem der folgenden Tage stattfinden muß.

Der zweite Grund, weshalb dieses psychologische Explorationsgespräch als letztes stattfindet, liegt in der Eigenart des menschlichen Streßverhaltens.

Wir Menschen verfügen über eine begrenzte emotionale Energie. Wenn diese langsam nachläßt, zum Beispiel durch psychische Belastungen, haben wir nicht mehr die Kraft zu lügen. Wir neigen dann dazu, uns so zu verhalten, wie wir wirklich sind. Mit »lügen« meine ich hier das Vorlügen von Verhalten.

Die Psychologen sprechen beim »Verhaltenslügen« auch von einem sogenannten »aufgesetzten« Verhalten.

Und weil nach einem stressigen Tag bei einer Untersuchungsstelle die allermeisten Menschen einfach die Nase voll haben, nicht mehr können, ist dieser Zeitpunkt natürlich günstig für das Gespräch mit dem Psychologen.

Jedenfalls aus dessen Sichtweise.

Günstig wäre es, wenn der Proband einen wirklich plausiblen Grund finden würde, um das Gespräch mit dem Psychologen auf einen der nächsten Tage verschieben zu können. Lassen Sie sich mal was einfallen.

Nicht, daß Ihnen ganz plötzlich übel wird ...

Zurück zum Explorationsgespräch: In diesem Gespräch klärt der Psychologe offene Fragen, und der Proband bekommt Gelegenheit, sich zum Sachverhalt zu äußern.

Der Gutachter arbeitet in diesem Gespräch nach ziemlich genau vorgeschriebenen Regeln. Er unterliegt einer Kontrolle (zumindest behaupten das der TÜV und die DEKRA und die anderen amtlichen Untersuchungsstellen), und es ist weitgehend sichergestellt, daß jede Willkür ausgeschlossen ist, was ich allerdings zu bezweifeln wage.

Das Gespräch mit dem Psychologen ist kein lockeres »Gelaber« oder »Gequatsche«, auch wenn das so scheinen mag.

Gutachter arbeiten sehr gerne in einem sehr verbindlichen, lockeren und geradezu harmlosen Ton (ich selbst auch).

Das hat den Vorteil, daß der Kandidat den Gutachter als Verbündeten erlebt und sich weniger bedroht fühlt, er wird lockerer. So bekommt der Gutachter viel mehr Informationen als in einer angespannten Atmosphäre.

Der Gutachter beobachtet genau und kann sehr gut zuhören. Er trennt in diesem Gespräch sehr präzise die »gesagte Ebene« von der »gemeinten Ebene«.

Ein Beispiel dazu:

Der Gutachter fragt: »Sagen Sie mal, ist der Führerschein eigentlich wichtig für Sie, ich meine beruflich oder so?«

Der Kandidat nimmt die Frage locker an, er meint, der Gutachter wird dann einsehen, daß der Kandidat den Führerschein beruflich wirklich braucht.

Der Kandidat antwortet: »Da sagen Sie was, Herr X, mein Gott, ich bin meinen Job los, wenn ich keinen Führerschein mehr habe, was soll ich denn dann tun – ich habe doch Familie.«

Der Psychologe nickt freundlich und fragt nicht mehr weiter. Die Sache ist gegessen.

Im Gutachten steht dann geschrieben: »Der Erhalt der Fahrerlaubnis stellt für den Kandidaten einen sehr hohen sozialen, kulturellen und persönlichen Wert dar. Um diesen Wert zu sichern, wird der Kandidat sehr viel (alles) tun – auch lügen.

Deshalb ist dem Vorsatz des Kandidaten, zukünftig abstinent zu sein, in seinem Wahrheitsgehalt wenig Wert beizumessen. Die Wahrscheinlichkeit, daß eine auf die Zukunft gerichtete Willenserklärung tatsächlich gelebt wird, ist eher gering.

Es wird eine Sperrfrist von drei Jahren empfohlen und erneute Begutachtung nach Ablauf der Sperrfrist nahegelegt.«

Da haben wir die Ablehnung. Da haben Sie den Salat. Der Kandidat erhält seinen Führerschein nicht zurück. Der Psychologe glaubt ihm kein Wort.

Das ist der Unterschied zwischen einer gesagten und einer gemeinten Ebene.

Der Kandidat sagt, ich brauche unbedingt den Führerschein – und denkt: Verdammt, hoffentlich klappt's, komm schon, Psychologe, für den Führerschein verspreche ich dir alles, ich muß hier nur mit 'nem positiven Gutachten rauskommen.

Zugegeben, es ist für den Laien wirklich nicht so einfach, zu verstehen, wie ein Psychologe/Gutachter denkt.

Das »Verstehen« allerdings wäre die Voraussetzung dafür, daß Sie sich in einer Art äußern, die im Gutachten erfolgreich quittiert wird. Dies wiederum wird Ihnen allerdings nur gelingen, wenn Ihr Verhalten und Ihre Wertvorstellungen mit Ihren Äußerungen deckungsgleich sind.

Was kann ich Ihnen nun konkret empfehlen, wenn es um das Gespräch mit dem Gutachter, dem Psychologen geht? Diese Frage läßt sich anders ausgedrückt einfacher beantworten:

Was kann ich Ihnen empfehlen, was Sie *niemals* in einem solchen Gespräch sagen sollten?

Ich habe Ihnen hier eine kleine Liste gefährlicher Äußerungen aufgeschrieben, die zum Mißerfolg führen, mit dem Ergebnis: MPU nicht bestanden …

Liste dessen, was Sie niemals sagen sollten

- »… Also, die Menge Alkohol, die ich bei der Fahrt getrunken habe, das war wirklich eine Ausnahme, ein Ausrutscher, den ich selbst nicht verstehen kann.«
- »… Da hat mir mein Kollege bestimmt was in das Bier gekippt, ich hab' mir das gleich gedacht.«
- »Ich fahre um die hunderttausend Kilometer im Jahr. Wer viel fährt, der hat viele Chancen, erwischt zu werden.«
- »Normalerweise fahre ich nicht so schnell, aber ich mußte ganz schnell zu einem Kundentermin. Davon hing mein Job ab, wenn Sie verstehen …«
- »… Also, das ist richtig, Herr Psychologe. Früher habe ich schon mal mehr getrunken, aber seit langer Zeit tue ich das nicht mehr.«
- »Ich habe absolut aufgehört zu trinken, seit ich die Ladung zu diesem Test bekam. Da läuft nichts mehr.«
- »… Also, jetzt reicht's mir. Seit dem Führerscheinentzug trinke ich keinen Tropfen mehr.«
- »Der Verzicht auf Alkohol ist mir ganz leicht gefallen, wirklich. Ich brauch' das Zeug nicht mehr.«

Usw. usf.

Wenn ein MPU-Kandidat (und das tun fast alle) mit solchen Strategien in das Gespräch geht, ist er völlig verloren.

Das hat mehrere Gründe.

Zunächst einmal kann der Psychologe sehr sicher zwischen der gesagten und der gemeinten Kommunikationsebene unterscheiden. Er spürt förmlich, was der Kandidat meint, wenn er etwas sagt. Der Psychologe vergleicht das Gesagte mit dem Gemeinten – ergibt sich da auch nur die kleinste Differenz, ist es vorbei.

Der Gutachter kennt das Problem der Selbsteinschätzung und der Selbstannahme.

Unter Selbsteinschätzung verstehen wir die reale Einschätzung der persönlichen und charakterlichen Leistungsfähigkeiten.

Da es ganz normal ist, daß Menschen sich in gleichen Situationen auch gleich verhalten, bedeutet das: Wenn der Kandidat zum Beispiel die Schuld für ein Versagen auf einen anderen schiebt, dann tut er das in anderen Lebenssituationen auch, auch beim nächsten Trinkabend. Dann ist wieder nicht er schuld, sondern die Kollegen oder die Situation.

Hinzu kommt, daß der Psychologe eine große Menge Daten und Parameter des Kandidaten hat, zum Beispiel dessen medizinische Werte und Leberdaten, dessen Lebenslauf und die Ergebnisse des MMPI. Auch der Inhalt der sogenannten »Verkehrsakte« des Probanden ist dem Gutachter bekannt – dem Probanden nicht.

Wenn im Gespräch auch nur eine kleine Differenz zu den schon bekannten Daten und Werten auftaucht, dann geht der Psychologe davon aus, daß der Kandidat lügt.

Und wer einmal lügt, der lügt in einer gleichen Situation auch ein zweites Mal. Auch wenn der Proband mit treuen Dackelaugen versichert, er werde nie wieder trinken.

Damit Sie das Denken der Psychologen noch besser verstehen, hier die gleichen acht Beispiele von der vorigen Seite – mal ganz präzise psychologisch kommentiert und interpretiert:

- »... Also, die Menge Alkohol, die ich bei der Fahrt getrunken habe, das war wirklich eine Ausnahme, ein Ausrutscher, den ich selbst nicht verstehen kann.«

Der Kandidat schiebt persönliche negative Erlebnisinhalte auf eine nicht vorhandene übergeordnete Kraft (Ausrutscher). Er weiß nicht, daß er Auslöser des Ausrutschers war. Er hat kein Problembewußtsein. Er versteht wirklich nicht, wie das kam. Er wird auch beim nächsten Mal nicht verstehen, was er tut.

- »... Da hat mir mein Kollege bestimmt was in das Bier gekippt, ich hab' mir das gleich gedacht.«
  Der Kandidat schiebt negative Erlebnisinhalte auf Dritte und verstärkt das dadurch, indem er versichert, daß das so sein muß.
- »Ich fahre um die hunderttausend Kilometer im Jahr. Wer viel fährt, der hat viele Chancen, erwischt zu werden.«
  Der Kandidat unterliegt einem verhängnisvollen Fehlglauben. Wer viel fährt, gefährdet sich und die Allgemeinheit viel mehr. Ein Vielfahrer muß deshalb noch achtsamer sein als ein Gelegenheitsfahrer und hat nicht etwa einen Vielfahrerbonus. Der Kandidat hat kein Problembewußtsein entwickelt.
- »Normalerweise fahre ich nicht so schnell, aber ich mußte ganz schnell zu einem Kundentermin. Davon hing mein Job ab, wenn Sie verstehen ...«
  Wenn die Bedrohung des Lebensraumes des Kandidaten (Beruf, Gesundheit, Freunde, Familie etc.) gegeben ist, setzt er sich über allgemeingültige soziale Regelwerke hinweg und hat dabei kein Unrechtsbewußtsein. Das wird er beim nächsten Mal auch wieder tun – Menschen verhalten sich in gleichen Situationen gleich.
- »... Also, das ist richtig, Herr Psychologe. Früher habe ich schon mal mehr getrunken, aber seit langer Zeit tue ich das nicht mehr.«
  Hier liefert der Kandidat eine reine Selbstentlastung ab. Er neigt gleichzeitig zum Verharmlosen und zum Übertreiben. Er hat keine Vorstellung von dem Begriff »lange Zeit«. Er verhält sich oberflächlich sozial erwünscht.

- »Ich habe absolut aufgehört zu trinken, seit ich die Ladung zu diesem Test bekam. Da läuft nichts mehr.«
  Kein Mensch hört auf zu trinken, weil eine Kraft von außen auf ihn wirksam wird. Trinker hören nur dann auf zu trinken, wenn die Kraft sozusagen von innen her (das heißt intrinsisch) wirksam wird. Und das passiert schon gar nicht in einem so kurzen Zeitraum, wie zwischen der Ladung und dem Termin. Der Kandidat antwortet zu generell. Er weiß nicht, daß Wahrheiten in der Regel in der Mitte liegen.
- »... Also, jetzt reicht's mir. Seit dem Führerscheinentzug trinke ich keinen Tropfen mehr.«
  Zu plakativ, zu generell. Der Kandidat reagiert in der Bedrohungssituation mit Abwimmeln. Er setzt sich nicht aktiv mit der Situation auseinander.
- »Der Verzicht auf Alkohol ist mir ganz leicht gefallen, wirklich. Ich brauch' das Zeug nicht mehr.«
  Um diese Aussage zu interpretieren, braucht man nicht einmal ein psychologisches Grundstudium.
  Einfach Unfug.
  Kein Mensch, der auf dem Weg zu einer Trinkerkarriere ist oder bereits ein Alkoholiker ist (und hauptsächlich die müssen tatsächlich zur MPU), kann ohne alle Mühe mit dem Trinken aufhören. Das gibt es nicht. Der Kandidat betreibt naive Schönfärberei.
  Er hat noch nicht verstanden, daß er ein Alkoholproblem hat.

Diese Beispiele aus der täglichen Praxis verdeutlichen, mit welcher Denkweise Psychologen an diese Gespräche herangehen.

Der Kandidat, der so oder so ähnlich in einem Gespräch Position bezieht, wird die Sache nicht für sich entscheiden.

Nun zu den konkreten Empfehlungen, wie man es besser machen kann:

Der Kandidat muß bei der Wahrheit bleiben, ihr ins Auge schauen. Er muß sich klarmachen, und zwar schon vor der

MPU, daß die Ereignisse, die in der Summe zur Aufforderung zur Teilnahme an der MPU führten, im Sinne der Behörden Realitäten sind.

Da läßt sich nichts mehr machen. Also: nicht beschönigen. Alkoholprobleme ehrlich ansprechen und auch für sich selbst akzeptieren, daß man ein Problem damit hat. Der Kandidat fährt grundsätzlich gut damit, möglichst authentisch aufzutreten.

Um das zu leisten, ist es nötig, sich bereits vorher mit der eigenen Situation ernsthaft und aktiv auseinanderzusetzen. Aktiv auseinandersetzen bedeutet, der Kandidat sollte unbedingt vor der MPU die Hilfe eines niedergelassenen Psychotherapeuten oder Psychologen einholen und sich die Gespräche mit diesem Psychologen oder Therapeuten attestieren lassen. Dieses Attest sollte er spätestens zum MPU-Termin dem Psychologen des TÜV oder der amtlichen Untersuchungsstelle vorlegen.

Das gilt nicht nur bei alkoholbedingten MPUs, sondern auch bei Punkte-MPUs.

Wenn der Kandidat ein Problem damit hat, sich an die Geschwindigkeitslimits zu halten, oder andere Regelwerke der sozialen Gemeinschaft verletzt, sollte er ernsthaft darüber nachdenken, wie das zukünftig zu ändern ist, und dieses aktive Nachdenken auch dem TÜV- oder DEKRA-Psychologen gegenüber darstellen.

Wenn nun der MPU-Kandidat meint, er käme nie durch, wenn er sich so verhalte – Irrtum.

Es erhalten *ausschließlich* die Kandidaten ein positives Gutachten, die weitgehend echt und authentisch auftreten.

Ansonsten: »... Mit Bus und Bahn sicher ans Ziel ...«

Ein authentisches Gespräch könnte wie folgt verlaufen:

Psychologe: »Schönen guten Tag, nehmen Sie Platz, Herr Kandidat. Ich habe hier Ihre Unterlagen und das Ergebnis der medizinisch-psychologischen Untersuchung. Jetzt haben Sie Gelegenheit, Fragen zu stellen, und wir beide haben Gelegenheit, noch offene Probleme zu klären. Wie fühlen Sie sich denn nach dieser MPU, die heute stattfand?«

Kandidat: »Das war anstrengend, alles neu und ungewohnt. Ich habe so ein Verfahren noch nie erlebt, und ich fühle mich schon etwas unsicher, jetzt, in diesem Gespräch.«

(Regie: Wenn Sie sich unsicher fühlen in der Gesprächssituation, sagen Sie das. Der Psychologe hat das schon längst bemerkt, äußern Sie sich ruhig zu Ihrer momentanen Befindlichkeit.)

Psychologe: »Was heißt das konkret, Sie fühlen sich unsicher, was genau macht Ihnen angst?«

(Regie: Seien Sie sicher, daß der Psychologe nachfragt, er will es ganz genau wissen.)

Kandidat: »Ich kann nur schwer beurteilen, ob ich wirklich alles getan habe, um mich vor erneuten Alkoholfahrten zu bewahren. Wissen Sie, es war für mich schwierig, davon auszugehen, daß ich alkoholabhängig bin. Das war eine wirklich schwere Erfahrung. Ich habe nach dem Führerscheinentzug mit einem Freund gesprochen, der mir einen Therapeuten empfohlen hat. Inzwischen habe ich acht Gespräche mit dem Therapeuten geführt und fühle mich bei ihm wirklich gut aufgehoben. Mein Ziel ist es, das Alkoholproblem völlig in den Griff zu bekommen. Und das läßt bei mir, bei allem positivem Denken, auch manchmal Angst aufkommen. Insoweit ist es für mich positiv, daß ich zur MPU aufgefordert worden bin. Das hat mir klargemacht, auf welchem gefährlichen Pfad ich war.«

(Regie: Nichts beschönigen, keine Schuldzuweisungen an Dritte. Sie sind an Ihrem Desaster selbst schuld, niemand anders. Wie sagt Rupert Lay: »Wir Menschen sind viel mehr Ursache, als wir denken.« – Aber stellen Sie Ihr Licht nicht unter den Scheffel. Der Gutachter bemerkt sehr schnell, ob Sie sich geben, wie Sie sind, oder nur Unterwerfungsgesten anbieten.)

Psychologe: »Sie sind viermal auffällig geworden, habe ich der Akte entnommen. Erzählen Sie mir doch mal davon. Wie kam es denn zu den Alkoholfahrten?«

Kandidat: »Tja, also, das erste Mal war eine Betriebsfeier mit Kollegen und meinem Chef. Es war spät, so gegen drei Uhr morgens an einem Freitag. Wir waren in einem Biergarten in der Nähe von Köln. Ich habe damals, vor zwei Jahren, ich erinnere mich, schon bemerkt, daß ich nicht mehr hätte fahren dürfen. Nun gut, ich fuhr dennoch. Ich habe nicht realisiert, daß ich ein tatsächliches Alkoholproblem hatte. Das zweite, das dritte und das vierte Mal waren sehr ähnlich. Ich trank in allen vier Fällen in Gesellschaft. Offenbar, das erklärte mir mein Therapeut, habe ich ein Problem damit, mich in der jeweiligen Gesellschaft so zu positionieren, daß ich nicht als humorlos oder als Außenseiter gelte. Ich habe da ein großes Bedürfnis, mich in die Gruppe der Kollegen zu integrieren.«

(Regie: Schildern Sie die Situation aus Ihrer Sicht, ohne Schuldzuweisungen an andere. Bleiben Sie bei der Wahrheit. Nichts verniedlichen. Alkoholprobleme sind große Probleme. Das weiß der Psychologe. Wenn *Sie* das nicht wissen, haben Sie die Sache vergeigt. Oder Sie sind noch gar nicht in der Lage, Ihre Situation realistisch einzuschätzen.)

Psychologe: »Ja, das haben Sie ganz gut identifiziert. Wie ist denn Ihr Trinkverhalten zur Zeit?«

Kandidat: »Zur Zeit, das heißt genau gesagt seit Mai dieses Jahres, seit ich mit meinem Therapeuten in diese Gespräche eingestiegen bin, trinke ich nicht mehr.«

(Regie: Schildern Sie Abläufe und Zeiten präzise. Wenn es um das Thema Trinkverhalten geht, gibt es nur eine Alternative: Abstinenz, wenn Sie sich als Alkoholiker identifiziert haben. Dann müssen allerdings auch die medizinischen Werte stimmen. Die erfährt der Psychologe vor Ihnen. Bluffen nützt hier gar nichts.)

Psychologe: »Was heißt das genau, Sie trinken nicht mehr?«

Kandidat: »Das heißt völlige Abstinenz. Mein Therapeut hat mir die Alpha-, Beta- und Delta-Alkoholikerkarriere aufgezeigt, und wir beide haben verglichen, wie ich mich verhalte. Dabei kam heraus, daß ich in der Beta-Phase stecke. Ich habe mit der Hilfe des Therapeuten entschieden, daß ich da raus muß. Das heißt: absolut abstinent.«

Psychologe: »Was meinen Sie, ist bei Ihrer Leberwertanalyse rausgekommen, heute vormittag?«

(Regie: Wenn Sie vermuten, daß die Leberwerte noch nicht in Ordnung sind, dann sagen Sie das. Auch hier nützt beschönigen und verheimlichen gar nichts. Die Werte sind so oder so bekannt und liegen dem Psychologen bereits vor.)

Kandidat: »Also, wenn ich davon ausgehe, daß ich nicht an Hepatitis A leide, dann müssen die Werte absolut okay sein.«

Psychologe: »Da haben Sie recht. Die Werte sind in Ordnung. Im Testverfahren kam heraus, daß Sie doch ein ziemliches Geselligkeitsbedürfnis haben. Sie positionieren sich in Gesellschaft gerne als Mittelpunkt, kann das sein?«

(Regie: Wenn der Psychologe aus dem MMPI-Test Ableitungen erklärt, dann hören Sie aufmerksam zu. Der Test ist zwar nicht perfekt, aber es gehen doch Charaktertrends daraus hervor. Das abzustreiten wäre Unfug, dann hätten Sie die Sache verloren.)

Kandidat: »Ja. Das ist sicher so.«

Psychologe: »Wie werden Sie denn zukünftig mit Alkohol und gesellschaftlichen Veranstaltungen oder Betriebsfesten umgehen? Haben Sie da eine Vorstellung?«

(Regie: Diese Frage kommt hundertprozentig. Sie sollten sich darauf vorbereiten und eine akzeptierbare Verhaltensstrategie anbieten, die Ihrer Persönlichkeit und der Situation gerecht wird.)

Kandidat: »Ja, eine sehr konkrete. Ich habe entschieden, nicht mehr zu trinken. Und ich habe Hilfe: Mein Therapeut steht mir weiter zur Verfügung.«

Psychologe: »Sie sind verheiratet, habe ich gelesen. Wie sieht Ihre Familie das Alkoholproblem, das Sie ja noch immer haben?«

(Regie: Wenn Fragen auftauchen, die das Privatleben betreffen, müssen Sie die nicht beantworten. Es wird Ihnen allerdings negativ attestiert, wenn Sie hier mauern. Es wäre günstig, wenn Sie in einer stabilen Partnerbeziehung leben würden.

Denn: Instabile Beziehungen führen häufig zu erneuten Straffälligkeiten, zu alkoholisiertem Autofahren, das ist bekannt. Falls Sie nicht in einer stabilen Beziehung leben, haben Sie leider grundsätzlich schlechtere Karten. Die Frustration, die eine instabile oder sorgenbeladene Beziehung hervorruft, erkennt der Psychologe.)

Kandidat: »Ich habe das Glück, in einer wirklich ausgewogenen, guten Beziehung zu meiner Frau und meinem Sohn zu leben. Die beiden unterstützen mich in allen Bereichen. Wir gehen sehr offen und selbstbewußt mit meinem Alkoholproblem um.«

Psychologe: »Haben Sie einen Statusbericht Ihres Psychologen dabei?«

Kandidat: »Ja, habe ich. Ich ließ mir von meinem Therapeuten darstellen, wo ich zur Zeit in meinem Bemühen stehe.«

(Der Psychologe liest den Statusbericht des Therapeuten.)

Psychologe: »Gut, das hört sich gut an. Ich denke, daß Sie an einem wichtigen Wendepunkt in Ihrem Leben stehen. Sind Sie einverstanden, daß ich das Gutachten direkt an die Straßenverkehrsbehörde versenden lasse? Ich sende Ihrem Rechtsanwalt eine Kopie. Es geht übermorgen raus.«

Kandidat: »Ja, das ist in Ordnung. Senden Sie mir bitte auch direkt eine Kopie?«

Psychologe: »Selbstverständlich veranlasse ich, daß Sie eine Kopie erhalten. Herr Kandidat, wie fanden Sie denn dieses Gespräch? Denken Sie, daß Sie den Führerschein nun zurückerhalten werden, oder haben Sie den Eindruck, daß das noch nicht möglich ist?«

Kandidat: »Ich denke, daß ich auf dem richtigen Weg bin und die Fahrerlaubnis zurückerlangen werde.«

(Regie: Wenn diese Frage auftaucht, sagen Sie ruhig ganz ausgewogen und selbstbewußt: Ja, ich bekomme den Führerschein zurück. Wenn Sie selbst nicht an sich glauben, wer denn sonst?)

Psychologe: »Ja … dann habe ich keine weiteren Fragen mehr. Kommen Sie gut heim.«

Wie sieht ein Gutachten aus, was steht darin?

In der Regel sind die Gutachten der Psychologen drei bis sieben Seiten lang. Bei komplexen Alkoholfällen kommt man auf bis zu fünfzehn Seiten.

Die Sachlage des Interviews mit dem Kandidaten ist meist recht klar für den Psychologen; daraus ergibt sich die gutachterliche Stellungnahme.

Der Gutachter schreibt das Gutachten entweder am gleichen Tag oder an einem der nächsten Tage. Er bildet sich sein Urteil aufgrund des Abschlußgesprächs und der anderen Daten der MPU.

Um Ihnen eine Vorstellung davon zu geben, wie so ein Gutachten aussieht, wie es aufgebaut ist, wie Psychologen formulieren, habe ich hier exemplarisch ein Gutachten dargestellt.

Natürlich sind alle Namen, Daten und Geschehnisse völlig frei erfunden. Jede Ähnlichkeit mit toten oder lebenden Personen wäre rein zufällig und ist nicht beabsichtigt.

Das folgende Gutachten ist typisch für Alkoholfahrer, die als Wiederholungstäter auffällig geworden sind.

TECHNISCHER ÜBERWACHUNGS-VEREIN
SÜDLAND E. V. **TÜV**
Psychologisches Institut Beispielstadt

Herrn
Manfred Mustermann
Hauptstraße 100
12345 Beispielstadt

Seite -1-

Ihr Zeichen	Unser Zeichen	Beispielstadt,
456 BO – 34/96	23-456/96	19.3.1997
		Dr. G. Ott

G U T A C H T E N

der medizinisch-psychologischen Untersuchungsstelle Beispielstadt zur Vorbereitung der Entscheidung der Verwaltungsbehörde des Landkreises Südland in Beispielstadt in der Fahrerlaubnissache:

Name:	Manfred Mustermann
Geb.:	23.4.1960
Wohnort:	Beispielstadt
Untersuchungsdatum:	26.2.1997
Aktenzeichen des TÜV:	23-456/96
Aktenzeichen der Behörde Beispielstadt …	456 BO – 34/96

Fragestellung der Untersuchung:
Die Straßenverkehrsbehörde des Beispielstadt-Kreises äußerte Zweifel an der Eignung des Herrn Manfred Mustermann zum Führen von Kraftfahrzeugen im öffentlichen Straßenverkehr.

Die Untersuchung hatte zu klären, ob die Annahme gefestigt werden könne, daß Herr Mustermann auch zukünftig Kraftfahrzeuge unter Alkoholeinfluß führen wird und/oder ob als Folge des unkontrollierten Alkoholkonsums bei Herrn Mustermann Beeinträchtigungen vorliegen, die das sichere Führen von Kraftfahrzeugen im öffentlichen Straßenverkehr zukünftig als zweifelhaft erscheinen lassen.

TECHNISCHER ÜBERWACHUNGS-VEREIN SÜDLAND E. V. **TÜV**

Psychologisches Institut Beispielstadt

Seite -2-

Vorgeschichte:

Der zu Untersuchende erwarb die Fahrerlaubnis der Klassen I und III am 11. November 1979 in Köln, Führerschein Nr. 2997-I/III aus 79, Straßenverkehrsamt Köln.

Auffälligkeiten traten in Erscheinung lt. Auszug ZR:

am 19. Mai 1982, Trunkenheitsfahrt, 19.35 Uhr, Polizei Hürth
SB III – BAK 1,66 ‰ – ohne Unfall, AG Köln, 14543 S 23/82
Entzug der Fahrerlaubnis für 3 Monate.

am 30. April 1984, 12.15 Uhr Aut. Geschw. Messst. BAB A2 Elzer Berg Nords. 100km/h zu 165 km/h, Entzug der Fahrerlaubnis für 1 Monat.
AG Köln, 2987 VS 21/84

am 1.1.1987, Trunkenheitsfahrt, 4.10 Uhr, Polizei Aachen,
SB I – BAK 1,95 ‰ in Tateinheit mit Beleidigung von Polizeivollzugsbeamten und leichter Körperverletzung und Tatmehrheit des unerlaubten Entfernens vom Unfallort, AG Aachen, 3662 SU 20/87,
Entzug der Fahrerlaubnis für 6 Monate, Haftstrafe 4 auf 12 zB.

am 1.5.1988, Trunkenheitsfahrt, 02.10 Uhr, Polizei Köln
SB IV – BAK 1,01 ‰ – Unfallverursachung, AG Köln, 2342 SO/88
Entzug der Fahrerlaubnis für 3 Monate,

am 27.5.1996, Trunkenheitsfahrt, 01.25 Uhr, Polizei Torgau
SB II – BAK 1,85 ‰ – Unfallverursachung, AG Bad Liebenwerda,
1434 S 29/96 – derzeit schwebendes Verfahren.

Angaben des zu Begutachtenden

In der Exploration der Begutachtung, dem Untersuchungsgespräch, zur Genese und zur Straffälligkeitsvorgeschichte des zu Begutachtenden zu den vorherrschenden Wertvorstellungen, Haltungen und Einstellungen, wurde dem Untersuchungsauftrag entsprechend die Frage der Selbstwahrnehmung und Wertvorstellung zum Thema der Trinkgewohnheiten des Probanden ermittelt. Ermittelt wurde auch der spezifische Kenntnisstand des Probanden zu den Auswirkungen von Alkohol auf den Organismus und das Fahrverhalten, die Konsequenzen der Gefährdung für sich selber und Dritte.

TECHNISCHER ÜBERWACHUNGS-VEREIN SÜDLAND E. V. **TÜV**
Psychologisches Institut Beispielstadt

Seite -3-

Weiterhin wurde exploriert, welche auf die Zukunft gerichteten Vorstellungen und Wahrnehmungen der Proband hat, wenn es um das Fahren unter Einwirkung von Alkohol geht (Grundsatzeinstellung zu Trunkenheitsfahrten).

Herr Mustermann erklärte dazu:

Am 26. Mai 1996 war Pfingstsonntag. Mustermann sei seit Jahren Vorstandsmitglied des Gewerbevereins Torgau, der zu diesem Zeitpunkt die Torgauer Gewerbeschau ausrichtete.

Anläßlich dieser Gewerbeschau waren verschiedene Persönlichkeiten des öffentlichen Lebens, Wirtschaftsminister, Bürgermeister, Landräte etc., geladen gewesen, die alle bereits am Vormittag bewirtet wurden.

Mustermann war für den Empfang der Gäste auf der Messe zuständig und hatte bereits bis zum Mittag etwa 6 Glas Sekt à 0,2 l und etwa 3 × 0,3 l Bier mit den Gästen getrunken. Am Mittag wurden die Gäste zum Essen eingeladen. Dort nahm Mustermann 3 × 0,3 l Bier zu sich. Am Nachmittag trank Mustermann keine alkoholischen Getränke. Am frühen Abend gab der Bürgermeister einen Empfang für die Gäste, auf dem Mustermann anwesend war. Dort trank er in der Zeit von ca. 19.00 Uhr bis ca. 21.30 Uhr 6 × 0,3 l Bier. (Auf genaueres Befragen hin konnte Mustermann nicht klar sagen, ob es eher mehr Bier gewesen sei. Mustermann erklärte, soviel vertrage er nicht, also mehr könne es nicht gewesen sein, dann wäre ihm wohl schlecht geworden). Danach nahm Mustermann keine alkoholischen Getränke mehr zu sich. Er trank Mineralwasser.

Gegen 1.15 Uhr am 27.5.1996 (Pfingstmontag) trat Herr Mustermann mit seiner Frau die Heimreise in das 26 km entfernte Herzberg/Elster an.

Der Unfall ereignete sich im Ortseingangsbereich Zwethau in Fahrtrichtung Herzberg gegen 1.25 Uhr (UR. 266-7-96 der Polizei Schutzbereich II Torgau). Aufnehmende Beamte: POM L. Uzifer und POM H. Arlekin. Mustermann fuhr mit seinem Fahrzeug Opel Vectra einem Pkw Typ Mercedes 230 in die linke Seite, als das Fahrzeug aus einer rechten Seitenstr. auf die B 87 einbog. Mustermann sagte, das Gericht meint, er solle an allem schuld sein. Dabei, so Mustermann, wäre der Unfall auch passiert, wenn er nicht zufällig am Abend etwas getrunken hätte.

TECHNISCHER ÜBERWACHUNGS-VEREIN SÜDLAND E. V. **TÜV**
Psychologisches Institut Beispielstadt

Seite -4-

Der Mercedesfahrer habe einfach nicht auf Mustermanns Vorfahrtsrecht geachtet. Mustermann erklärte, da fahre man seit Jahren einwandfrei, und nun so was.

Auf die Frage, ob er damals gewußt habe, wieviel ‰ Alkohol er denn vermutlich »drin« gehabt habe, antwortete Mustermann, er schätze, unterhalb von 0,8 ‰.(demgegenüber BAK lt. Amtsarzt Dr. G. Eister, Kreiskrankenhaus Herzberg, 2.05 Uhr 1,85 ‰).

Auf die Frage, ob er bemerkt hätte, daß er was getrunken habe, so subjektiv, ein wenig betrunken zu sein, antwortete der Proband, er habe gar nichts bemerkt. Er sei ebenso sicher gefahren, wie er das immer tue.

Erneut mit der tatsächlichen ‰-Zahl konfrontiert, erklärte der Proband, er könne sich die hohe ‰-Zahl nicht erklären. Immerhin habe er ja Stunden vorher nichts getrunken.

Auf den Vorhalt, ein Mann mit seiner Normal-Konstitution müsse normalerweise, wenn er kein »trainierter Trinker« wäre, von der doch hohen BAK etwas bemerkt haben, erklärt der Proband, wieso solle er, er habe doch nicht viel getrunken. Er könne sich die Sache nicht erklären.

Medizinische Befunde

Dem eigenen Bekunden nach völlig gesund, im Vollbesitz seiner geistigen und körperlichen Kräfte.

Keine ernsthaften Krankheiten/Krankenhausaufenthalte lt. Anamnese.

Keine Aufenthalte in Heilanstalten und Therapiehäusern lt. Anamnese.

Komsumverhalten bei:

Nikotin:	Gelegenheitsraucher, max. 1 Pack. in der Woche
Alkohol:	Gelegenheitstrinker, meist am Wochenende, ca. 60 g–100 g verteilt auf das Wochenende

Barbitur-Präparate:	diffuse Erfahrung mit leichten Schlafmitteln
Betäubungsmittel:	Erfahrung mit Analgin, Gelonida, Dolomo,
Psychopharmaka:	keine Erfahrung

TECHNISCHER ÜBERWACHUNGS-VEREIN SÜDLAND E. V. **TÜV**
Psychologisches Institut Beispielstadt

Seite -5-

Bei der Blutprobe zur Feststellung der BAK vom 27.5.1996 des Kreiskrankenhauses Herzberg wurde lt. Blutentnahmeprotokoll die Einnahme von Valium festgestellt. Auf Befragen erklärte der Proband im Explorationsgespräch, er habe das Beruhigungspräparat am Nachmittag eingenommen, er habe Herzschmerzen gehabt.

Der Proband erklärte, er habe derzeit keinen regelmäßigen Medikamentenkonsum.

Es wurde eine allgemeinmedizinische Grobuntersuchung durchgeführt. Die Untersuchung war ohne Befund.

Es wurde eine basis-neurologische Untersuchung durchgeführt. Die Untersuchung war ohne Befund.

Die bei der Untersuchung ermittelten Parameter der Laborwerte liegen im Normbereich.

GOT-Wert	15 µ/l
GPT-Wert	22 µ/l
Gamma-GT Wert	27 µ/l
MCV	88,0 fl
Erythrozyten	4,7 Tera/l
Leukozyten	8,9 Giga/l1

Hinweis: Nach allen Erkenntnissen können alkoholbedingte körperliche Schädigungen nicht immer ursächlich nachgewiesen werden.

Verkehrspsychologische Stellungnahme und Empfehlung

Alkoholkonsumverhalten

Das Alkoholkonsumverhalten des Probanden läßt darauf schließen, daß wir es hier mit einem trainierten Trinker zu tun haben.
BAKs von mehr als 1,3 ‰ sind nach allgemeiner psychologischer Kenntnis und Ansicht nicht mehr in das Feld des normalen, sozial erwünschten Trinkverhaltens einzuordnen. Es handelt sich deshalb grundsätzlich bei dem Probanden nicht um einen Gelegenheitstrinker.

TECHNISCHER ÜBERWACHUNGS-VEREIN SÜDLAND E. V. **TÜV**
Psychologisches Institut Beispielstadt

Seite -6-

Menschen, die im Rahmen des sozial erwünschten Trinkverhaltens alkoholische Getränke zu sich nehmen, verweigern in aller Regel das Weitertrinken bei einer BAK von spätestens 1,6 ‰. (Universität Gießen, Prof. Dr. Scheidemantel u. a. Mensch und Verkehr, BAST aus 03/1996).

Der Proband unterliegt bei der Bewertung seines eigenen Trinkverhaltens einer gewissen Wahrnehmungsverzerrung, die dazu führt, daß er nicht mehr bewerten kann, ob er »zu viel« trinkt oder nicht.

Er neigt zu Selbstentlastungen in der Art, daß in aller Regel Dritte an seinem Leid die Schuld tragen.

Diese Selbstwahrnehmung ist teils gepaart mit unrealistischen Lebensplanungen und einem gewissen Potential von Omnipotenz-Vorstellungen. Sein Aggressionsverhalten richtet sich gleichermaßen stark gegen sich selber und gegen Dritte.

Der Proband fühlt sich eher als Opfer denn als Ursache für eine psychologisch-medizinische Intervention oder Alkoholtherapie.

Empfehlung

Herr Mustermann wird nach allem Dafürhalten auch weiterhin Alkohol unkontrolliert konsumieren. Der Kandidat wird weiterhin die Ursache seines Fehlverhaltens bagatellisieren und selbstentlastend auf Dritte projizieren.

Es steht zu erwarten, daß Herr Mustermann auch zukünftig Kraftfahrzeuge unter Alkoholeinfluß führen wird.

Dr. med. G. Ott
(Untersuchender Arzt)

Dr. G. Abriel
(Diplompsychologe)

Was taugen Helfer in der Not?

Was bieten die Berater an; zu welchen Preisen?

Es gab eine Zeit im Leben eines MPU-Kandidaten, da interessierten ihn die nachfolgenden Inserate in den Zeitungen und Zeitschriften überhaupt nicht. Da hat er bestenfalls über die Kuriosität dieser Branche gelächelt.

Führerscheinberatung
Hilfe bei MPU
Tel. (01 72) 7 26 92 23

TÜV-Test-Vorbereitung
Mendel-Beratung 0 40/5 23 78 81

Werden wir jedoch zu einer MPU geladen, dann sehen wir das ganz anders, dann bekommen die Insertionen der Helfer in der Not eine ganz neue Dimension. Wir sehen in ihnen einen »Rettungsanker« – und ausgerechnet das sind sie nicht, oder zumindest nicht immer.

Die Insertionen der Helferfirmen in der Not dienen den Helfern selbst und im wesentlichen einem Zweck: Geld verdienen; was grundsätzlich nichts Verwerfliches ist.

Aber so, wie Sie auf der internationalen Automobilausstellung in Frankfurt/Main für eine Tasse Kaffee über sieben Mark bezahlen oder für ein paar Wiener Würstchen zwölf Mark, so sind Menschen, die mit einer MPU konfrontiert sind, bereit, hohe Summen zu bezahlen, damit ihnen jemand die Verantwortung abnimmt und die Garantie gibt: *Du* kommst mit unserer Hilfe durch den Test und die Gespräche.

Da ist die Frage berechtigt, warum MPU-Kandidaten hohe und sehr hohe Summen zahlen, um mit Hilfe der Seminaranbieter und Manuskriptversender an den Führerschein zu kommen. Das hat eine recht einfache und plausible Erklärung: die »soziale und moralische Vollwertigkeit« eines Menschen.

Ein Bürger dieser dynamischen Industriegesellschaft hat ganz erhebliche Probleme, sich ohne Fahrerlaubnis zu positionieren, von der Einschränkung der persönlichen Beweglichkeit bei Führerscheinverlust mal ganz abgesehen.

»Positionieren« heißt hier konkret: Wenn mir der Führerschein wegen zu schnellen Fahrens abgenommen wird, dann ist die Story noch gut für eine Partygeschichte: »Ha ha ha, haben die mich geblitzt, stell dir vor, ich mit zweihundert an denen vorbei ...«

Muß der Betroffene allerdings zur MPU, erzählt er niemandem ein Wort mehr davon, das ist ganz natürlich.

Die medizinisch-psychologische Untersuchung unterliegt einer ganz erheblichen sozialen Unerwünschtheit. Man ist nicht mehr vollwertig, moralisch nicht mehr in Ordnung, als MPU-Kandidat oder führerscheinloser Mitmensch. Man kommt sich halt vor wie der Idiot im Idiotentest.

Um diesen rein sozialen Makel zu beheben oder zu verhindern, sind wir Menschen offenbar bereit, tief in die Tasche zu greifen.

Der psychische Druck läßt die Menschen zahlen.

Nicht etwa, daß es so teuer wäre, ein MPU-Seminar zu veranstalten, nicht teurer als ein Volkshochschulkurs, auch nicht komplizierter. Jeder TÜV-Psychologe wäre dankbar, wenn er sein Gehalt durch Honorare ein wenig aufbessern könnte und wenn sein Dienstherr ihm das erlauben würde.

Also: Beratung, Seminare? Kein Problem. Das Problem ist, daß es heimlich stattfinden muß, so, daß es niemand bemerkt. Und das lassen sich die Anbieter reichlich bezahlen.

Ein weiteres Phänomen ist, daß wir Menschen, in dieser so komplexen Welt gar nicht mehr in der Lage sind, in aller Ruhe ein Problem zu analysieren, um dann die strategisch richtige Lösungsvariante anzugehen.

Zeitstreß, Beziehungsstreß, Jobstreß, Geldstreß und tausend andere Stressoren zerren an unserer Energie.

Wir sind deshalb manchmal sehr dankbar dafür, daß es andere gibt, die uns die Mühsal abnehmen.

Insoweit entspricht diese Haltung einer typischen Dienstleistungsmentalität der späten neunziger Jahre. Dieser Trend, sagen die Trendforscher, wird weiter zunehmen.

Agenturen für Partnersuche suchen den idealen Mann oder die passende Frau; EDV-Berater kümmern sich um meine EDV-Probleme; Personalberater vermitteln Arbeitnehmer; Dienstleister aller Art erledigen im »Outsourcing«- Bereich alle möglichen Arbeiten.

Dann soll doch ein Dienstleister uns auch den Führerschein wieder beschaffen.

Diese Haltung ist allemal legitim.

Aber ausgerechnet beim Verlust des Führerscheins zeigt die Erfahrung, daß der Kostenaufwand für die Wiederbeschaffung durchaus minimiert werden kann.

Wenn Sie des Lesens kundig sind, ein bißchen strebsam, dann klappt das auch, ohne zehn- oder zwanzigtausend Mark für Berater ausgeben zu müssen.

Bei Ihnen persönlich funktioniert das gerade: Sie erarbeiten dieses Buch …

Was taugen nun die Helfer in der Not? Ich zeige es Ihnen anhand konkreter Beispiele.

Folgender Anbieter inseriert in »AUTO-BILD«:

Führerscheinberatung
Hilfe bei MPU
Tel. (01 72) 7 26 92 23

Etliche Anrufe bei dieser D2-Nummer an unterschiedlichen Tagen waren erfolglos. Dann kam die Verbindung endlich zustande.

Es kam heraus, daß der Anbieter die Empfehlung gibt, den Wohnsitz kurzfristig ins Ausland zu verlegen, etwa nach Belgien, um dort den belgischen Führerschein zu machen, der dann in der Bundesrepublik Gültigkeit hat. Das ist richtig.

Aber, Sie erinnern sich: Ein ausländischer Führerschein oder ein zusätzlich im Ausland erworbener Führerschein hat in der Bundesrepublik Deutschland nur dann Gültigkeit, wenn hier keine Sperre gegen den Inhaber ausgesprochen ist.

Wenn Sie also im Besitz einer gültigen amerikanischen Driving Licence wären, dürften Sie in der Bundesrepublik Deutschland keinen Meter fahren, wenn Ihnen hier der bundesdeutsche Führerschein abgenommen worden wäre. Es sei denn, Sie hätten die amerikanische Staatsbürgerschaft. Und selbst dann kann es gut sein, daß die bundesdeutsche Sperre im Rahmen der allgemeinen Rechtshilfe zwischen anderen Staaten und der Bundesrepublik Deutschland längst im ausländischen Verkehrszentralregister notiert ist.

Man könnte natürlich hoffen, daß das bei einer allgemeinen Verkehrskontrolle nicht auffällt.

Weit gefehlt. Die Polizei weiß ganz bestimmt, daß zu einem ausländischen Führerschein auch eine gültige ausländische Meldebescheinigung oder ein gültiger ausländischer Paß gehört – wenn Sie den nicht vorzeigen können, ist Feierabend mit dem ausländischen Führerschein. Jeder Polizist geht sofort zum Funkgerät, gibt die Nummer der Lizenz durch und fragt ab, ob der dazugehörige Name eine F-Sperre in der Bundesrepublik hat.

Fazit: Ausländische Führerscheindokumente sind in der Bundesrepublik nur dann legal zu nutzen, wenn man keiner Sperre unterliegt und der Inhaber, der seinen regelmäßigen Aufenthalt im Rechtsgebiet der Bundesrepublik Deutschland hat, im Besitz eines gültigen bundesdeutschen Führerscheins ist.

Folgendes Inserat stand in »AUTO MOTOR UND SPORT«:

Führerschein-Beratung
PKW – LKW – BOOT etc.
Sofort-Auskunft (keine Rechtsberatung)
Tel. 01 72/3 57 07 16

Es meldet sich nach einer Rufumleitung ins Ausland (zu bemerken am Tonimpuls) die IBC-Führerscheinberatung und bittet darum, Name, Anschrift und Telefonnummer auf dem Band zu hinterlassen – man werde zurückrufen.

Wir haben das getan – es rief jedoch niemand zurück. Ein paar Tage später erhielten wir dann doch einen Anruf:

Es ging um ausländische Führerscheine, bei Bootsführerscheinen ohne jede Prüfung.

Was davon zu halten ist, lesen wir gelegentlich in der Presse. Es ist völliger Unfug, anzunehmen, damit ein MPU-Problem lösen zu können.

Das allerdings behauptet der Anbieter auch nicht.

Anmerkung: Bei einer erneuten Kontrolle kurz vor Drucklegung dieses Buches ist der Anbieter plötzlich vom Markt verschwunden – die Telefonnummer nicht mehr vorhanden.

Die nächste Annonce erschien in unterschiedlichen Magazinen, die alle etwas mit AUTO zu tun haben.

Führerscheinentzug?
Soforthilfe! Legal · problemfrei
MPU auch ohne TÜV
T. (0 23 71) 2 57 82 o. (05 41) 4 79 35

Der Anbieter in der Nähe von Iserlohn unterliegt einem verhängnisvollen Irrtum, den er auch noch ziemlich sorglos nach außen formuliert: Er suggeriert, man bräuchte keine amtlich genehmigte Gutachterstelle, man könne sie umgehen – wenn das so einfach wäre. Wir riefen dort an:

Es meldete sich ein eher mürrischer Herr, der das Gespräch an eine sehr viel freundlichere Dame weitergab. Ich behauptete, ich müsse zur MPU und wolle Hilfe haben. Die freundliche Dame fragte sich klug durch meine »MPU-Karriere« und erklärte mir, sie könne mir Ärzte und Psychologen vermitteln, die mir helfen würden. Diese würden Stundenhonorare abrechnen – alles in allem käme ich auf etwa drei- bis viertausend

Mark. Das hört sich danach an, als wäre der Anbieter eine Art Honorar-Beschaffungsstelle. Ich habe wenig Vertrauen zu solchen unkonkreten Hilfsangeboten. Und ich kann mir nicht vorstellen, daß ein Mediziner oder zugelassener Psychologe solche Patienten-Beschaffungsaktionen unterstützt.

Folgender Anbieter inseriert in »AUTO-BILD« und in der »ADAC-Motorwelt«, und das seit etlichen Jahren. Offenbar sind genug Kunden da, die zahlen. Insoweit scheinen sich die doch hohen Insertionskosten zu amortisieren.

TÜV-Test-Vorbereitung
Mendel-Beratung 0 40/5 23 78 81

Die Mendel-Beratung in Hamburg gibt telefonisch keine Auskunft. Sie wird wissen, warum. Ich hatte den Eindruck, die Dame sei etwas ängstlich.

Die wirklich sehr freundliche Dame bot mir jedoch sofort ein kostenloses Merkblatt an und bat um meine Anschrift.

Ich gab ihr die Anschrift, und zwei Tage später lag ein pfiffig und schick gemachtes Merkblatt über das Leistungsangebot der Mendel-Beratung in unserer Post.

Drei unterschiedlich teure Angebote wurden uns gemacht:

Zum Preis von rund vierhundertfünfzig Mark ein Manuskript zum Thema MPU.

Zum Preis von achthundertfünfzig Mark dasselbe Manuskript mit zusätzlicher Telefonberatung.

Und zu einem Preis von eintausendzweihundert Mark gibt es ein persönliches Telefoncoaching (telefonische Beratung im psychologischen Bereich) dazu.

Die Unterlagen der Mendel-Beratung sind recht professionell gestaltet. Es sind Hinweise über einige Testverfahren enthalten. Der redaktionelle Teil der Unterlagen gibt ganz brauchbare Hinweise zur MPU und zu den Strategien, wie der Test erfolgreich zu bestehen ist. Die Mendel-Beratung war übrigens der freundlichste und hilfsbereiteste von allen getesteten Helfern in der Not. Der Preis ist allerdings – wie in der Branche üblich – hoch.

Diese Anzeige stand in der »ADAC-Motorwelt«:

Führerschein-Entzug
»Idioten-Test« droht – Wir bieten seit mehr als 10 Jahren praxisnahe 2-täg. Vorbereitungsseminare auf eine medizinisch. psycholog. Untersuchung an. Lassen Sie sich von unserem erfahrenen Fachberater-Team individuell und diskret vorbereiten.
VERKEHRS-FACHSCHULE seela
38104 Braunschweig · 97688 Bad Kissingen
Tel. 05 31/37 00 3-1 78 · Fax 3 70 03-1 74

Es handelt sich um eine vergleichsweise große Fahrschule und Fahrlehrerschule, die auch MPU-Beratung anbietet. Herr Heigl, Leitender der Schule, war sehr entgegenkommend und hat uns geschildert, wie die seela arbeitet. In zweitägigen Seminaren in einem Hotel in Bad Harzburg werden die MPU-Kandidaten für die Prüfung geschult. Diese Schulung kostet fünfhundertvierzig Mark. Ein Pädagoge kümmert sich um die Kandidaten. Es wird in Kleingruppen gearbeitet mit etwa fünf bis sechs Teilnehmern. Die seela hat keine MPU-Abnahme-Berechtigung. Das bedeutet, die Teilnehmer müssen zu externen MPU-Stellen, dem TÜV oder zu einer anderen anerkannten Untersuchungsstelle. Die seela machte auf uns einen sehr seriösen Eindruck.

Folgendes Angebot fand sich in der »ADAC-Motorwelt« und in »AUTO-BILD«.

Führerschein Verlust? MPU negativ?
Seriöse und fachliche Hilfe bis zum
sicheren Erfolg in kürzester Zeit.
TBS GmbH. Balsterstraße 58 Dortmund
Tel. 02 31-7 22 56 00

Die telefonische Beratung der TBS GmbH ist sehr umfangreich, hinterläßt einen sehr angenehmen Eindruck. Man fühlt sich sofort gut betreut, erhält sehr gute Hintergrundinformationen zur Vorgehensweise und zum Angebot.

Einzelgespräche und Gruppenseminare werden angeboten. Gruppenseminare sind deutlich billiger als ein Einzelcoaching. Ein Seminar kostet um die zweitausendvierhundert Mark, allerdings wird man vier Termine buchen müssen.

Die Einzelgespräche/Einzelsitzungen sind sehr teuer.

In der Summe kann man bis zu zwölftausend Mark für ein solches kombiniertes Seminar/Gesprächscoaching bezahlen.

Die TBS GmbH bietet an, mit dem jeweiligen Straßenverkehrsamt zu verhandeln, ob der MPU-Kandidat bis zur Vorlage eines positiven Gutachtens den Führerschein behalten kann.

Die TBS GmbH verfügt nach eigener Auskunft über Gutachter und Psychologen, die ein TBS-Gutachten erstellen, das dem Straßenverkehrsamt vorgelegt werden kann.

Ich glaube der TBS GmbH durchaus, daß sie über eigene Psychologen verfügt – ich glaube aber nicht, daß es dem Unternehmen auch nur einmal gelungen ist, ein Straßenverkehrsamt einzuwickeln.

Der Preis für die von der TBS angebotenen Leistungen ist sehr hoch, besonders wenn das Einzelcoaching in Anspruch genommen wird. Ich kann mir allerdings vorstellen, daß das Coaching doch hilfreich ist und zum Bestehen der MPU beiträgt.

Dieser Anbieter inseriert in »AUTO-BILD« und in der »ADAC-Motorwelt«.

TÜV-MPU Vorbereitung m. Geld-
zurück-Garantie VTT 02 11/43 15 27

Die VTT Düsseldorf berät am Telefon weniger umfangreich, aber ziemlich präzise. Die Firma bietet Einzelgespräche an, deren Kosten sich auf insgesamt etwa zweitausendvierhundert Mark belaufen. Die Lehrgespräche sind so gelegt, daß der Kandidat kurz vor seiner MPU das letzte Gespräch hat und gut gebrieft in die MPU geht.

Das letzte Beispiel stammt ebenfalls aus »AUTO-BILD«.

Führerscheinprobleme?
MPU auch ohne TÜV
Wir helfen europaweit
Geld-zurück-Garantie bei Nichterfolg
kostenloses Informationsmaterial bei
WeKo · Tel. 02 34/5 35 24 · Fax 5 35 27

Die Mitarbeiterin am Telefon war sehr freundlich, und schon am nächsten Tag hatten wir unser Informationsmaterial. Auch hier entstehen Kosten in Höhe von etwa dreitausend Mark.

Was haben alle Anbieter dieser Dienstleistung gemeinsam?

- Sie nutzen die Angst der Kandidaten vor der MPU für ihr Geschäft.
- Sie nehmen viel Geld für eine Leistung, die man auch für dreißig bis sechzig Mark haben kann, dieses Buch zum Beispiel.
- Alle Anbieter wissen, daß sie sich in einer Grauzone befinden. Sie verkaufen eine Leistung, die für den einzelnen unüberprüfbar ist.
- Die Anbieter wissen genau, daß kaum eine Straßenverkehrsbehörde die von den Anbietern gefertigten Gutachten oder Schulungen anerkennt.
  Dennoch wird den Betroffenen eine Art rezeptiver Hilfe angeboten, die mit tatsächlicher, intrinsischer Veränderung nichts zu tun hat.
- Die Anbieter betreiben ein flächendeckendes Marketing. Telefonische Beratungen beim Erstkontakt sind meist sehr umfangreich und sehr freundlich, sehr entgegenkommend. Man

verzeihe mir den Vergleich, aber er drängt sich geradezu auf: Wir kamen uns bei unseren Recherchen zu »Helfern in der Not« stets vor, als wären wir bei einem Kredithai und nicht bei der Sparkasse. Auch Kredithaie verleihen Geld und sind sehr, sehr freundlich …

Fazit: Pauschal zu sagen, lassen Sie die Finger von diesen Angeboten, ist sicherlich gegenüber den fairen Anbietern nicht gerecht.

Pauschal zu sagen, machen Sie mal ein Seminar, kaufen Sie mal die teuren Unterlagen, wäre auch nicht richtig – dem Betroffenen gegenüber.

Sie als Betroffener sind nicht in der Lage, zu überprüfen, ob es sich beim Anbieter um ein großes oder ein kleines Institut handelt, ob der Anbieter viele oder keine kompetenten Mitarbeiter hat.

Psychologische Beratung ist in der Bundesrepublik Deutschland gesetzlich nicht geschützt. Das bedeutet, jeder Ein-Mann-Betrieb kann in diesem Beratungsmarkt mitmischen.

Was nicht bedeutet, daß Ein-Mann-Betriebe grundsätzlich weniger kompetent wären.

Was kann der Betroffene nun konkret tun, um in diesem Markt die Spreu vom Weizen zu trennen?

Konkret *gar nichts.*

Im Zweifel ausprobieren – aber das kann sehr teuer werden. Am besten die Finger von solchen Angeboten lassen und versuchen, preisgünstigere Wege zu beschreiten, sich nicht bange machen lassen. Sie haben gerade einen guten Weg beschritten – Sie lesen dieses Buch.

Wenn Sie jedoch wirklich meinen, eine Schulung müsse sein, Hilfe wäre dringend nötig, dann lassen Sie sich unbedingt von dem »Helfer in der Not« mindestens drei Adressen geben, oder besser fünf, und zwar von Kunden, die das hinter sich gebracht haben, was Sie sich vornehmen.

Rufen Sie die Leute an, sagen Sie ganz offen, daß Sie vor dem Problem der MPU stehen, und lassen Sie sich schildern, wie die Hilfe konkret abgelaufen ist. Lassen Sie sich schildern, was es denn *tatsächlich* genutzt hat, sich schulen zu lassen. Nur der Nutzen zählt. Wenn Sie dann meinen, der Nutzen rechtfertige den Preis, kaufen Sie Hilfe ein. Vermutlich wird sich der »Helfer in der Not« zunächst einmal auf das Bundesdatenschutzgesetz berufen und behaupten, er könne Ihnen keine Adressen oder Telefonnummern geben, er dürfe das gar nicht. Bleiben Sie hart. Ein gut betreuter Kunde erlaubt die Weitergabe als Referenz. Der »Helfer« soll sich was einfallen lassen.

Eine andere Alternative – und sicher nicht die schlechteste: Rufen Sie uns an oder senden Sie uns ein Fax (busch+partner Gutachter und beratende Psychologen 0 35 35 – 23 608) mit einer kurzen Schilderung Ihres spezifischen MPU-Falles. Einer unserer Psychologen setzt sich dann mit Ihnen in Verbindung, und wir klären, wie Ihr MPU-Status zur Zeit ist und was günstigstenfalls wie und wann zu erledigen wäre oder was Sie lieber nicht tun sollten. Wenn nötig helfen wir Ihnen bei der Auswahl der Untersuchungsstelle oder bei der Auswahl eines Psychologen, der in Ihrer Nähe praktiziert, oder einer unserer Psychologen setzt sich mit Ihnen zusammen und klärt Ihren Fall mit Ihnen.

Wie gesagt, von Seminaren halten wir nichts. Jede Täterkarriere ist anders. Deshalb bringen Sie hier nur eine ganz präzise Analyse und ein Einzelcoaching weiter.

Schönen Dank, daß Sie so konsequent mitgearbeitet haben.

Ich wünsche Ihnen viel Erfolg bei der Bewältigung Ihres MPU-Problems und bin ganz sicher: Wenn Sie sich an das halten, was meine Kollegen und ich Ihnen in diesem Arbeitsbuch empfohlen haben, dann werden Sie erfolgreich durch die MPU kommen.

Glossar – Verzeichnis der Fachbegriffe

Jede Verwaltungsanordnung, jede Durchführungsverordnung, jeder Gesetzestext bedient sich häufig und manchmal kaum nachvollziehbar einer bestimmten juristischen Fachsprache. Diese Fachsprache bedeutet für den normalen Bürger, daß er oft kaum noch ein Wort von diesem Chinesisch versteht. Das gilt nicht nur im juristischen Bereich, auch mein Berufsstand, die Psychologen, bedient sich einer großen Menge von Fachausdrücken, die durchaus erklärungsbedürftig sind.

Manchmal handelt es sich bei den Fachausdrücken der Verwaltungen, Juristen und Gutachter um exotische Begriffe, manchmal sind es kleinste Nuancierungen, die dann einen anderen Sinn, einen anderen Aussagewert, in einem Gutachten erkennen lassen.

Häufig hat man den Eindruck, daß mit diesen Fachsprachen bewußte Abgrenzungen und Barrieren zwischen den »Fachleuten« und den »Nichtfachleuten« hergestellt oder zumindest forciert werden sollen. Das dient letztendlich niemandem – es verwirrt nur. Dennoch begleitet uns »Fachsprache« in fast allen Lebensbereichen, leider. Damit Sie die Sinnzusammenhänge von Verwaltungsentscheidungen noch besser verstehen lernen, habe ich hier die wesentlichen verwendeten Fachbegriffe aufgelistet und so gut wie möglich – und vor allem so einfach wie mir möglich – erklärt.

Abstraktion Darunter verstehen wir die Fähigkeit zur Bildung von Begriffen, die nur dem geistig normal entwickelten Menschen ab einer bestimmten Stufe der Intelligenzentwicklung möglich ist. Eine gute Abstraktionsfähigkeit bei Menschen läßt im Umkehrschluß die Vermutung zu, daß es sich um einen intelligenten Menschen handelt.

Aggressionspotential Der Begriff kommt aus der Sprache der Psychotherapie. Gemeint ist hier die Menge von Energie (Aggressionsenergie), die ein Mensch aufzuwenden in der Lage ist, um seine Ziele zu erreichen. Die Aggressionspotentiale von Menschen sind sehr unterschiedlich. Es gibt Menschen, die eher »ruhige Schafe« sind, andere wieder sind schnell aufgebracht, jähzornig und sehr spontan.

Akzeleration Es handelt sich in diesem Fall um die Beschleunigung der körperlichen Entwicklung bei Kindern und Jugendlichen, die seit dem beginnenden neunzehnten Jahrhundert in allen Industriestaaten zu beobachten ist; sie macht sich vor allem durch Zunahme der Größe und des Gewichts bemerkbar und betrifft Stadtbewohner stärker als Bewohner ländlicher Gebiete, so daß man die Akzeleration teilweise aus Umweltfaktoren (wie zum Beispiel Reizüberflutung, Streßeinwirkungen) erklärt; die geistig-seelische Entwicklung hält mit dieser körperlichen Entwicklung nicht Schritt.

Amtsgericht Ordentliches Gericht, erste Instanz der bundesdeutschen Gerichtsbarkeit. Hier werden Zivil- und Strafsachen verhandelt und wird Recht gesprochen; auch zuständig für Verkehrssachen der ersten Instanz. Hier fängt der »Ärger« an. In der Regel urteilen Einzelrichter; kein Anwaltszwang, das heißt, der Beklagte kann sich auch selbst verteidigen. In dieser Instanz werden in der Regel Fälle verhandelt, denen keine besondere Schwere zugemessen wird.

Anhörung Unterschiedliche Verwaltungsvorschriften und Durchführungsverordnungen schreiben vor, daß der Bürger vor einer endgültigen Verwaltungsentscheidung »angehört« werden *muß,* andere, daß der Bürger »angehört« werden *soll.* Diese Vorschriften differieren von Verwaltung zu Verwaltung und von Rechtsbereich zu Rechtsbereich. Die Anhörung kann schriftlich erfolgen, das heißt, der Betroffene kann binnen einer fixierten Frist (in der Regel ein oder zwei Wochen) seine Meinung zu der Verwaltungsentscheidung vortragen. Auch besteht die Möglichkeit, die Anhörung bei der zuständigen Behörde persönlich zu machen, das heißt dort zu Protokoll zu geben.

Anlaßbezogenheit Dieser Begriff stammt aus den MPU-bezogenen Durchführungsverordnungen und bedeutet, daß eine MPU in ihrem Ziel den Anlaß zur MPU-Aufforderung zu beachten hat. Das bedeutet, daß eine MPU wegen körperlicher Mängel den Mangel (zum Beispiel akute Sehschwäche auf einem Auge) zum Ausgangspunkt machen muß. Das heißt, es darf nicht etwa die allgemeine »Lebensfähigkeit« oder psychische Verfassung eines MPU-Probanden untersucht werden. Hier werden von den Gutachtern häufig Fehler gemacht. Der Gutachter darf sein Gutachten nur an den tatsächlichen Eignungsmangel des MPU-Kandidaten anlehnen.

Anordnung Dem Typ nach ein sogenannter Verwaltungsakt. Eine Entscheidung oder Verfügung, die von einer Behörde oder einem Gericht zur Klärung oder Regelung eines Einzelfalles getroffen wird, wendet sich unmittelbar gegen den Betroffenen. Eine Anordnung hat eine einseitige rechtliche Wirkung, die verbindlich eine endgültige oder begleitende oder vorbereitende Maßnahme beinhaltet, um zu bestimmen, was für den Betroffenen in der Zukunft rechtens ist. Eine Anordnung ist von keiner Gegenleistung der Behörde abhängig. Bei allen Anordnungen in Führerscheinsachen der Verwaltungsbehörden und Gerichte ist zu beachten, daß das Nichtbefolgen von der Verwaltungsbehörde sofort mit der Eignungsausschließung quittiert wird, das heißt, der Betroffene gilt als nicht geeignet zur Teilnahme am öffentlichen Straßenverkehr.

Antrieb Maß der seelischen Dynamik eines Menschen, eine Grundfunktion des Seelenlebens, welche die Voraussetzungen für andere seelische Leistungen schafft; bei Hirnkrankheiten und seelischen Leiden kann der Antrieb übersteigert oder abgeschwächt sein. Depressive Menschen verfügen über einen schwächeren Antrieb als manische Menschen.

Apperzeption Bewußte Erfassung von Inhalten einer Wahrnehmung und deren Eingliederung in eine Gruppe bereits vorhandener Vorstellungen. Wenn jemand etwas »apperzeptiert« hat, dann hat er einen Wert oder eine Vorstellung tatsächlich (intrinsisch) angenommen.

Assoziation Verknüpfung von Ideen und Vorstellungen nach ihrer Ähnlichkeit und praktischen Erfahrungen, zum Beispiel Henne und Ei oder Blitz und Donner; Assoziationen dienen im Alltag vor allem der Lösung von Aufgaben; auch Phantasie und Traum stehen damit im Zusammenhang.

Attest In der Regel eine ärztliche Bescheinigung, die den Zulassungsstempel (Kassenzulassungsnummer) des Arztes, das Datum, den Ort, Name, Anschrift und Unterschrift des Arztes tragen muß. Ein Rezeptvordruck des Arztes mit Informationen reicht in der Regel nicht aus, den Sinn eines Attestes zu erfüllen.

Autogenes Training Technik zur Entspannung und Selbstbeeinflussung nach Professor J. H. Schultz. Diese Technik besteht aus sechs Grundübungen mit Vorstellungen von Wärme, Schwere, Kühle der Stirn und Beruhigung der Atmung, die Körper, Geist und Seele entspannen; im entspannten Zustand ist eine positive Selbstbeeinflussung möglich; die Oberstufe des autogenen Trainings führt durch die Vorstellung von Farb- und Bilderlebnissen zur verbesserten Selbsterkenntnis (oder präziser ausgedrückt: soll zur verbesserten Selbsterkenntnis führen). Bei etwa einem Drittel aller Menschen funktioniert autogenes Training reibungslos. Andere haben damit Probleme – das heißt, die Trainings führen nicht immer zu dem beabsichtigten Erfolg.

BAK Abkürzung für den Begriff Blutalkoholkonzentration.

BASt Abkürzung für »Bundesanstalt für Straßenwesen« in Bergisch Gladbach bei Köln. Kümmert sich um Straßennetze und Infastrukturplanungen. Fusioniert Daten und Fakten zu Verkehrsberichten.

Befähigungsprüfung Ein anderer Name für Führerscheinprüfung. Der Name taucht in der Regel nur in Durchführungsverordnungen der Vewaltungen und Behörden auf.

Behörde Anderer Begriff für Verwaltung. Behörde beinhaltet immer hoheitliche Anordnungsbefugnisse. Beispiel Straßenverkehrsbehörde.

Beibringungsverpflichtung Wenn der Betroffene von der Behörde aufgefordert wird, ein positives MPU-Gutachten »beizubringen«, dann haben wir es mit einer »Beibringungsverpflichtung« zu tun. Zwar ist der Betroffene nicht juristisch verpflichtet, das Gutachten beizubringen, tut er es aber nicht, nimmt er in Kauf, daß die Behörde davon ausgeht, er sei zum Führen von Kraftfahrzeugen im öffentlichen Straßenverkehr nicht geeignet – und der Führerschein ist weg. Insofern haben wir es bei der »Beibringung« mit einem indirekten suggestiven Zwang zu tun.

Betroffener Derjenige, der »betroffen« ist von einer Verwaltungsentscheidung. Anderes Wort für Kandidat, zu Untersuchender, Proband.

Beweislast Im Gegensatz zur »Beweispflicht« ist die Beweislast eine tatsächliche Last, die dem Verkehrsteilnehmer aufgebürdet wird. Denn er muß beweisen, daß die Annahme der Verwaltungsbehörde, er sei zum Führen von Kraftfahrzeugen im öffentlichen Straßenverkehr nicht geeignet, falsch ist. Der Verkehrsteilnehmer ist damit belastet, den Vorwurf der Behörde zu entkräften. So trägt der Betroffene faktisch die Beweispflicht, obwohl die Beweisverpflichtung letztendlich, rein juristisch, der Behörde obliegt.

BGB Abkürzung für Bürgerliches Gesetzbuch.

BMV Abkürzung für »Bundesministerium für Verkehr«.

Bundesgerichtshof Oberstes bundesdeutsches Zivilgericht. Entscheidungen des Bundesgerichtshofes haben Gesetzescharakter. Oberhalb des Bundesgerichtshofes gibt es keine Instanz mehr – außer dem Bundesverfassungsgericht, das sich aber nicht mit Zivil- oder Strafsachen beschäftigt, sondern damit, ob eine Sache verfassungskonform ist oder nicht.

Bundesverkehrszentralregister Genaugenommen handelt es sich hierbei gar nicht um ein Register. Man kann sich darunter eher eine komplexe Computerdatei vorstellen, die in einem Rechenzentrum in Flensburg verwaltet wird. Im Volksmund spricht man auch vom → Flensburger Punktekonto.

Bundesverwaltungsgericht Oberstes Gericht der Verwaltungsgerichtsbarkeit. Das Bundesverwaltungsgericht legt grundsätzliche Richtlinien fest, nach denen die Verwaltungen ihre Vorgehensweisen einzurichten haben. Diese grundsätzlichen Richtlinien entstehen aufgrund von Urteilen und Urteilsbegründungen dieses obersten Verwaltungsgerichts.

Bundeszentralregister Hier werden rechtskräftige Urteile aufgezeichnet und in Form einer Datei aufbewahrt – und zwar annähernd ewig. Das Bundeszentralregister gibt Auskunft darüber, ob jemand Vorstrafen hat. Behörden bekommen vom Bundeszentralregister andere und ausführlichere Auskünfte als Sie und ich. Wenn eine Behörde ein begründetes Interesse nachweist, hat sie Zugang zu den Informationen des Registers. Richter, Staatsanwälte, Verwaltungen und Behörden haben Zugang zu den Daten, wenn ein Verfahren anhängig ist. Die Polizeibehörden haben Zugang, wenn sie ermitteln.

Bußgeld Ein Bußgeld wird von einer Behörde oder einem Gericht für unterschiedliche Ordnungswidrigkeiten verhängt. Das Bußgeld orientiert sich nicht an den spezifischen Einkommensverhältnissen des Betroffenen und ist juristisch etwas anderes als eine → Geldstrafe.

BVerwG Abkürzung für Bundesverwaltungsgericht.

BZR Abkürzung für Bundeszentralregister.

BZRG Abkürzung für Bundeszentralregistergesetz.

Charakter Seelische Struktur des Menschen, seine Wesensart und Haltung, die durch Anlagen und Umwelteinflüsse geprägt wird.

DAR Abkürzung für Deutsches Autorecht. Hier handelt es sich um eine juristische Fachzeitschrift, die sich mit Verkehrsrecht und Urteilen und deren Begründung beschäftigt. Die Zeitschrift ist nur im Abo zu beziehen.

Debilität Leichtester Grad geistiger Schwäche, verursacht durch Erbanlagen oder im Lauf des Lebens eingetretene Hirnschäden.

Depression Seelischer Zustand eines Menschen, in dem er kaum mehr Antriebe fühlt, lustlos ist, kaum mehr den Sinn eigener und fremder Lebensäußerungen findet. Bei sich häufiger wiederholenden depressiven Phasen sollte der Betroffene unbedingt seinen Arzt aufsuchen. Das Gegenteil von Depression nennen wir → »manisches Verhalten«. Wechseln die emotionalen Zustände zwischen himmelhoch jauchzend und zu

Tode betrübt, dann sprechen wir von manisch-depressiven Menschen.

Diagnose Feststellung von Krankheiten durch Untersuchung. Der Begriff findet sich in unterschiedlichen Wissenschaftsbereichen wieder, nicht nur in der Medizin. Auch die Psychologen sprechen von Diagnose.

Doppelbegutachtung Die MPU ist eine typische Doppelbegutachtung. Das heißt, hier werden zwei Gutachtenbereiche, die im Gerichtsverfahren klassischerweise getrennt sein müssen, zusammengeworfen: die medizinische und die psychologische Begutachtung.

Eignungsausschließung Ein Fachbegriff der Verwaltungen. Der Begriff bedeutet, der Betroffene ist nicht geeignet, am öffentlichen Straßenverkehr teilzunehmen. Die Eignungsausschließung kommt häufig dann vor, wenn sich der Betroffene nicht an eine Anordnung der Verwaltungsbehörde hält, zum Beispiel den Führerschein nicht binnen der auferlegten Frist abliefert.

Eignungsrichtlinien Kurzform einer juristischen Richtlinie: »Richtlinien für die Prüfung der körperlichen und geistigen Eignung von Fahrerlaubnisbewerbern und Fahrerlaubnisinhabern des Bundesministers für Verkehr vom 1.12.1982 in der Fassung der Novellierung vom 22.6.1990«. In dieser Eignungsrichtlinie wird beschrieben, nach welchen Kriterien und Methoden die MPU-Untersuchungen abzulaufen haben.

Einspruch Ein sogenannter »Rechtsbehelf« im Verwaltungsverfahren, der dem Betroffenen die Möglichkeit gibt, binnen einer festen Frist, in der Regel zwei oder vier Wochen nach dem Erlassen des Verwaltungsaktes, einen »Einspruch« bei der Verwaltung einzureichen oder dort zu Protokoll zu geben. Über den Einspruch entscheidet die zuständige Verwaltungsbehörde. Im Führerscheinverfahren gibt es keinen Einspruch – hier gibt es den sogenannten Widerspruch gegen Verwaltungsakte, der prinzipiell ähnlich gehandhabt wird und nur graduelle Unterschiede in der verwaltungsrechtlichen Bearbeitung aufweist.

Entziehung der Fahrerlaubnis Sie wird von der Verwaltungsbehörde oder von einer anderen Stelle, zum Beispiel einem

Amtsgericht, verfügt. Sie ist ein förmlicher Verwaltungakt, der mit sofortiger oder zeitverzögerter Wirkung Rechtskraft erlangen kann. Durch die Entziehung der Fahrerlaubnis verliert der Führerschein seine Gültigkeit – auch dann, wenn der Betroffene den Führerschein nicht abgibt oder verliert. Die Tatsache, daß das Dokument nicht bei der Behörde vorliegt, bedeutet nicht, daß der Führerschein nach der Entziehung noch Gültigkeit hätte. Die Entziehung der Fahrerlaubnis wird sofort in das Polizei-Informationssystem eingegeben. So kann jeder Polizist von seinem Streifenwagen aus sofort überprüfen, ob ein Verkehrsteilnehmer noch über seine Fahrerlaubnis verfügt oder ob der bei der Verkehrskontrolle vorgelegte Führerschein noch Gültigkeit hat.

Entziehungsandrohung Allein die Tatsache, daß die Verwaltungsbehörde vermutet, ein Verkehrsteilnehmer sei nicht zum Führen von Kraftfahrzeugen im öffentlichen Straßenverkehr geeignet, reicht aus, die Entziehung der Fahrerlaubnis anzudrohen. Dabei teilt die Behörde dem Betroffenen ihre Absicht mit, den Führerschein einziehen zu wollen. In der Regel wird dem Verkehrsteilnehmer das Recht eingeräumt, zu dieser Entziehungsanordnung Stellung zu nehmen. Es ist wichtig, bei einer Entziehungsandrohung sofort zu reagieren und mit der Behörde Kontakt aufzunehmen. Ansonsten kann die Behörde den Führerschein einziehen, ohne weitere Begründungen abzugeben.

Ersttäter Darunter versteht man den Täter, der zum erstenmal auffällt. Zum Beispiel, wenn ein Kraftfahrer zum erstenmal beim Fahren unter Alkohol erwischt wird. Ersttäter haben es bei der MPU deutlich leichter als Wiederholungstäter.

Extravertiert Persönlichkeitstyp, der in seinen Einstellungen mehr nach außen gekehrt ist und durch Kontaktfreude, Anpassungsfähigkeit und eine gewisse Unbekümmertheit gekennzeichnet ist.

Extrinsisch motiviert Jemand, der aufgrund eines Sekundärziels zu Handlungen motiviert ist. Zum Beispiel ist der Angler extrinsisch motiviert, der möglichst viele Fische angeln will, um Geld zu verdienen.

Fahrlässigkeit Fahrlässig handelt, wer etwa ohne weiter darüber nachzudenken mit dem Fahrzeug fährt, obwohl er getrunken hat. Bei einer Fahrlässigkeit fehlt es dem Betroffenen an der notwendigen Sorgfalt.

Fahrverbot Darunter versteht man im wahrsten Sinne des Wortes, daß dem Betroffenen das Fahren verboten wird. Das bedeutet nicht, daß der Führerschein nicht mehr gültig wäre oder die Fahrerlaubnis gar erloschen wäre. Es wird lediglich für einen kürzeren oder längeren Zeitraum das Fahren von Amts wegen verboten. Das Fahrverbot darf nur ein bis drei Monate dauern. Nach dem Ablauf eines Fahrverbotes muß der Führerschein dem Betroffenen wieder ausgehändigt werden. (→ Führerscheinentzug)

FE Abkürzung für Fahrerlaubnis.

Flensburger Punktekonto Eigentlich: Verkehrszentralregister. Genaugenommen handelt es sich hierbei nicht um ein Konto oder Register. Man kann sich unter dem Punktekonto eher eine komplexe Computerdatei vorstellen, die in einem bundeseigenen Rechenzentrum in Flensburg verwaltet wird. Nicht alle Verkehrsverstöße werden in diese Datei eingetragen. Wenn man zum Beispiel falsch parkt oder die vorgeschriebene Geschwindigkeit nur um wenige Stundenkilometer überschreitet, wird dies nicht mit Punkten geahndet und auch nicht im Punktekonto eingetragen. Im sogenannten Punktekatalog ist festgelegt, welche Anzahl Punkte bei welcher Tat anfielen. Bei neun Punkten erhält der Betroffene eine Verwarnung aus Flensburg. Das heißt, die Flensburger Punktewächter schreiben ihm einen Brief und weisen auf die neun Punkte hin. Bei einem Punktestand von vierzehn muß der Betroffene die theoretische Führerscheinprüfung wiederholen. Bei einem Saldo von achtzehn Punkten wird der Verkehrsteilnehmer aufgefordert, und zwar ultimativ, sich einer medizinisch-psychologischen Untersuchung zu unterziehen. Die in der Flensburger Datei gesammelten Punkte bleiben nicht ewig dort stehen. Es besteht die Möglichkeit, den Punktesaldo wieder auf null zu bringen. Dazu wäre es notwendig, nach dem letzten eingetragenen Punkt ganze zwei Jahre »punkteabstinent« zu bleiben, also sich nichts zuschulden kommen zu lassen. Kommen im Laufe der zwei Jahre erneut Punkte hinzu, läuft die Löschungsfrist von vorne an. Das bedeutet, erneut zwei Jahre Löschfrist. »Löschen« heißt in diesem Zusammenhang lediglich, daß die ehemals bestehenden Punkte bei einem Straf- oder Ordnungswidrigkeitenverfahren nicht berücksichtigt werden dürfen. Löschen heißt nicht, daß ein Richter keinen Zugang zu den alten punkterelevanten Verstößen hätte. Es kann also sein, daß Hunderte von Verkehrsverstößen über Jahrzehnte hinweg aktenkundig bleiben. Das bedeutet, daß der Psychologe bei einer MPU Kenntnis über die gesamte verkehrsrechtliche Vorgeschichte des Betroffenen erlangen kann, wenn ihm die Verwaltungsbehörde einen kompletten Auszug aus dem Flensburger Zentralregister beschafft.

Fragestellung Im Zusammenhang mit der MPU die Formulierung der Frage: Was soll konkret untersucht werden, mit welchem Ziel?

Frustration Enttäuschung, Versagung; insbesondere die Enttäuschung von Gefühlen im frühkindlichen Alter, etwa durch Ablehnung der Eltern oder Heimerziehung; sie schafft oft die Grundlagen späterer seelischer Störungen.

Führerscheinakte Über jeden Inhaber eines Führerscheins wird in der Bundesrepublik Deutschland eine sogenannte Führerscheinakte geführt, und zwar von der Verwaltungsbehörde am Wohnsitz des Führerscheininhabers. Zieht der Führerscheininhaber um, wird die Führerscheinakte in der Regel nicht nachgesandt. Erst wenn die Verwaltung die Führerscheinakte benötigt, um etwa eine Entziehungsanordnung zu beschließen, fordert sie die Führerscheinakte bei der verwaltenden Stelle an. Es kann also sein, daß die Führerscheinakte über Jahre hinweg bei der Behörde der Stadt oder Gemeinde liegt, wo Sie vor Jahren den Führerschein gemacht haben. Typisch für die Führerscheinakte ist, daß Eintragungen kaum gelöscht werden, auch wenn die Verfahren längst erledigt sind und Jahre zurückliegen. Zwar darf die Verwaltung das nicht, aber da fragt kaum jemand nach. Die Berücksichtigung von Eintragungen, die längst gelöscht sein müßten, kann natürlich zu verzerrten Gutachterurteilen führen.

Führerscheinentzug Wenn der Führerschein entzogen ist, dann ist die Fahrerlaubnis, das Recht zum Autofahren, erloschen. In aller Regel wird mit dem Erlöschen der Fahrerlaubnis vom Gericht eine → Sperrfrist ausgesprochen. Diese liegt in der Regel zwischen sechs Monaten und fünf Jahren. Danach hat der Betroffene das Recht, die Fahrerlaubnis neu zu erwerben. Allerdings gibt es auch Fälle, in denen lebenslängliche Sperrfristen ausgesprochen werden, das heißt, daß der Betroffene nie wieder als Auto- oder Motorradfahrer am öffentlichen Straßenverkehr teilnehmen kann.

Führerscheinstelle Eine Abteilung oder Arbeitsgruppe des Straßenverkehrsamtes der Stadt oder Gemeinde. Dort werden alle Führerscheinangelegenheiten geregelt.

Gamma-GT Abkürzung für Gamma-Glutamat-Transpeptidase. Es handelt sich hier um die Definition von Labor-Leberwerten, die im Blutserum bestimmt werden.

GebOSt Abkürzung für Gebührenordnung für Maßnahmen im Straßenverkehr.

Geldstrafe Eine Geldstrafe wird von den Gerichten für unterschiedliche Straftatbestände verhängt. Die Geldstrafe orientiert sich immer an den persönlichen Einkommensverhältnissen des Beklagten. Das heißt, ein Großverdiener zahlt eine höhere Geldstrafe, sogenannte höhere Tagessätze, als ein Kleinverdiener. Kann oder will der Betroffene die Geldstrafe nicht zahlen, dann besteht die Möglichkeit, diese Geldstrafe im Gefängnis zu den betreffenden Tagessätzen »abzusitzen«.

Gesamtpersönlichkeit Unter diesem Begriff verstehen die Psychologen die ganze Persönlichkeit eines Menschen. Das beinhaltet auch alle näheren oder ferneren Lebensumstände eines Probanden, zum Beispiel Familienstand, ausgeübter Beruf, Gewohnheiten, spezifische und allgemeine Vorgeschichte des Verkehrsverstoßes, Alkohol- oder Drogenabhängigkeiten usw. Das Bundesverwaltungsgericht hat in einem Urteil (BVerwG 7

C 87, 84) am 20. Februar 1987 eindeutig geklärt, daß die Beurteilung der Gesamtpersönlichkeit bei der MPU zulässig ist.

GOT Abkürzung für Glutamat-Oxalaceta-Transaminase. Es handelt sich hier um die Definition von Labor-Leberwerten, die im Blutserum bestimmt werden.

GPT Abkürzung für Glutamat-Pyruvat-Transaminase. Es handelt sich hier um die Definition von Labor-Leberwerten, die im Blutserum bestimmt werden.

Graphologie Wissenschaftliche Deutung der Handschrift, die Rückschlüsse auf Charakter und Persönlichkeit des Schreibers zuläßt (zulassen soll).

Gutachter Die medizinisch-psychologischen Gutachten werden von unterschiedlichen Stellen durchgeführt. Diese Stellen, meist psychologische Institute der amtlichen Untersuchungsstellen, beschäftigen Gutachter. In der Regel handelt es sich hierbei um ausgebildete Diplompsychologen der klinischen Fachrichtung mit Langzeitstudium. In selteneren Fällen arbeiten auch Organisationspsychologen als Gutachter. Sie benötigen dann allerdings eine therapeutische Zusatzausbildung in wenigstens zwei anerkannten therapeutischen Disziplinen.

Herrschaftswissen Fachwissen weniger Experten, das ihnen eine gewisse Macht über Laien verleiht, zum Beispiel in Psychologie, Medizin oder Rechtswissenschaft.

Ich-(Selbst-)Bewußtsein Wissen des Menschen um die Tatsache, daß er alle Erlebnisse, Erfahrungen, Erinnerungen und Empfindungen individuell wahrnimmt.

Imbezillität Stärker als → Debilität, ausgeprägte Geistesschwäche. Die Betroffenen können weder lesen noch schreiben und kein selbständiges Leben führen.

Indikandum In der Psychologie der tatsächliche Motivauslöser, der tatsächliche Antrieb, der durch den Indikator erst sichtbar und meßbar wird.

Indikator In der Psychologie ein sichtbares, meßbares, wägbares, spürbares Merkmal, ein überprüfbarer Faktor in einem Geschehen.

Individualität Einmaligkeit der Person als Inbegriff ihrer besonderen Merkmale, die im Spannungsfeld zwischen Anpassung und Selbstverwirklichung soweit wie möglich erhalten bleiben sollen.

Individuum Erste Entwicklungsstufe der Persönlichkeit (wir kommen als Individuum zur Welt), vorwiegend durch die Anlagen bestimmt.

Intention Absicht, die hinter dem Erleben und Verhalten steht.

Interesse Neigung des Menschen, sein Verhalten und Handeln auf bestimmte Erlebnisse, Tätigkeiten oder Objekte zu richten.

Intervention Bedeutet im Sinne der Psychologie einen Eingriff, genauer gesagt einen therapeutischen Eingriff, in die Psyche des Betroffenen. Dabei können Wertvorstellungen therapeutisch verändert oder Angstzustände gemildert werden, Ziele neu definiert und alte Moralwerte beseitigt werden. Um Menschen aus einem gefestigten Wertsystem herauszulösen, bedarf es einer Intervention. Wenn zum Beispiel jemand als Wertvorstellung hat, er müsse andere Verkehrsteilnehmer drangsalieren, bedarf es einigen Aufwandes, um ihn aus diesem Wertgefüge herauszulösen und eine andere ethisch-moralische Wertvorstellung zu installieren. Interventionen müssen allerdings nicht immer von Therapeuten angesetzt werden. Die Erfahrung zeigt, daß es eine große Menge von Anlässen im Leben gibt, durch die sich Wertvorstellungen verändern, zum Beispiel durch den Faktor Zeit oder den Faktor Lebensalter. Das Straßenverkehrsrecht sieht vor, daß ein Betroffener unter Umständen zwei oder drei Jahre ohne Führerschein bleibt, um seine Wertvorstellungen zum Thema Alkohol oder Aggression neu ordnen zu können. Dann muß er zu einer MPU, die er vermutlich erfolgreich besteht. Das wäre dann auch eine Intervention.

Intrinsisch motiviert Menschen, die aus einem tatsächlichen, inneren Antrieb – einer sogenannten Primärmotivation – heraus etwas tun oder lassen und ihre Entscheidungen treffen, sind intrinsisch motiviert. Zum Beipiel der Angler, der angelt, um zu angeln – nicht um Fische in großer Zahl zu fangen, um sie dann zu verkaufen.

Introvertiert Persönlichkeitstyp, der mehr nach innen gekehrt lebt und durch Zurückhaltung, scheu-verschlossenes Wesen, eine gewisse Weltfremdheit, Verletzlichkeit und Kontaktarmut gekennzeichnet ist.

Intuition Eingebung; plötzliche und unmittelbare Erkenntnis, die sich aus einer Vorstellung, Wahrnehmung oder spontanen Organisation innerer Inhalte ergibt.

Korrelation Abhängigkeit von mindestens zwei Einzelparametern voneinander. Zum Beispiel korreliert der BAK-Wert mit der Menge des verzehrten Alkohols. Je höher die Menge, um so höher die BAK.

Kraftfahrtbundesamt Die oberste Bundesbehörde für alle Fragen des Straßenverkehrs mit Sitz in Flensburg. Das Kraftfahrtbundesamt ist auch zuständig für Fragen des Führerscheins und anderer Verkehrsangelegenheiten. Dort wird auch das Verkehrszentralregister geführt.

Kreativität Abweichung von eingefahrenen Denkgewohnheiten, die zum originellen Umgang mit Objekten und Problemen führt, wodurch diese in neue, eigenwillige, aber sinnvolle Beziehungen zueinander gesetzt werden; sie steht mit Charakter und Persönlichkeit, Intelligenz, Phantasie und Interessen in Zusammenhang.

Landgericht Nächste Gerichtsinstanz nach dem Amtsgericht. Das Landgericht ist Berufungsinstanz für Zivil- und Strafsachen der Amtsgerichte. Bei höheren Streitwerten in Zivilverfahren und schwereren Strafsachen wird gleich vor dem Landgericht verhandelt.

Leistungstests Dabei wird zum Beispiel die Leistung im Bereich der einzelnen Intelligenzebenen, die Konzentrationsleistung, das Reaktionsvermögen oder die Belastbarkeit getestet. Leistungstests beschäftigen sich ausschließlich mit Leistungsparametern, nicht mit charakterlichen Eigenarten und Eigenschaften.

Lust Gefühl, das zwischen den Extremen Erregtheit und Spannung einerseits und Beruhigung und Lösung der Spannung andererseits wechselt und von vielen Menschen in Erlebnissen gesucht wird; geistige Lust kann man mit dem Gefühl der Freude gleichsetzen.

Mängelkatalog Der Gemeinsame Beirat für Verkehrsmedizin des Sachverständigenrates »Kraftverkehr« der Bundesregierung hat im Jahre 1985 einen sogenannten »Katalog der Eignungsmängel bei Führung von Kraftfahrzeugen« erstellt und aktualisiert. Veröffentlicht ist der Katalog in der Durchführungsverordnung »Krankheit und Kraftverkehr«. Die Gutachter der amtlichen Gutachterstellen haben diese Mängelhinweise zu beachten.

Manisches Verhalten Gegenteil von → Depression. Ein Seelenzustand, der dem Betroffenen ein euphorisches, nicht realistisches Bild der Welt liefert. Er sieht alles leicht und easy, hat möglicherweise Allmachtsphantasien, steigert sich in Ideenwelten hinein und glaubt daran. Aus diesem Begriff ist auch der Satz abgeleitet: »Das ist eine Manie von dir.« Gemeint ist damit, daß der Betroffene einen »Tick« für irgend etwas hat.

Meditation Nachsinnen, Versenken, das zum Einklang mit sich selbst und mit allem Seienden führt; sie wird unter anderem durch Yoga und transzendentale Meditation, im weiteren Sinn auch durch autogenes Training geübt.

Medizinisch-psychologische Untersuchung (MPU) Ein medizinisch-psychologisches Testverfahren (Untersuchungsverfahren), das im wesentlichen von den psychologischen Untersuchungsstellen der TÜVs aufgrund einer Verwaltungsanordnung oder richterlichen Anordnung erledigt wird. Gegenstand der MPU ist die Überprüfung der Eignung zum Führen von Kraftfahrzeugen im öffentlichen Straßenverkehr, nicht die Beurteilung der allgemeinen Lebensfähigkeit oder Leistungsfähigkeit der Betroffenen.

Mehrfachbegutachtung Die Behörde kann fordern, daß ein Betroffener ein weiteres Gutachten beizubringen hat – ebenso kann der Betroffene aus eigener Initiative ein weiteres Gutachten einreichen, wenn er meint, daß das dem Entscheidungsverhalten der Behörde in seinem Sinne förderlich wäre.

Mehrfachtäterpunktesystem Nach diesem System werden für

bestimmte Verkehrsverstöße bestimmte Punktewerte vergeben. So kann man für einen Verstoß je nach der Schwere zwischen einem und sieben Punkte erhalten. Diese Punkte werden im → Verkehrszentralregister eingetragen.

Motivation Darunter verstehen wir den Antrieb, eine Sache zu tun oder zu lassen. Wir unterscheiden sieben wesentliche Motivationshaltungen bei Menschen, das heißt sieben wesentliche Gründe, etwas zu tun oder zu lassen: 1. Sicherheitsstreben, 2. Prestigestreben, 3. Neugier und Entdeckung, 4. Streben nach sozialem Engagement, 5. Bequemlichkeitsstreben, 6. Gesundheitsstreben, 7. Gewinn- oder Bereicherungsstreben. Diese Auflistung ist keine Präferenzliste. Das heißt, alle Antriebe sind gleich stark. Sie treten immer im Bündel auf.

MCV Abkürzung für Mittleres Corpuskuläres Volumen. Hier handelt es sich um Leber-Laborwerte, die im Blutserum bestimmt werden.

MMPI Ein beim TÜV und der DEKRA und allen anderen Untersuchungsstellen eingesetztes Persönlichkeits-Testverfahren. Der Test kommt aus den Vereinigten Staaten und heißt in seinem vollen Namen: Minnesota Multiphasic Personality Inventory, auf deutsch: Minnesota Multiphasen-Persönlichkeits-Inventar. Der Test heißt in der Sprache der Psychologen »Minnesota-Mammut«, weil er in seiner vollen Form über vier Stunden dauert und mehr als fünfhundert Fragen haben kann. Der Test ist sehr variabel. Das heißt, ich kann ihn für fast alle Analysezwecke nutzen. So arbeitet die Deutsche Bundeswehr bei der Auswahl ihrer Piloten und Offiziere damit, die Deutsche Lufthansa, die Deutsche Bank AG, viele Kaufhauskonzerne, Personalberater, die großen Versicherungsgesellschaften, die US Army, die Polizeiverwaltungen der Länder und des Bundes usw. Der Test ist in der am häufigsten verwendeten Form mit über zweihundertfünfzig Fragen annähernd »wasserdicht«. Das heißt, das Testergebnis erlaubt eine ziemlich sichere Aussage über die Stärken und Schwächen, über Leistungshochs und -tiefs, über Moral und Normen des Probanden. Man weiß, mit wem man es zu tun hat. Die Manipulierbarkeit des Tests bei der Auswertung macht ihn gefährlich. Der auswertende, interpretierende Psychologen trägt somit eine sehr hohe Verantwortung. Den Test gibt es nirgendwo zu kaufen. Er wird in seiner jeweiligen Fassung vom Anwender »top secret« gehalten. In diesem Buch finden Sie ihn in fast kompletter Form in dem Kapitel: »Das wichtigste Testverfahren: der MMPI-Test«.

MPI Abkürzung für »Medizinisch-Psychologisches Institut«. Die Medizinisch-Psychologischen Institute sind in der Regel bei den Hauptstellen der Landes-TÜVs angesiedelt. Sie erstellen die Leitlinien für die medizinischen Untersuchungsstellen der TÜVs. Die DEKRA verfügt über ein ähnliches System.

MPU Abkürzung für medizinisch-psychologische Untersuchungsstelle und für medizinisch-psychologische Untersuchung.

Neuerteilung der Fahrerlaubnis Wenn nach einer rechtskräftigen Entziehung der Fahrerlaubnis die Neuerteilung genehmigt wird, dann handelt es sich um einen komplett neuen Führerschein. Der alte Führerschein ist nach einer rechtskräftigen Entziehung erloschen.

Neurose Seelische Störung, die durch meist frühkindliche Konflikte, Probleme und Frustrationen verursacht und nicht richtig verarbeitet, sondern meist nur verdrängt (also scheinbar vergessen) wurde.

Obergutachten Eine Verwaltungsbehörde verlangt ein sogenanntes Obergutachten, wenn der Behörde einander widersprechende Gutachten über einen Fall vorliegen. Es kann auch sein, daß der Psychologe der MPU-Stelle sich nicht in der Lage sieht, ein Gutachten anzufertigen, weil zum Beispiel die Komplexität der Situation des Probanden eher einer ärztlichen oder neurologischen Behandlung bedarf. Dann kümmert sich ein Obergutachter um die Erstellung eines instanzlich übergeordneten Gutachtens. Ein Obergutachten kann nicht die Richtigkeit eines Gutachtens überprüfen.

Oberverwaltungsgericht Das Oberverwaltungsgericht ist Berufungsinstanz und Beschwerdeinstanz der Verwaltungsgerichte. Es ist auch zuständig für Führerscheinsachen.

Offenkundige Nichteignung Die Behörde kann zunächst einmal ohne jeden Beweis behaupten, daß jemand nicht zum Führen von Kraftfahrzeugen im öffentlichen Straßenverkehr geeignet ist. Diese Behauptung stützt sich zunächst einmal auf die Aktenlage der Führerscheinakte. Die Behörde ist bei offenkundiger Nichteignung nicht verpflichtet, die Einzelheiten des Falles zu berücksichtigen oder zu erörtern. Die offenkundige Nichteignung kann durch die Vorlage eines positiven MPU-Gutachtens widerlegt werden.

Ordnungsverfügung Die Ordnungsverfügung ist dem Typ nach ein sogenannter Verwaltungsakt. Eine Entscheidung oder Verfügung, die von einer Behörde oder einem Gericht zur Klärung oder Regelung eines Einzelfalles getroffen wird, wendet sich unmittelbar gegen den Betroffenen. Eine Ordnungsverfügung hat eine einseitige rechtliche Wirkung, die verbindlich eine endgültige oder begleitende oder vorbereitende Maßnahme beinhaltet, um zu bestimmen, was für den Betroffenen in der Zukunft rechtens ist. Eine Ordnungsverfügung ist von keiner Gegenleistung der Behörde abhängig. Bei allen Anordnungen in Führerscheinsachen der Verwaltungsbehörden und Gerichte ist zu beachten, daß das Nichtbefolgen sofort mit der Eignungsausschließung quittiert wird, das heißt: nicht befolgt = nicht geeignet zur Teilnahme am öffentlichen Straßenverkehr.

OVG Abkürzung für Oberverwaltungsgericht.

Paradox Widersinnig, an der herrschenden Meinung vorbeigehend.

Pedanterie Charaktereigenschaft, gekennzeichnet durch übertriebene Ordnungsliebe, Umständlichkeit und übermäßige Beachtung von Kleinigkeiten zu Lasten des Wesentlichen (Kleinlichkeit).

Persönlichkeit Höchste Entwicklungsstufe des Menschen, gekennzeichnet durch eine relativ stabile Organisation seelischer Inhalte, die das Denken und Verhalten bestimmen; sie wird nicht von jedem Menschen erreicht und darf nicht mit Charakter gleichgesetzt werden.

Person Weiterentwicklung des Individuums, gekennzeichnet durch eigenwillige, einmalige und einheitliche Prägung des Menschen mit Ich-Bewußtsein und Kenntnis der eigenen Stärken und Schwächen.

Placebo Scheinarzneimittel ohne Wirkstoffe, das allein durch den Glauben an die Wirkung hilft.

Privatgutachten Jedes MPU-Gutachten ist dem Typ nach ein sogenanntes Privatgutachten. Das heißt, Auftraggeber und somit Kostenträger ist immer der Betroffene, nicht die Behörde. Auch die Gutachten der amtlichen Untersuchungsstellen sind Privatgutachten.

Proband Testperson, die an psychologischen Tests oder anderen Untersuchungen teilnimmt.

Promille »Je Tausend«. Meßgröße für die Berechnung des Anteils von Alkohol im Blut, ausgedrückt in Tausendsteln von tausend Teilen.

Psychopharmaka Arzneimittel mit Wirkung auf das Seelenleben.

Psychosomatische Krankheit Funktionsstörung des Körpers, die durch seelische Vorgänge verursacht wird. Es liegt also ursächlich keine körperliche Krankheit vor; es kann sich im Lauf der Zeit aber aus einer nicht (richtig) behandelten psychosomatischen Krankheit eine körperliche Erkrankung entwickeln.

Psychotherapie Behandlung seelischer Störungen und Erkrankungen.

Punktekonto → Flensburger Punktekonto.

Rechtsbehelf Gibt im Verwaltungsverfahren dem Betroffenen die Möglichkeit, binnen einer festen Frist, in der Regel zwei oder vier Wochen nach Erlaß des Verwaltungsaktes, einen Einspruch bei der Verwaltung einzureichen oder dort zu Protokoll zu geben. Über den Einspruch entscheidet die zuständige Verwaltungsbehörde. Im Führerscheinverfahren gibt es keinen Einspruch, sondern den sogenannten Widerspruch gegen Verwaltungsakte, der prinzipiell ähnlich gehandhabt wird und nur graduelle Unterschiede in der verwaltungsrechtlichen Bearbeitung aufweist.

Rechtsmittel Mit einem Rechtsmittel kann der Betroffene eine noch nicht rechtskräftige Entscheidung einer Behörde anfechten oder überprüfen lassen.

Rechtsstellung Unter einer Rechtsstellung versteht man die Korrelation zwischen den rechtlich Beteiligten einer Rechtssache. Zwischen der MPU-Stelle und dem Straßenverkehrsamt besteht keine rechtliche Abhängigkeit, jedoch zwischen dem Betroffenen und der Verwaltungsbehörde.

Regelvermutung Es gilt im Straßenverkehrsrecht der Grundsatz, daß jemand, der sich zum Führen von Kraftfahrzeugen als nicht geeignet erwiesen hat, zum Beispiel durch eine Verkehrsstraftat, auch für eine gewisse zukünftige Zeit nicht dazu geeignet sein wird. Man traut ihm grundsätzlich nicht zu, daß er sich in Zukunft anders verhalten wird.

Resozialisierung Wiedereingliederung in die Gesellschaft, zum Beispiel von Straftätern nach der Verbüßung ihrer Strafe oder von seelisch Kranken nach Genesung.

Rolle Begriff aus der Sozialpsychologie, der die mehr oder weniger bewußte, freiwillige oder durch äußere Umstände erzwungene Art und Weise bezeichnet, in der sich ein Mensch in einer bestimmten Situation in einer bestimmten Gruppe verhält; das richtet sich unter anderem nach der Stellung, die er innerhalb der Gruppe einnimmt, und nach den Erwartungen, die andere Mitglieder der Gruppe an ihn richten; die Rolle verlangt also immer Anpassung und schränkt die freie Selbstentfaltung ein.

Rückfallwahrscheinlichkeit Dieser Begriff findet Anwendung auf Alkoholfahrer. Die Psychologen der Untersuchungsstellen gehen grundsätzlich davon aus, daß ein suchtmotiviertes Verhalten, zum Beispiel Alkoholkonsum, zwangsläufig zu einer statistisch erhöhten Rückfallwahrscheinlichkeit führen muß. Die Auswertungen der Verkehrsstatistiken geben dieser Haltung recht.

Schizoid Persönlichkeitstyp, der sich durch Einzelgängertum, Ungeselligkeit, Verschrobenheit und Mißtrauen auszeichnet; ein Verhalten, das dem schizophrener Kranker ähnelt, ohne daß eine geistige Krankheit (Psychose) vorliegt.

Selbstwertgefühl Einschätzung des Eigenwertes, die unter anderem vom Vergleich mit anderen und von der persönlichen Erlebnis- und Leistungsfähigkeit abhängt.

Sozial Auf die Gesellschaft bezogen.

Soziale Erwünschtheit/Unerwünschtheit Ein sehr abstrakter Begriff der Soziologie und Psychologie. Ein Beispiel dazu: Das Emnid-Institut, eines der größten Markt- und Meinungsforschungsinstitute der Bundesrepublik, erhielt vor ein paar Jahren den Auftrag einer großen deutschen Illustrierten, festzustellen, wer eigentlich die 7,4 Milliarden Umsatz in der bundesdeutschen Porno-Branche bringe. Die Interviewer schwärmten aus und befragten eintausendfünfhundert Männer im Alter zwischen vierundzwanzig und achtundvierzig Jahren nach ihren Konsumgewohnheiten. Kein einziger sagte, er konsumiere in irgendeiner Form Pornographie, sei es in Form von Filmen oder Zeitschriften. Hier haben Sie die allerbeste Erklärung für den Begriff der sozialen Unerwünschtheit. Es ist offenbar sozial nicht erwünscht, Pornographie zu konsumieren, aber es findet statt. Es ist sozial nicht erwünscht, zu saufen – aber es findet statt …

Sozialpsychologie Zweig der Psychologie, der sich vorwiegend befaßt mit dem menschlichen Verhalten, das sich aus der Zugehörigkeit des Menschen zu Gruppen ergibt.

Sperrfrist Eine Sperrfrist – von sechs Monaten bis zu fünf Jahren – wird nach oder direkt beim Entzug der Fahrerlaubnis ausgesprochen. Eine vom Gericht ausgesprochene Sperrfrist ist in aller Regel eine sogenannte »Mindestfrist«. Das heißt, es könnte durchaus sein, daß die Verwaltungsbehörde über die verhängte Sperrfrist hinaus die Neuerteilung einer Fahrerlaubnis weiter verzögert. Beläuft sich die Sperrfrist auf länger als zwei Jahre, dann muß die Verwaltungsbehörde die Erteilung einer neuen Fahrerlaubnis zwingend vom erfolgreichen Ablegen einer Führerscheinprüfung abhängig machen.

Statistisch erhöhte Wahrscheinlichkeit Ein Täter wird sich – rein statistisch – in ähnlichen Situationen – wider alle Therapie und Intervention – ähnlich verhalten, denn: Menschen verhalten sich in gleichen Situationen gleich.

Status Er gibt die Zugehörigkeit eines Menschen zu einer sozialen Klasse innerhalb der Gruppe und Gesellschaft an und richtet sich hauptsächlich nach der Ausbildung, nach Beruf und Einkommen, darüber hinaus aber auch nach dem Alter und dem Geschlecht.

Strafbefehl Der Richter am Amtsgericht kann gegen einen Beklagten einen Strafbefehl erlassen und damit das Verfahren zeitlich und vom Aufwand her erheblich abkürzen. Das ist einerseits günstig, weil das Verfahren billiger und schneller ist, andererseits ungünstig für den Betroffenen, weil er, wenn er den Strafbefehl akzeptiert, ein Schuldanerkenntnis abgibt. Und dieses kann im Falle einer späteren MPU-Aufforderung erheblichen Ärger einbringen. Mit einem Strafbefehl darf keine Freiheitsstrafe (auch nicht auf Bewährung) verhängt werden, sondern nur eine Geldstrafe oder Geldersatzstrafe.

Straßenverkehrsamt Das Straßenverkehrsamt ist ein Bereich oder eine Unterabteilung des Ordnungsamtes. Es ist auch zuständig für Führerscheinfragen.

Straßenverkehrsgefährdung Den Straßenverkehr gefährdet derjenige, der »... ein Fahrzeug führt, obwohl er infolge des Genusses alkoholischer Getränke oder anderer berauschender Mittel ... nicht in der Lage ist, das Fahrzeug sicher zu führen, und dadurch Leib oder Leben eines anderen oder fremde Sachen von bedeutendem Wert gefährdet ...« sagt § 315 c des Strafgesetzbuches.

Streß Anpassungsreaktionen des Körpers auf Belastungen verschiedener Art; Streß muß nicht unbedingt schädlich sein, er kann im richtigen Maß unser Leistungsvermögen sogar erheblich steigern; ein Leben ohne Streß ist unvorstellbar und wäre im Grunde ebenso gesundheitsschädlich wie übermäßiger Streß. Bei Streß verändert sich der hormonelle Zustand des Körpers. Adrenalin und Cortisol sind die wesentlichen Streßhormone. Neueste Forschungsergebnisse dokumentieren, daß anhaltender negativer Streß im menschlichen Körper ähnliche Langzeitfolgen auslöst, wie wir sie von der Alzheimerschen Krankheit kennen: Ausfallerscheinungen bei Konzentration und

Leistung, Ausfallerscheinungen im Bereich des Kurzzeitgedächtnisses, Anfälligkeiten des Körpers gegen Krankheit und Infekte, Destabilisierung des Immunsystems.

StGB Abkürzung für Strafgesetzbuch.

StVG Abkürzung für Straßenverkehrsgesetz.

StVZO Abkürzung für Straßenverkehrszulassungsordnung. In der Straßenverkehrszulassungsordnung ist unter anderem auch geregelt, daß die Verwaltungsbehörde das Recht hat, einen Verkehrsteilnehmer unter bestimmten Umständen aufzufordern, ein positives MPU-Gutachten beizubringen.

Subjektiv Persönlich, von eigenen Vorstellungen ausgehend.

Symptom Zeichen einer Krankheit.

Täter Als Täter gilt derjenige, der im Sinne des Verkehrsstrafrechts eine Straftat begangen hat. Zum Beispiel Fahren unter Alkoholeinfluß, Fahren ohne Fahrerlaubnis oder Unfallflucht.

Tateinheit Mehrere Taten wurden zeitgleich oder in abhängiger Folge begangen. Beispiel: Jemand, der keinen Führerschein hat, fährt betrunken Auto.

Tiefenpsychologie Richtung in der Psychologie, die sich mit dem Unbewußten befaßt; dazu gehört auch die Psychoanalyse nach Sigmund Freud.

Unbewußtes Alle Inhalte der Seele, die uns nicht ohne weiteres zu Bewußtsein gebracht werden können.

VdTÜV Bundesvereinigung der einzelnen Landes-TÜVs. Interessenvertretung der Landes-TÜVs, beschäftigt sich auch mit der Vereinheitlichung der einzelnen Vorgehensweisen in den unterschiedlichen Prüfverfahren.

Verdrängung Scheinbares Vergessen von Ereignissen, Erfahrungen, Wünschen und ähnlichen seelischen Inhalten, die ins Unbewußte abgeschoben werden, von dort aus aber seelische Krankheiten – vor allem Neurosen – verursachen können.

Verhältnismäßigkeit der ergriffenen Maßnahmen Die Verwaltungsbehörde muß darauf achten, daß Maßnahmen in einem nach aller Lebenserfahrung vernünftigen Verhältnis zur Handlung stehen. So kann zum Beispiel eine Behörde den Führerschein nicht wegen Falschparkens oder wegen Unhöflichkeit gegenüber Beamten einziehen.

Verhalten Gesamtheit der Aktivitäten eines Menschen oder einer Gruppe von Menschen.

Verhaltensänderung Darunter verstehen die Psychologen, daß das Verhalten eines Menschen intrinsisch verändert ist, das bedeutet, daß er seine Wertvorstellungen geändert haben muß.

Verkehrszentralregister → Flensburger Punktekonto.

Vermutung der Ungeeignetheit → Offenkundige Nichteignung.

Versagung der Fahrerlaubnis Die Neuerteilung der Fahrerlaubnis kann von der Behörde versagt werden, wenn der Behörde ein negatives MPU-Gutachten vorgelegt wird oder wenn der Behörde andere Tatsachen bekannt werden, die darauf schließen lassen, daß ein Betroffener zum Führen von Kraftfahrzeugen nicht geeignet ist.

Verwaltungsgericht Das Verwaltungsgericht ist zuständig für alle Streitigkeiten zwischen Behörden oder Verwaltungen, aber auch zwischen Bürgern und Behörden. So kann ein Betroffener beim Verwaltungsgericht gegen den Entzug seiner Fahrerlaubnis klagen. Er muß dazu allerdings einen Rechtsanwalt beauftragen. Beim Verwaltungsgericht besteht Anwaltszwang.

Verwaltungsvorgänge Zusammenfassender Begriff für alle Aktivitäten von Verwaltungen.

VG Abkürzung für Verwaltungsgericht.

Vitalität Energie (Lebenskraft) eines Menschen, die zum Teil auf Veranlagung beruht und mit der körperlichen Spannkraft in Beziehung steht.

Vorsätzliches Handeln Vorsätzlich handelt jemand, der im vollen Bewußtsein handelt. Beispiel: Jemand fährt mit dem Auto, obwohl er weiß, daß er zuviel getrunken hat.

Vorsprache Ein ziemlich bürokratischer Ausdruck der Verwaltungsbehörden. Gemeint ist damit, daß jemand bei der Behörde »vorspricht«, also mit den Leuten dort redet. Bei dieser persönlichen Vorsprache ist allerdings eine gewisse Vorsicht geboten. Alles, was der Betroffene dort sagt oder tut, kann gegen ihn verwendet werden.

Vorurteil Vorgefaßte Meinung gegenüber einzelnen Menschen oder Gruppen (oft gegen Minderheiten).

VwGO Abkürzung für Verwaltungsgerichtsordnung.

VwV Abkürzung für Verwaltungsvorschrift.

Wertvorstellungen Darunter verstehen die Psychologen ethische, moralische, soziale und andere »wertvolle« Vorstellungen von Menschen. Die Wertvorstellung »Jungen weinen nicht« ist ein typisches Beispiel. Wertvorstellungen müssen nicht zwangsweise positiv sein, sie können auch negativ besetzt sein. Bei der MPU-Problematik taucht die Frage der Wertvorstellungen häufig auf. Der Gutachter interessiert sich sehr für die Wertvorstellungen des MPU-Kandidaten.

Wertregale Die Summe verschiedener Wertvorstellungen (ein Regal voll im Kopf von Menschen), die in ihrer Gesamtheit auf ein typisches Verhaltensmuster schließen lassen.

Wiederholungstäter Im Gegensatz zum Ersttäter hat der Wiederholungstäter es bei der MPU deutlich schwerer. Der Psychologe unterstellt, daß der Wiederholungstäter sein Verhalten kaum ändern wird.

Widerspruch Der Widerspruch ist ein Rechtsmittel, mit dem eine Entscheidung der Behörde binnen einer Frist, in der Regel zwei oder vier Wochen, angefochten werden kann.

Widerspruchsbescheid Im Widerspruchsbescheid wird ein Widerspruch angenommen oder auch verworfen. Erst ein Widerspruchsbescheid berechtigt den Betroffenen zur Klage vor dem Verwaltungsgericht.

Wiedererteilung der Fahrerlaubnis → Neuerteilung.

Zustimmung Der MPU-Kandidat muß der Ordnungsbehörde schriftlich erlauben, seine Führerscheinakte an die zuständige MPU-Stelle zu übersenden. Die MPU-Stelle ist an die Schweigepflicht gebunden und muß von dieser Schweigepflicht ausdrücklich vom Probanden entbunden werden. Um diesen Aufwand zu umgehen, haben die Behörden und die Untersuchungsstellen Formulare entwickelt, die sich sehr einfach und harmlos anhören und die Tragweite der Entbindung von der Schweigepflicht vernebeln.

Zweijahresfrist Bei einer Zweijahresfrist kann die Behörde die entzogene Fahrerlaubnis auch ohne erneute Führerscheinprüfung wieder erteilen. Beläuft sich die Sperrfrist auf länger als zwei Jahre, dann muß die Verwaltungsbehörde die Erteilung einer neuen Fahrerlaubnis zwingend vom erfolgreichen Ablegen einer erneuten Führerscheinprüfung (Theorie und Praxis) abhängig machen. Die Zweijahresfrist wird von den Behörden in aller Regel peinlich genau eingehalten. Das heißt, der Betroffene muß unbedingt vor Ablauf der Zweijahresfrist den Führerschein neu beantragen. Versäumt er diesen Termin, ist die Zweijahresfrist vorbei; er wird behandelt, als wäre eine längere Frist gegen ihn verhängt worden, und muß den Führerschein gänzlich neu machen. Alle Ordnungswidrigkeiten oder Verkehrsverstöße, die binnen einer Sperrfrist gegen den Betroffenen vorliegen, können zu einer MPU-Ladung führen, wenn später die Fahrerlaubnis neu beantragt wird.